rowohlt

Rudolf Hickel

Kassensturz

Sieben Gründe für eine andere Wirtschaftspolitik

Rowohlt

1. Auflage Juli 2006

Lektorat Frank Strickstrock
Satz aus der Concorde PostScript, InDesign,
von Pinkuin Satz und Datentechnik, Berlin
Druck und Bindung Clausen & Bosse, Leck
Printed in Germany
ISBN 13: 978 3 498 02982 1
ISBN 10: 3 498 02982 7

Inhalt

Vorwort

Unser Land wird umgebaut. Seit Jahren, ja seit Jahrzehnten werden wir darauf eingeschworen, dass die Wirtschaft und ihre Bedürfnisse zuerst kommen. Wir haben unser Leben und Denken daran ausgerichtet. Manche sagen: die Arbeit zuerst, meinen dann aber doch die Wirtschaft. Haben wir uns daran gewöhnt, dass in unserem reichen Land fünf Millionen Menschen ohne Arbeit sind und die Zahl nicht mehr nennenswert abnimmt? Dass diejenigen, die noch Arbeit haben, immer mehr von ihren Schutzrechten einbüßen? Und schlechter bezahlt werden als vor zehn Jahren? Dass soziale Sicherung immer teurer und trotzdem immer weniger wird? Dass die Armut zunimmt, die Kinderarmut sogar drastisch? Dass die Schulen und Hochschulen trotz aller freiwilligen Anstrengungen von Lehrern und Eltern nicht besser, sondern schlechter werden? Dass unser Staat kaum noch neue Infrastruktur schafft, ja das Vorhandene nicht einmal ordentlich instand hält? Dass er den großen Unternehmen gleichwohl üppige Steuergeschenke macht? Dass unsere Grundversorgung mit Energie, Mobilität und Wasser, in Jahrzehnten mit unseren Steuergeldern aufgebaut, inzwischen fast völlig privatisiert worden ist?

Sicher nicht. Und wir lassen uns dies alles auch nur für einen guten Zweck gefallen; wir wissen ja: Wenn wir mehr und länger arbeiten, kräftig Lohnzurückhaltung üben und den Arbeitslosen nicht zu viel Lohnersatz zahlen, wenn wir Regulierungen abbauen wie den Kündigungsschutz, wenn unser Staat sich verschlankt und seine Finger aus den Märkten lässt – dann, aber auch nur dann wird die Arbeitslosigkeit wieder zurückgehen und der allgemeine Wohlstand steigen.

Nun ja. So jedenfalls behauptet es die herrschende neoliberale Wirtschaftslehre, so wird es uns versprochen. Seit inzwischen 30 Jahren! Haben wir uns daran gewöhnt? Offenbar nicht genug. Denn der Chor der Stimmen, die uns die Botschaft verkünden, wächst. Er wird umso lauter, je länger die Erfüllung seiner Prophezeiungen auf sich warten lässt. Fast alle wichtigen Parteien, die meisten Wirtschaftswissenschaftler, Unternehmen und Wirtschaftsverbände, neuerdings sogar von ihnen bezahlte «Thinktanks» wie die «Initiative Soziale Marktwirtschaft», der Großteil der Medien – unisono stimmen sie in den großen Gesang ein, der da lautet: Verzichtet, so wird euch gegeben; die Letzten werden die Ersten sein. In der Ära Schmidt wurde das Libretto geschrieben, in der Ära Kohl war Uraufführung, in der Ära Schröder wurde das Stück mit wagnerianischer Wucht neu inszeniert, und Frau Merkels Große Koalition werkelt gerade an der Fassung für die neue Spielzeit.

Man sollte das Stück endlich absetzen. Denn im Publikum macht sich längst eine andere Erfahrung breit: Wer verzichtet, erhält mitnichten etwas zurück, und wer zu den Letzten gehört, kommt nicht mehr nach vorn. Allerdings wird die Zahl derer, denen durch unsere Form des Wirtschaftens die Chancen auf Arbeit, Bildung und ein anständiges Auskommen verwehrt werden, immer größer. Und der Wirtschaft selbst scheint es damit nicht besser zu gehen. Während Deutschland ein ums andere Mal Exportweltmeister wird, stagniert die Binnenkonjunktur. Während Löhne und Unternehmenssteuern sinken, bleibt die Arbeitslosigkeit hoch. Warum eigentlich?

Es wird Zeit, einmal gründlich Kassensturz zu machen. Dieses Buch hat zum Ziel, die neoliberal orientierte Wirtschaftspolitik und ihre aktuellen Folgen einer gründlichen Prüfung zu unterziehen. Ihre Rezepte im Lichte wissenschaftlicher Redlichkeit genau anzuschauen und ihre Wirkungen vorurteilsfrei zu bewerten. Seltsamerweise ist das nicht so einfach, wie es vielleicht klingt, denn in ihrem Kern hat sich die der herrschenden politischen Praxis zugrunde liegende Lehrmeinung längst zu einer Ideologie verfestigt. Es wird also auch darum gehen, Vorurteile abzubauen. Das vielleicht wichtigste lautet, es gebe zu der neoliberalen Richtung keine Alternative. Deshalb werde ich in diesem Buch die Alternativen dazu entwickeln – und zwar ganz konkret und detailliert. Denn wir brauchen einen Richtungswechsel, eigentlich die Rückkehr zu einem rational begründeten Zusammenspiel von Wirtschaft und Staat, das es schon einmal gegeben hat. Die so genannten Reformen der letzten Jahre – sie müssen reformiert werden.

Die neue Bundesregierung macht zwar im ersten Jahr ihrer Tätigkeit eher nicht den Eindruck, einen grundlegenden Kurswechsel anzupeilen. Immerhin aber geht sie vorsichtiger zu Werke als ihre Vorgängerin. Schließlich hat eine Mehrheit der Wählerinnen und Wähler im Herbst 2005 klar gemacht, dass ihre Geduld nicht unerschöpflich ist. Und auch in Teilen der Wirtschaft, Wissenschaft und Politik wächst die Bereitschaft zum Umdenken. Dieses Buch will dazu ermutigen und die Argumente liefern. Die Zeit für eine Wirtschaftswende ist gekommen.

Ohne den produktiven Druck und die inhaltliche Hilfe durch Frank Strickstrock wäre dieses Buch nicht zustande gekommen. Dafür danke ich. Nicht weil es der Konvention entspricht, sondern weil es ein begründetes Anliegen ist, gilt der Dank meiner Frau Sabine. Sie hat mich mit ihrer großen Geduld und ihrem Verständnis vor allem in Phasen der höchsten Belastung unterstützt.

Rudolf Hickel, *Mai 2006*

Einleitung: Gewinner und Verlierer

Der Wirtschaftsstandort Deutschland ist tief gespalten. Es gibt Gewinner, die immer mehr gewinnen, und Verlierer, die immer zahlreicher werden. Die Exportwirtschaft liegt seit Jahren weltweit an der Spitze. Die großen Konzerne fahren nach dem Zusammenbruch der *New Economy* zu Beginn dieses Jahrtausends wieder satte Gewinne ein. Aktionäre werden mit hohen Dividendenzahlungen bedient und die Manager mit satten Gehaltserhöhungen. Die Politik hat es sich zum Ziel gesetzt, die Unternehmenswirtschaft zu stärken, und war damit durchaus erfolgreich. Nicht erfolgreich war sie im Gegensatz dazu bei der Bekämpfung der Arbeitslosigkeit. In der Unternehmenswirtschaft sind beschäftigungsschaffende Investitionen ausgeblieben, ja vielmehr im Zuge von Restrukturierungen Arbeitsplätze abgebaut worden. Die großen Verlierer sind die Arbeitslosen und auch ihre Kinder. Noch nie mussten so viele Kinder von der Sozialhilfe leben wie heute. Verlierer von morgen, wenn wir nicht ganz schnell etwas ändern. Seit über 30 Jahren, besonders unter rot-grüner Ägide, predigen Wirtschaftswissenschaftler, Politiker und Unternehmer uns, alles wird besser, wenn wir die Märkte nur machen lassen und deren Beschränkungen abbauen. Diese Politik nennt man neoliberal – und sie hat versagt. Stagnierende Binnenwirtschaft, anhaltend hohe Arbeitslosigkeit, Not leidende öffentliche Haushalte und am Ende durch unzureichende Innovationen in den Unternehmen künftig drohende Positionsverluste im internationalen Wettbewerb sind die Folge dieses neoliberalen Umbaus. Ein Kassensturz ist nötig. Dringend. Die Fehlentwicklungen und Widersprüche müssen aufgeklärt, die herrschende Wirtschaftsdoktrin und ihre Politik in

Frage gestellt werden. Ein Perspektiv- und Politikwechsel ist nötig. Dieses Buch erklärt, warum. Dabei steht das Interesse im Vordergrund, die Zusammenhänge allgemein verständlich darzustellen. Dort, wo es zur Aufklärung allerdings notwendig ist, werden auch kompliziertere ökonomische Argumente entwickelt.

Seit Jahren kommt die deutsche Wirtschaft nicht in Schwung; ein anhaltender Ausbruch der binnenwirtschaftlichen Entwicklung aus der Stagnation ist nicht in Sicht. Die Gravitation dieses Stillstands ist so groß, dass trotz der expandierenden Exportwirtschaft ein gesamtwirtschaftlich nachhaltiger Aufschwung nicht zustande kommt. Pessimismus hat sich breit gemacht, das Klima ist schlecht, die Erwartungen gering, in der Gesamtwirkung werden Vollzeitarbeitsplätze abgebaut. Denn die Unternehmen richten ihre Beschäftigungspolitik sehr kurzfristig aus. Die kurze Sicht lässt sie ihr Heil im Kürzen suchen: Die Arbeitskosten sollen gesenkt, Beschäftigung immer flexibler werden. All das kostet Arbeitsplätze. Hinzu kommen Unternehmenskäufe mit dem Ziel der Verschmelzung, auch hierbei gehen viele Jobs verloren. Diejenigen, die Arbeit haben, sollen mehr arbeiten als bisher. Ausweitungen der Arbeitszeit ohne Lohnausgleich greifen um sich. Auch das senkt die Stundenlöhne, aber nicht die Arbeitslosigkeit. Im Gegenteil: Wenn die Nachfrage nach Beschäftigten zurückgeht, heizt die Verlängerung der Arbeitszeit pro Beschäftigten die Arbeitsmarktkrise an.

Die kurze Sicht der Dinge in der Wirtschaft hat den Wettbewerb um die Senkung von Arbeitskosten immer weiter verschärft. Dringend erforderliche Maßnahmen vor allem im Bereich der Produktinnovation zur Stärkung der wachstumsförderlichen Entwicklung sowie zur Qualifizierung der Arbeitskräfte sind aus dem Blickpunkt unternehmerischer Strategienbildung geraten. Was nützt denn eine kostengünstige Produktion, wenn die Nachfrage, die für deren Absatz erforderlich ist, durch die Jagd nach Kostenvorteilen nicht zustande kommt?

Unsere Wirtschaftsdoktrin verweigert Millionen Menschen die

Erwerbsarbeit, Menschen, die darauf sozial-ökonomisch angewiesen sind und ihren Beitrag zur Wertschöpfung leisten wollen. Das ist ein Skandal, den die deutsche Wirtschaft im Zusammenspiel mit der Politik zu verantworten hat. Es wurde ein politisch-ökonomisches System aufgebaut, das bei der Schaffung und Sicherung von Beschäftigung für jeden, der arbeiten will, bereits seit Mitte der 1970er Jahre erkennbar versagt. Von Konjunkturzyklus zu Konjunkturzyklus hat die Arbeitslosigkeit sockelförmig zugenommen. In Aufschwungphasen sind die im Abschwung abgebauten Arbeitsplätze nie wieder in vollem Umfang erneuert worden. Nach der seit 1975 über die Zyklen hinweg ansteigenden Sockelarbeitslosigkeit liegt die Zahl der registrierten Arbeitslosen nun schon seit mehreren Jahren in den Wintermonaten bei über 5 Millionen.

Es ist wohl die unselige Mischung von Gewöhnung und Ignoranz, die dafür sorgt, dass selbst diese Symbolmarke für das Versagen der Gewinnwirtschaft keinen grundlegenden Wechsel der Politik auszulösen vermag. 2005 waren im Jahresdurchschnitt 4,878 Millionen Menschen als arbeitslos registriert. Die Zahl wäre höher, wenn die ziemlich instabilen Ich-AGs und vielen anderen fragilen Formen der Selbständigkeit nicht als Erwerbstätigkeit gezählt würden. Gegenüber der registrierten Arbeitslosigkeit lag die durch das «Institut für Arbeitsmarkt- und Berufsforschung» erfasste Arbeitsplatzlücke mit knapp 6,3 Millionen deutlich höher. Hierbei wird die so genannte stille Reserve berücksichtigt, Menschen, die entweder auf Erwerbsarbeit angewiesen sind, jedoch meistens wegen der Aussichtslosigkeit nicht mehr bei den Arbeitsagenturen um Arbeit nachfragen, oder solche, die sich in arbeitsmarktpolitischen Maßnahmen befinden. Würden diejenigen, die etwa durch den Wechsel in den Vorruhestand aus der Arbeitsmarktstatistik gestrichen worden sind, mitgezählt, dann würde die Arbeitsplatzlücke sogar bei über 7 Millionen fehlenden Beschäftigungsmöglichkeiten liegen.

Mit der anhaltend hohen Arbeitslosigkeit haben sich besonders belastete Gruppen herausgebildet. Hart betroffen sind jugendliche, langzeitige und nicht qualifizierte Arbeitslose. Deren Chancen, einen angemessenen Job zu finden, gehen gegen null. Und wenn sie Beschäftigung finden, dann droht ihnen das Schicksal des Mehrfachtagelöhners.

Die anhaltend hohe Arbeitslosigkeit hinterlässt jedoch auch auf den Arbeitsmärkten ihre Spuren. Nicht nur die Arbeitslosen und erwerbsfähigen Sozialhilfebezieher werden in den Niedriglohnsektor mit geringfügigen Beschäftigungsverhältnissen abgedrängt. Und die Politik fördert diesen Sektor mit vielen Instrumenten, etwa durch die 400-Euro-Jobs sowie durch Kombilöhne. Während die Vollzeitarbeitsplätze in den letzten Jahren geschrumpft sind, boomt der Niedriglohnsektor geradezu. Die Vollzeitquote ist von 81,1 % im Jahr 1994 auf 69,3 % im Jahr 2005 zurückgegangen. Die Politik bietet den Unternehmen verschiedene Instrumente, die es einem «Drehtüreffekt» vergleichbar erlauben, Vollzeitarbeitsplätze durch Niedriglohnjobs ohne Kündigungsschutz und bei geringfügiger Bezahlung auszutauschen.

Seit 1975 eskaliert der Skandal der Arbeitslosigkeit also, und das politisch-ökonomische System hat schlicht versagt. Dabei ist frühzeitig auf die schweren ökonomischen, sozialen und politischen Belastungen durch die Arbeitslosigkeit hingewiesen worden:

1. Durch die Verweigerung von Erwerbsarbeit werden Wertschöpfungspotenziale weit über die marktvermittelte Produktion hinaus verschenkt. Würden die Produktionspotenziale gerade auch im Bereich sozialer, gesundheits- und altersbezogener Dienstleistungen sowie im kulturellen Bereich ausgeschöpft, so stünde sinnvolle Arbeit zur Verfügung.

2. Die Arbeitslosigkeit treibt die fiskalischen Kosten der öffentlichen Haushalte nach oben. Die direkten Kosten durch Bezahlung der Transferleistungen führen zusammen mit den indirekten Kosten (Steuer- und Beitragsausfälle) zur Belastung der öffentlichen Haushalte mit über 80 Milliarden Euro pro Jahr. Wird das durch die Arbeitslosigkeit verschenkte Produktionspotenzial hin-

zugerechnet, so liegt die Zahl weit über 200 Milliarden. Die heutige fiskalische Krise der sozialen Sicherungssysteme ist maßgeblich durch die hohe Arbeitslosigkeit verursacht. Beitragszahler fallen aus, während wachsende Transferleistungen erforderlich werden. Ohne die gesellschaftlich extrem teure Arbeitslosigkeit hätten die Finanzierungsengpässe der sozialen Sicherungssysteme vermieden werden können.

3. Psychologische und sozialwissenschaftliche Studien belegen die große Belastung der Betroffenen durch die Verweigerung von Erwerbsarbeit. Soziale Verunsicherung bis hin zu sozialer Isolation wirkt demotivierend, ja zerstörerisch. Wer arbeitslos ist und sich von Armut bedroht sieht, dem fehlt die Kraft, am gesellschaftlichen Leben teilzunehmen. Geradezu zynisch wird der Verlust des Arbeitsplatzes in der neoliberalen Ökonomenzunft, der Politik und den Medien immer öfter auf individuelles Versagen zurückgeführt.

4. Die individuelle und gesellschaftliche Verunsicherung wird von antidemokratischen Kräften missbraucht. Auf dem Hintergrund der Arbeitslosigkeit werden Feindbilder produziert. Sozial noch Schwächere und gesellschaftlich Ausgegrenzte werden als Verursacher der Arbeitslosigkeit stigmatisiert.

Der Kampf gegen die Arbeitslosigkeit ist also immer ein Kampf für humane Lebensverhältnisse und die Demokratie. Umso mehr verwundert es, dass dem Skandal der Arbeitslosigkeit nicht entschieden Einhalt geboten wird. Die Erklärung ist nicht einfach. Denn diese ökonomische, soziale und politische Fehlentwicklung lässt sich nicht bestimmten Parteien und Ideologien zurechnen. Alle demokratischen Parteien, die seit dem Start in die Massenarbeitslosigkeit für die Politik zuständig waren, müssen sich den Vorwurf gefallen lassen, versagt zu haben. Dies trifft gerade auch für die 2005 abgelöste rot-grüne Bundesregierung zu. Sie begann mit einem Plädoyer für die politische Gestaltung der Wirtschaft und vollzog dann bald den Wechsel zum neoliberalen Umbau der

Gesellschaft und zur Stärkung der Gewinnwirtschaft. Dafür steht die unselige «Agenda 2010» mit den Hartz-Reformen. Wie eine umfassende Studie mittlerweile belegt, sind viele Maßnahmen der Wiedereingliederung in den ersten Arbeitsmarkt gescheitert. Hartz IV schließlich war der Sündenfall. Arbeitslose werden nach dem Wechsel in das Arbeitslosengeld II gezwungen, jeden (legalen) Job anzunehmen. Wovor die schwarz-gelbe Vorgängerregierung noch zurückschreckte, hat die rot-grüne Bundesregierung exekutiert: Nicht die Arbeitslosigkeit wird bekämpft, sondern der Arbeitslose, der einen bitteren Preis für den Verlust seines früheren Arbeitsplatzes zahlen muss. Mit Hartz IV ist eine kurze Leiter des sozialen Abstiegs aufgestellt worden. Die hoch motivierte und engagierte Bankfachfrau zum Beispiel, die ihren Job bei einer Großbank gegen ihren Willen verloren hat und ein Jahr erfolglos Bewerbungen schreibt, muss am Ende damit rechnen, als Servierkraft im Niedriglohnsektor zu landen – ohne Chance, diesem irgendwann wieder zu entkommen.

Das ist ein Armutszeugnis der Politik wie der Wirtschaft. Die große Mehrheit der deutschen Ökonomenzunft feiert diese Politik gleichwohl als Erfolg ihrer hartnäckigen Beratung. Diese Politik, heute als «neoliberal» etikettiert, wird seit nunmehr über 30 Jahren propagiert – unter anderem von der Mehrheit im renommierten «Sachverständigenrat zur Begutachtung der gesamtwirtschaftlichen Entwicklung» (die so genannten «Fünf Weisen»). Sie fußt auf der ökonomischen Lehre, dass die Märkte, zum Beispiel für Waren oder für Arbeit, aus eigener Kraft wohlstandsförderndes Gleichgewicht entwickeln, es sei denn, sie werden durch zu viel Regulierung und Eigenaktivität des Staates daran gehindert. Theoretisch kennt diese reine Theorie der Marktwirtschaft nur eine freiwillige, also durch die Betroffenen selbst gewählte Arbeitslosigkeit. Oder aber es sind institutionelle Arrangements, wie das Tarifvertragssystem mit starken Gewerkschaften, staatliche Beschäftigungspolitik und sozialstaatliche Absicherung der Arbeitslosen, die sich gegen die marktwirtschaftliche Preisbildung am Arbeitsmarkt stemmen.

Damit ist der neoliberale Kanon zur Bekämpfung der Arbeitslosigkeit definiert: Demontage des Flächentarifvertrags zugunsten individueller betrieblicher Lohnfindung, Verzicht auf aktive Beschäftigungspolitik durch den Staat, Abbau sozialer Leistungen für Arbeitslose, um deren Arbeitsangebot zu niedrigen Löhnen zu erlangen. Dieses neoliberale Paradigma (Erklärungsmuster) richtet sich gegen die aus den Erfahrungen der Weltwirtschaftskrise entwickelte Lehre nach John Maynard Keynes. Ihr zufolge ist bezogen auf die Betroffenen die Arbeitslosigkeit «unfreiwillig». Sie resultiert aus den Strategien der einzelnen Unternehmen auf den Waren- und Finanzmärkten, die durch unsichere Erwartungen geprägt sind. Durch das Zusammenspiel dieser einzelwirtschaftlichen Entscheidungen werden die gesamtwirtschaftlichen Produktionsmöglichkeiten keineswegs ausgeschöpft, und das Marktsystem kann sich aus der Diskrepanz zwischen einzel- und gesamtwirtschaftlicher Rationalität allein nicht befreien. Zum Abbau der Arbeitslosigkeit dient hier eine koordinierte Finanz- und Geldpolitik.

Dieses Vollbeschäftigungsparadigma prägte noch den Gründergeist des «Rats der fünf Weisen»: Die Entdeckung der keynesianischen Vollbeschäftigungspolitik, mit der die «industrielle Reservearmee» geschlagen werden konnte, stand im Jahresgutachten von 1968 im Mittelpunkt. An den bald nachfolgenden Jahresgutachten lässt sich der frühe Wechsel zuerst zu einer monetaristischen Geldpolitik, die nur der Inflationsbekämpfung zu dienen habe, und dann zum neoliberalen Paradigma bereits Mitte der 1970er Jahre nachvollziehen. Jahr für Jahr werden seither wider die erkennbare Realität die Forderungen zur Stärkung der Gewinnwirtschaft auf der Basis eines unerschütterlichen Schwurs auf die Befähigung von Marktwirtschaften zur optimalen Selbststeuerung repetiert. In den letzten Jahren ist die Globalisierung zur Rechtfertigung des Abbaus der sozialen Marktgesellschaft hinzugefügt worden. Die große Mehrheit der Medien sieht sich heute der Aufgabe verpflichtet, die neoliberalen Welterklärungsmodelle als «Sachzwänge» zu verdolmetschen. Statt gesamtwirtschaftlicher Analyse dominiert Denkfaulheit, deren Ergebnisse zugleich Sympathien bei den hochgelobten Unternehmen und ihren Verbänden auslösen.

Arbeitslosigkeit als Instrument der Disziplinierung

In einem Wechselspiel zwischen der vorherrschenden Wirtschaftswissenschaft, der Politik und den Medien hat sich das neoliberale Paradigma zum scheinbar unerschütterlichen Dogma verdichtet. Wer es wagt, auf Defizite der Gewinnwirtschaft hinzuweisen, muss sich im Zweifelsfall als Feind der Marktwirtschaft beschimpfen lassen. Eine produktive Diskussion über die Frage, wie zum Abbau dieser Defizite das Wirtschaftssystem optimiert werden muss, wird von den Gralshütern der reinen Marktlehre blockiert.

Wie aber lässt sich die Tatsache erklären, dass sich parallel zur Verfestigung der Massenarbeitslosigkeit diese neoliberale Marktdoktrin überhaupt etablieren konnte? Es hat damit zu tun, dass sie so schlicht ist – und scheinbar immer Recht hat: Wenn der Einwand erhoben wird, die Arbeitslosigkeit sei trotz Befolgung ihrer Rezepte immer noch hoch, so kommt todsicher die Antwort, das liege daran, dass die neoliberale Doktrin nicht konsequent angewendet werden konnte. Das Argument gleicht einer immunisierenden Tautologie: Die Arbeitslosigkeit ist immer hoch, wenn die Löhne hoch sind, weil die Löhne wegen der hohen Arbeitslosigkeit zu hoch sind. Wenn also die Therapie nicht klappt, dann liegt dies nicht an der unzutreffenden Diagnose, sondern an der unzureichenden Dosis der bitteren Medizin.

Die hartnäckige Dominanz dieses Marktoptimismus lenkt den Blick auf die sozioökonomischen Machtverhältnisse. Arbeitslosigkeit nützt den Unternehmen. Denn sie ist in doppelter Weise ein Instrument zur Stärkung der Unternehmensmacht in den Betrieben und in der Politik. Zum einen wirkt Arbeitslosigkeit in den Betrieben, zum anderen aber auch in Politik und Gesellschaft disziplinierend. Machtpolitisch betrachtet kann der Abbau der sozialen Netze in den letzten Jahren durch die hohe Arbeitslosigkeit und die dadurch ausgelösten Ängste erklärt werden. Spiegelbildlich hat die Geschichte gezeigt: Phasen der Vollbeschäftigung schaffen ein produktives Klima für echte Reformpolitik. So sind in der letzten Phase der Vollbeschäftigung Anfang der 1970er Jahre weitreichende Sozialreformen durchgesetzt worden. Das war die Ära Willy Brandt.

Der polnische Ökonom Michael Kalecki sowie die Ökonomin Joan Robinson aus Großbritannien haben in ihren politisch-ökonomischen Studien frühzeitig darauf hingewiesen, dass Kapitalismus und Vollbeschäftigung auf Dauer miteinander nicht vereinbar sind.[1] Phasen der Vollbeschäftigung schaffen gute Voraussetzungen für die Verschiebung des Machtverhältnisses vom Kapital zur Arbeit. Die Arbeitslosigkeit stärkt hingegen machtpolitisch die Basis, die Wirtschaft, den Staat und damit die Gesellschaft sowie die handelnden Individuen auf das Regelwerk profitwirtschaftlicher Konkurrenz zu konditionieren. Auf dieser Seite ist die Macht so stark, dass die guten Vorschläge für eine Einbettung der Wirtschaft in ein eigenständiges Zielsystem der Politik zum Scheitern verurteilt sind. Wer heute theoretisch fundiert und empirisch begründet an den segensreichen Kräften einer politisch ungestörten Marktentfesselung zweifelt, spürt das schnell. Der kritisierende Wissenschaftler wird zügig in den Funktionärskader einer Gewerkschaft einsortiert, während der auf die Stärkung der kapitalistischen Herrschaftsverhältnisse setzende Kollege nicht dem Kapital zugeordnet, sondern als unabhängiger, sachneutraler Wirtschaftswissenschaftler tituliert wird.

Heute werden die Verhältnisse durch das übermächtige Paradigma des Neoliberalismus geprägt, welches vor allem den Umbau von Politik und Gesellschaft betont. Andere Etikette lauten: Neoklassik, Monetarismus, Angebotsorientierung. Abgesehen von unterschiedlichen theoretischen wie politischen Nuancen geht es bei all diesen Ansätzen im Kern um die Dominanz der profitwirtschaftlichen Konkurrenzwirtschaft. Krisen wie die Massenarbeitslosigkeit werden nicht auf ein Zuviel, sondern auf ein Zuwenig an Marktdynamik zurückgeführt. Arbeitslosigkeit wird zum Anlass einer Umverteilung der gesellschaftlichen Ressourcen zugunsten der Gewinnwirtschaft genommen, ohne freilich sicherzustellen, dass Arbeitslose einen Job finden. Arbeitslosigkeit wird zur Nebensache, die Heil bringenden Märkte sind die Hauptsache. Ziel der neoliberalen Wirtschafts- und Gesellschaftserneuerung ist es, den Spielraum für unternehmerische Entscheidungen zu erweitern. Die Instrumente dazu orientieren sich direkt an den scheinbaren Blockierungen der Marktentfaltung, und zwar auf zwei miteinander zusammenhängenden Ebenen:

Da ist zunächst die monetäre Umverteilung der Einkommen. Vor allem durch Lohnzurückhaltung soll die Primärverteilung der Wertschöpfung zugunsten der unternehmerischen Gewinne verändert werden. Instrumente dazu sind die Auflösung des Flächentarifvertrags sowie der Zwang auf Arbeitslose, in den Niedriglohnsektor zu wandern. Indirekt wird aber auch über den Staat Einfluss auf die Einkommensverteilung genommen. Instrumente sind die Reduzierung der Unternehmenssteuern durch eine Umverteilung der Steuerlast, aber auch der Abbau durch Steuern zu finanzierender Staatsausgaben. Darüber hinaus soll die Beanspruchung der Finanzmärkte durch die öffentliche Verschuldung zurückgefahren werden. Um all das wird es in den folgenden Kapiteln gehen.

Auch die zweite Ebene ist von großer Bedeutung; hier geht es um die Umverteilung von Rechten. Sie gleicht einem Nullsummenspiel: Was die Beschäftigten durch den Abbau des Kündigungsschutzes an rechtlicher Absicherung verlieren, gewinnen die Unternehmen an Entscheidungsautonomie beim Personaleinsatz.

Eine kurze Bilanz der Politik für mehr Marktmacht

Hat die Stärkung der Gewinnwirtschaft zur Ausweitung der Beschäftigung und damit zum Abbau der Arbeitslosigkeit geführt? Das Rezept, bis heute Standardrepertoire der herrschenden Lehre, hatte Helmut Schmidt bereits als Gegenmaßnahme zur Wachstumskrise 1975 formuliert (die sich dann als Einstieg in die wachsende Arbeitslosigkeit entpuppte), nämlich die Kausalkette: G–I–B! Danach werden die von der Angebotsseite her geförderten Gewinne nach Steuern (G) zur Finanzierung von Sachinvestitionen (I) genutzt, die am Ende zur Zunahme der Beschäftigung (B) führen.

Im Rückblick zeigt sich, dass die Unternehmen dieser Kausalkette nicht erst in den letzten Jahren die Gefolgschaft verweigert haben. Prächtige Erfolge sind zwar bei der Umverteilung der Einkommen und Rechte zugunsten der Gewinnwirtschaft erzielt worden. Die Unternehmenswirtschaft hat jedoch die ökonomisch und politisch organisierten Verteilungsgewinne nicht mit beschäftigungsschaffenden Investitionen belohnt. Im Gegenteil, im Zuge der Restrukturierung von Unternehmen sind auch unter günstigen Gewinnbedingungen Arbeitsplätze abgebaut worden. Dabei ist der neoliberale Umbau schon früh begonnen worden: in kleineren Schritten spätestens seit Oktober 1982 durch die schwarz-gelbe Bundesregierung unter Helmut Kohl, in beschleunigtem Tempo der Marktentfesselung dann vor allem in der zweiten Phase der rot-grünen Bundesregierung unter Gerhard Schröder. Jedenfalls zeigen sich inzwischen selbst Verfechter der G–I–B-Kette verwundert über die zurückhaltenden Investitionsaktivitäten der Unternehmen – trotz bester Finanzierungsbedingungen. Sogar der gesamtwirtschaftliche «Rat der fünf Weisen» widmet sich in seinem aktuellen Jahresgutachten der Frage, ob eine anhaltende Entkoppelung von Gewinnen und Unternehmensinvestitionen zu erkennen ist.[2] Freilich kommt er trotz eingestandener methodischer Schwierigkeiten am Ende beim Vergleich mit früheren Konjunkturzyklen zu dem Ergebnis, dass sich ein «atypisches Investitionsmuster» nicht bestätigt habe. An der Kausalkette wird eisern festgehalten. Der großen Mehrheit der beratenden Ökonomenzunft fehlt der Mut, um der Frage nachzugehen, inwieweit neoliberaler Kostensenkungswahn am Ende die Investitionsbedingungen verschlechtert – einfach mangels Nachfrage und Innovationen. Stattdessen erfolgt die Flucht in die Harmonielehre von Jean Baptist Say (1767 bis 1832) nach dem Motto: Ein rentables Angebot schafft sich immer auch die zu dessen Realisierung erforderliche Nachfrage.

Schauen wir auf einige Daten. Sie belegen den Befund von der Stärkung der unternehmerischen Marktmacht und der Spaltung der Gesellschaft durch die Verbesserung der Angebotsbedingungen für Unternehmen sowie Zugewinne der Reichen einerseits sowie wirtschaftliche Wachstumsschwäche, Arbeitslosigkeit und steigende private wie öffentliche Armut andererseits.

Allein in den Jahren 2000 bis 2005 sind im Verhältnis zum absoluten Zuwachs des Volkseinkommens von knapp 160 Milliarden Euro (10 %) die Arbeitnehmerentgelte nur um 28,8 Milliarden Euro (2,6 %) gestiegen. Gleichzeitig wuchsen die Einkommen aus Unternehmertätigkeit und Vermögen um 131,3 Milliarden Euro (knapp 31 %). Diese Umverteilung zeigt sich auch in der Entwicklung der Profitquote gegenüber der Arbeitskostenquote (vgl. Tabelle 1). Die gesamten Arbeitskosten (einschließlich der Sozialbeiträge der Arbeitgeber) sind von 71 % im Jahr 1991 auf 67 % im Jahr 2005 zurückgegangen. 1971 war mit 72,9 % die höchste Arbeitskostenquote erreicht worden. Der Verlauf dieser Quote belegt die Entlastung der Unternehmen von den gesamten Arbeitskosten im Verhältnis zur Wertschöpfung. Spiegelbildlich dazu ist die Profitquote zu sehen, also der Anteil der Unternehmens- und Vermögenseinkommen in Prozent des Volkseinkommens; er ist in dieser Zeitspanne von 29 auf 33 % gestiegen. Ein kurzer Rückschlag vor allem im Zuge der *New-Economy*-Krise im Jahr 2000

Jahr	Profitquote[1]	Arbeitskostenquote[2]	Lohnquote brutto[3]	Lohnquote netto[4]
1991	29,0	71,0	58,1	40,3
1997	29,7	70,3	56,5	36,0
2000	27,8	72,2	57,9	37,4
2005	33,0	67,0	53,9	35,6

1 Profitquote: Unternehmens- und Vermögenseinkommen in Prozent des Volkseinkommens
2 Arbeitnehmerentgelt (einschließlich Sozialbeiträge der Arbeitgeber) in Prozent des Volkseinkommens (Profit- und Arbeitskostenquote addieren sich zu 100 Prozent)
3 Bruttolöhne und -gehälter in Prozent des Volkseinkommens
4 Nettolohnquote: Nettolöhne und -gehälter in Prozent des Volkseinkommens

Quelle: Statistisches Bundesamt, Volkswirtschaftliche Gesamtrechnungen – Inlandsproduktberechnungen, erste Jahresergebnisse 2005; Wiesbaden 2006

Tabelle 1: Profit-, Arbeitskosten, Bruttolohn- und Nettolohnquote in Prozent vom Volkseinkommen

(27,8 %) konnte in den Folgejahren mehr als wettgemacht werden.

Werden nicht die Arbeitskosten, sondern die für die Beschäftigten entscheidenden Bruttolöhne und -gehälter betrachtet, so ergibt sich die Brutto- bzw. Nettolohnquote. Die Bruttoquote ist von 58,1 auf 53,9 % zurückgefallen. Die Teilhabe der abhängig Beschäftigten an der Wertschöpfung ist damit deutlich zurückgeschraubt worden. Nach Abzug aller öffentlichen Abgaben (direkte Steuern und Sozialversicherungsbeiträge) ist die im Niveau deutlich niedrigere Nettolohnquote von 40,3 % auf 35,6 % zurückgefallen. Hier schlägt sich die stärkere Entlastung der Unternehmen beim Abbau der Steuern nieder.

Beim Vergleich der Entwicklung von Lohn- und Gewinnanteilen auf der Ebene der Volkswirtschaftlichen Gesamtrechnung ist allerdings auf ein Definitionsproblem hinzuweisen. Die Verteilungsgröße «Einkommen aus Unternehmertätigkeit und Vermögen» erfasst nicht nur die Unternehmensgewinne. In diesem Aggregat sind auch die Vermögenseinkommen der privaten Haushalte enthalten. Der Grund liegt auf der Hand: Das Statistische Bundesamt darf auf dieser Ebene die Gewinne nicht erfassen und ausweisen. Da sich die Struktur von Gewinn- und Vermögenseinkünften jedoch kaum geändert hat, eignet sich die längerfristige Entwicklung der Profitquote dennoch als Indikator für die Verteilungsposition der Unternehmen.

Explizite Gewinnstatistiken liefert vor allem die Deutsche Bundesbank auf der Basis der ihr zur Verfügung stehenden Unternehmensdaten aus Geschäften mit den Banken. Hinzu kommen spezielle Untersuchungen zur Gewinnentwicklung für Branchen, aber auch größenklassifiziert für mittelständische Unternehmen gegenüber Konzernen. Diese speziellen Gewinnstatistiken bestätigen den mit der gesamtwirtschaftlichen Profitquote beschriebenen Trend. Sie zeigen aber auch, dass etwa die Konzerne, die im DAX 30 notiert sind, an der Spitze der Gewinner im Verteilungskampf liegen. Bei kleineren und mittleren Unternehmen ist die Entwicklung differenziert. Die 30 Unternehmen im DAX konnten auf der Basis ihres massiven Profitanstiegs im Jahr 2005 die Rekordsumme an Dividenden von über 21 Milliarden Euro ausschütten.

Unterstützt durch die Steuerpolitik ist gleichzeitig die Belastung der Gewinne mit Steuern, die Steuerquote, deutlich zurückgegangen. Schließlich haben sich die Topmanager mit einer erhöhten Gewinndividende bedient. Steigende Gewinne, hohe Ausschüttungen an die Aktionäre sowie üppige Zuwächse der Managergehälter gehen mit fortgesetztem Arbeitsplatzabbau einher. Die meisten Konzerne Deutschlands bestätigen die Unhaltbarkeit der Kausalkette G–I–B. Ihre Antwort auf horrende Gewinne, bezogen auf das eingesetzte Eigenkapital, ist die Intensivierung des Arbeitsplatzabbaus. Die Entlassung von Beschäftigten wird von der Börse auch noch belohnt. Dieses System von Gewinnsteigerung,

Lohndruck und Arbeitsplatzabbau widerspricht den Regeln der Lehrbücher. Neues Denken ist nötig. Spektakuläre Einzelfälle wie die Deutsche Bank, die eine Rendite vor Steuern von 25 % auf das eingesetzte Kapital anstrebt und gleichzeitig Stellenabbau betreibt, haben endlich die Debatte über angemessene Gewinne bei den Großunternehmen belebt.

Im Konzept der Umverteilung zugunsten der Profitwirtschaft kommt dem Staat eine entscheidende Bedeutung zu. Wie wir in den kommenden Kapiteln sehen werden, hat der neoliberale Umbau zum Ziel, die staatliche Beanspruchung von volkswirtschaftlichen Ressourcen zu reduzieren sowie grundsätzlich gesamtwirtschaftliche Interventionen zur Überwindung von Wirtschaftskrisen zu verhindern. Neoliberale Hardliner formulieren dankenswerterweise ihr hartnäckiges Vorurteil gegen den öffentlichen Sektor ganz offen: Mit jedem öffentlich ausgegebenen Euro drohe Verschwendung, während dessen private Verwendung der Wohlstandsmehrung diene. Es fehlt am Verständnis für den Staat, der mit seinen öffentlichen Leistungen die wirtschaftlichen Rahmenbedingungen und den Strukturwandel fördert. Dies hat zu einer Politik des schrumpfenden Staats geführt, deren sozial-ökonomische Folgen unübersehbar sind. Die Quote der Staatsausgaben (aller Gebietskörperschaften, ohne gesetzliche Sozialversicherung) am Bruttoinlandsprodukt ist von 28,2 % im Jahr 1991 auf 25,9 % im Jahr 2005 zurückgeschraubt worden, vor allem durch die Reduzierung öffentlicher Investitionen. Diese Einsparungen, die auch vor dem Bildungs- und Hochschulbereich nicht Halt machen, sind der harte Beweis für eine verfehlte Zukunftspolitik. Eingeschränkte Staatsausgaben verschlechtern mangels privater Finanzmittel die Lebenslage der Einkommensschwachen sowie die Bildungschancen für deren Kinder.

Über diese Verteilungswirkungen einer Politik schrumpfender Staatsausgaben hinaus konzentriert sich die neoliberale Ideologie auf die Reduktion der Steuerlast der Unternehmen. Hier war die Politik, insbesondere in der Phase der rot-grünen Bundesregierung, enorm erfolgreich. Der Anteil der Steuern auf Gewinne und Vermögen liegt seit 1994 unter 10 %. Dagegen schwankt die Steuerquote der Löhne und Gehälter zwischen 17 und 20 %. Die Kapitalgesellschaften sind im Zuge der Unternehmenssteuerreform von 2000 durch die Reduktion des Körperschaftsteuersatzes auf 25 % stark entlastet worden. Auch die der Einkommensteuer unterliegenden Unternehmen haben durch die Senkung des Spitzensteuersatzes auf 42 % profitiert. Insgesamt hat sich die Steuerbelastung zu Lasten der Massensteuern (Lohnsteuer und Mehrwertsteuer) verschoben. Die dadurch erzeugten Verluste an Kaufkraft haben die konsumtive Nachfrage reduziert, und der Staat hat weniger Geld. Soweit Bund, Länder und Kommunen nicht in vollem Umfang mit dem Abbau von Ausgaben reagieren konnten, wurde die Flucht in mehr öffentliche Verschuldung unvermeidbar.

Die Einkommensumverteilung, der Sozialabbau, vor allem aber die sich verfestigende Arbeitslosigkeit haben die Kluft zwischen Armut und Reichtum vertieft. Wird die standardisierte Messung der Armut herangezogen, so ist die Zahl derer, die nicht über mehr als 60 % des durchschnittlichen Arbeitnehmereinkommens (Medianwert der laufend verfügbaren Äquivalenzeinkommen) beziehen, nach dem «Zweiten Armuts- und Reichtumsbericht der Bundesregierung» von 12,1 % im Jahr 1998 auf 13,5 % im Jahr 2003 gestiegen (neuere Daten liegen nicht vor).[3] Dabei fällt das allerdings unveränderte Armutsrisiko mit einem Anteil von 35,4 % bei den Alleinerziehenden am höchsten aus. Bei Arbeitslosen ist das Risiko der Armut von 33,1 % 1998 auf 40,9 % 2003 gestiegen.

Zu dieser Bilanz wachsender Armut zählt die erschütternde Tatsache, dass in Deutschland die Kinderarmut steigt. Nach einer Berechnung des Statistischen Bundesamtes zusammen mit dem Paritätischen Wohlfahrtsverband hat von Ende 2003 bis Ende 2004 die Zahl der sozial bedürftigen Kinder unter 15 Jahren auf rund 965 000 (+ 3,2 %) zugenommen, bis Ende 2005 dann noch einmal sprunghaft auf 1,5 Millionen. Die Sozialhilfequote der Kinder in dieser Altersgruppe stieg von 7,7 auf 8,1 %. Sicherlich ist die Methode und Aussagekraft der Definition des Armutsrisikos nicht unumstritten. Entscheidend ist jedoch, dass unter den sozioökonomischen Bedingungen Deutschlands das hier dargestellte Armutsrisiko angemessen erfasst ist.

Armut bedeutet mehr als die unzureichende Ausstattung mit Einkommen. Sie führt zum Ausschluss aus dem kulturellen und sozialen Leben und belastet die Teilnahme an Freundeskreisen. Treibsatz dieser Zunahme ungleicher Einkommensverteilung, die die Armut wachsen lässt, ist die anhaltend hohe Arbeitslosigkeit. Deshalb liegt der Schlüssel der Armutsbekämpfung im Abbau der Arbeitslosigkeit. Armut wird jedoch auch politisch forciert: zum Beispiel durch die Absenkung der Regelleistungen beim Arbeitslosengeld II (Hartz IV). In der sozialpolitischen Bilanz 2005, welche die Nationale Armutskonferenz vorgelegt hat, ein Zusammenschluss von zwölf Wohlfahrtsverbänden, wird kritisiert: Die Instrumente des Forderns seien ausgebaut, die Instrumente des Förderns eingeschränkt worden. Die monatliche Regelleistung des Arbeitslosengeldes II in Höhe von 345 Euro (331 im Osten) reiche nicht aus. Soziale Einrichtungen, von Beratungsstellen bis hin zu den «Tafeln», erleben einen enormen Zulauf.

Zunehmend wächst die Armut auch durch die Beschäftigung im Niedriglohnsektor. Das Phänomen der «working poor» – also von Menschen, die für einen Lohn arbeiten, der ihre Existenz nicht sichert – trägt ebenfalls zur Vermehrung des gesellschaftlichen Armutsrisikos bei. Zum Niedriglohnsektor zählen Beschäftigte, die einschließlich Sonderzahlungen und Zulagen nicht mehr als 1630 Euro pro Monat erhalten. Ihr Anteil an der Beschäftigung ist von 15,8 % im Jahr 1997 auf 17,4 % im Jahr 2001 gestiegen. Der Trend hat sich in den Jahren danach noch verstärkt.

Anstatt den Kampf gegen die Ursachen der Armut aufzunehmen, wird diese brutale Belastung einer wachsenden Anzahl von Menschen verdrängt, bagatellisiert, ja auf Fehlverhalten der Betroffenen selbst zurückgeführt. Zu dieser Ignorierung des größten gesellschaftspolitischen Skandals trägt auch der Großteil der Medien bei, die den schönen Reichen sowie dem Glimmer und Glamour Vorrang einräumen.

In dieses Bild fügt sich nahtlos die Entwicklung der Vermögensverteilung ein. Nach dem «zweiten Reichtums- und Armutsbericht» hat die Konzentration des Geld- und Immobilienvermögens auf hohem Niveau leicht zugenommen.[4] Während 1998 das oberste Zehntel der Vermögenden über 44,4 % des Gesamtvermögens verfügte, waren es 2003 schon 46,8 %. Dagegen mussten sich die unteren 50 % der Vermögenden 2003 mit 3,8 % begnügen. Die Reproduktion der Eliten funktioniert besser denn je: Wer hat, dem wird gegeben.

In allen theoretischen und politischen Diskussionen über das Thema Gerechtigkeit geht es zu Recht nie allein um die Verteilung der Einkommen. In einer demokratischen Gesellschaft – wenn sie eine bleiben möchte – zählt nicht zuletzt die gerechte Verteilung der Chancen auf Teilhabe. Das gilt besonders für den Zugang zu Bildung. Die Befunde im «Zweiten Armuts- und Reichtumsbericht der Bundesregierung» sowie in den Pisa-Studien sind erschütternd: Die Chancen eines Kindes aus einem Elternhaus mit hohem sozialen Status, eine Gymnasialempfehlung zu erhalten, sind heute 2,7-mal so hoch wie bei einem Kind aus einer Facharbeiterfamilie.[5] Die ungleiche Chancenverteilung fällt beim Zugang zum Studium noch krasser aus. Die Chance auf ein Studium ist für Kinder einer Familie mit sozial hohem Status 7,4-mal höher als für Kinder aus einem Facharbeiterhaushalt. Die Einführung von Studiengebühren dürfte dieses Verhältnis noch verschlechtern. Die Bildungskatastrophe, die Mitte der 1960er Jahre zu Protesten und politischen Veränderungen geführt hat – sie feiert zu Beginn dieses Jahrtausends wieder fröhliche Urständ.

So weit ein erster, grober «Kassensturz». Das alles ist kaum zu glauben? – Es ist aber wahr, wie wir noch genauer sehen werden. Denn um all das wird es in den kommenden Kapiteln gehen. Und jedes Mal, wenn die Fehlentwicklung erläutert und begründet ist, werde ich auf die Alternativen zu sprechen kommen, die es sehr wohl gibt. Dieses Buch soll schonungslos offen legen, wie es um die Wirtschaft und die Wirtschaftspolitik in Deutschland bestellt ist. Ich werde daher kein Blatt vor den Mund nehmen. Vor allem aber soll es – und das erste Jahr der zweiten Großen Koalition scheint ein guter Zeitpunkt dafür zu sein – Wählern, Wirtschaftswissenschaftlern, Unternehmern und Politikern Mut machen, die Ablösung der herrschenden Lehre durch eine neue, bessere zu fordern und zu wagen.

Schauen wir uns also im Folgenden unsere Lage genau an, machen wir einen grundlegenden Kassensturz, um zu sehen, was von der hehren neoliberalen Erfolgsgeschichte dann wirklich übrig bleibt.

Die ganze Wahrheit über den Standort Deutschland

Die Spaltung zwischen X und I

Die Klagelieder über den Standort Deutschland, sie sind sattsam bekannt. Die Untergangspropheten aus der Ökonomenzunft und in den Medien haben Konjunktur. Deutschland, so die Prophetie, vollziehe nicht ernsthaft die durch den internationalen Konkurrenzdruck erzwungene Anpassung. Der soziale Konsens werde wichtiger genommen als die neuen Herausforderungen durch die Globalisierung. Deutschland sei ein Land mit viel zu hohen Löhnen, erdrückenden Unternehmenssteuern sowie ausufernden Regulierungen vor allem auf den Arbeitsmärkten. Insgesamt würden die Vorteile der Konkurrenzwirtschaft viel zu stark durch die Politik blockiert. Auch die «Berliner Republik» habe sich unter dem Druck übermächtiger Gewerkschaften nicht entschieden genug vom «rheinischen Kapitalismus» mit seiner Sozialpartnerschaft befreit.

Exemplarisch für diese Art Niedergangsprophetie steht das Buch von Hans-Werner Sinn, dem Chef des Ifo-Instituts in München: «Ist Deutschland noch zu retten?»[6] Wer Sinn kennt, der kennt auch die Antwort: Der deutsche Standort steht am Abgrund und kann nur mit einer radikalen Therapie gerettet werden. Alles in allem zielt Sinns Therapie auf den Umbau der Gesellschaft bis hin zu einer ökonomischen Durchdringung menschlichen Denkens und Verhaltens. Die Rettung vor dem endgültigen Absturz bringe nur ein radikaler Lohn- und Sozialabbau sowie die Deregulierung der Ökonomie zur Stärkung der Konkurrenzwirtschaft.

Und damit die Katastrophe auch wirklich umfassend dargestellt werden kann, hat Sinn einen eingängigen Begriff geprägt: «Basarökonomie». Mit ihm wird urplötzlich die allseits bestaunte Exportstärke in eine Niederlage des Standorts Deutschland umgemünzt. Denn gemeint ist damit, dass der anhaltende Boom der Exportwirtschaft eigentlich dem wachsenden Anteil an Vorleistungsimporten aus Billiglohnländern zugeschrieben werden müsse. Das Bild der Basarökonomie soll deutlich machen, dass der Produktionsstandort Deutschland zum Handelsstandort mutiert, sich also auf den Zusammenkauf von ausländischen Vorleistungen reduziert, aus denen die Exportgüter zusammengebaut werden. Es gelte daher, den Anteil deutscher Wertschöpfung an Exportwaren wieder zu steigern. Dazu aber seien – na, was wohl? – rigoroser Lohn- und Sozialabbau sowie die Verringerung der Unternehmensbesteuerung dringend erforderlich. Nur durch mehr deutsche Billigproduktion könne die deutsche Wirtschaft ausländische Zulieferungen außen vor halten.

Das Ganze ist – wir werden es im nächsten Abschnitt dieses Kapitels zeigen – eine leicht durchschaubare Fiktion: Stammtischökonomie. Bevor wir uns eingehender damit befassen, sollen hier zunächst einmal die Fakten genannt werden. Unbestreitbar boomt seit Jahren die deutsche Exportwirtschaft. Der absolute Wert der Güterexporte (970,7 Mrd. Dollar; das ist ein Weltmarktanteil von 9,3 %) lag 2005 zum dritten Mal auf Rang 1, vor den USA, China und Japan. Die Spitzenposition beim Export von Waren ist einzig und allein das Ergebnis der hochgradigen internationalen Konkurrenzfähigkeit Deutschlands. Im Exportsektor eine Standortkrise ausfindig machen zu wollen, lenkt von tief greifenden Entwicklungsdefiziten an ganz anderer Stelle ab. Während die Exportwirtschaft wahrhaft atemberaubende Zuwächse aufweist, ist dennoch die Zahl der registrierten Arbeitslosen mit jahresdurchschnittlich 4,5 bis 5 Millionen sehr hoch. Einer der entscheidenden Gründe sind die im Vergleich zu früheren Jahren deutlich verlangsamten Raten des gesamtwirtschaftlichen Wachstums. Der Exportweltmeister liegt hier auf den hinteren Plätzen. Zweifellos wäre der Zuwachs des Bruttoinlandsprodukts ohne den Exportboom noch schwächer. Die Exportwirtschaft ist das Zugpferd der gesamtwirtschaftlichen Entwicklung. Ein tief greifendes Problem, das die «Basarökonomen» völlig verdrängen, wird sichtbar: Die Zugewinne in der Exportwirtschaft schlagen auf die Binnenwirtschaft schon länger nicht mehr zurück.

Diese Spaltung zwischen der Exportwirtschaft (X-Wirtschaft) einerseits und der Binnenwirtschaft (I-Wirtschaft) andererseits muss erklärt werden. Eine entscheidende Ursache liegt in der neoliberalen Politik moderater Lohnabschlüsse. Während dadurch die internationale Konkurrenzfähigkeit gestärkt wird, wird die binnenwirtschaftliche Nachfrage reduziert. Der folgenreiche Irrtum der durch die Untergangsökonomen empfohlenen Politik ist, dass sie sich allein auf die weitere Stärkung der internationalen Wettbewerbsfähigkeit konzentriert. Dabei laufen solche Aktivitäten wegen der ohnehin schon vorzüglichen Performance der X-Wirtschaft ins Leere. Denn Grenzen der Aufnahmefähigkeit der deutschen Exporte ergeben sich in den Importländern, in denen dadurch inländische Produktion verdrängt wird. Diese Verdrängung wurde jedoch in den letzten Jahren durch hohe Zuwächse bei den Importen nach Deutschland deutlich eingeschränkt. Exporte ziehen Importe nach sich.

Der große Verlierer dieser Exportexpansion ist jedoch die Binnenwirtschaft. Während die Strategie der Lohnsenkung, die die Anhänger der «Basarökonomie»-Theorie zugunsten der Stärkung der internationalen Wettbewerbsfähigkeit fordern, angesichts der ohnehin kraftstrotzenden Exportwirtschaft überflüssig ist, wirkt diese auf die I-Wirtschaft schädlich. Denn Löhne sind eben nicht nur Kosten, sondern die entscheidende Basis für die binnenwirtschaftliche Konsumnachfrage. Eine Politik, die versucht, die Exportwirtschaft zur Kompensation der binnenwirtschaftlichen Defizite zu pushen, bewegt sich also in eine Falle. Sie schwächt die I-Wirtschaft zugunsten einer Stärkung der X-Wirtschaft, die solcher neoliberalen Pflege gar nicht bedarf. Genau die gegenteilige Politik wäre also richtig: Alle Instrumente der Wirtschaftspolitik müssen auf die Überwindung der hartnäckigen Stagnation der I-Wirtschaft konzentriert werden. Es geht in Deutschland vor allem um die Wiederherstellung einer ausgeglichenen Entwicklung von Export- und Binnenwirtschaft.

Die Dominanz der X-Wirtschaft

Erstmals seit elf Jahren lieferte Deutschland 2003 mehr Waren in die Welt als jedes andere Land. Diese Führungsrolle im Welthandel konnte vor dem Vizeweltmeister USA auch in den Folgejahren gehalten werden. 2005 schob sich China vor Japan auf den dritten Platz. Die Chancen der Deutschen, die Position in den kommenden Jahren zu halten, sind gut. Auch gemessen am Anteil der Warenausfuhr am gesamten Welthandel ist Deutschland mit über 10 % Weltmeister. Im Jahr 2005 summierten sich die in andere Länder exportierten Waren auf über 786 Milliarden Euro. Die Warenexporte liegen im Verhältnis zum Bruttoinlandsprodukt bei 34,2 %. Also: Mehr als ein Drittel der in Deutschland produzierten Güter geht ins Ausland. Die Wachstumsraten der (preisbereinigten) Warenexporte schwanken in den letzten Jahren zwischen knapp 7 % und über 8 %. Für 2006 wird erneut mit einer Steigerung um 8 % gerechnet.

Ein Schwerpunkt der Exportwirtschaft ist der hochmoderne Maschinenbau. Der Maschinenbau mit seinen derzeit prall gefüllten Auftragsbüchern dominiert mit einem Anteil von 19,3 % den internationalen Handel vor Japan und den USA. Viele deutsche Hersteller sind mit ihren spezialisierten Produkten Marktführer. Nur im Werkzeugmaschinenbau liegt Japan vor Deutschland. Interessant sind auch die regionalen Schwerpunkte der Exporte. Der prozentual überwiegende Anteil der Warenausfuhren floss 2004 mit 55,5 % in die EU-15-Länder. Rechnet man die neu aufgenommenen Länder hinzu, so wurden 63,9 % in die EU-25 exportiert. Auf die Märkte in den USA gelangten 8,8 %. Zwar liegen die Anteilswerte für die osteuropäischen Länder sowie die Volksrepublik China (2,9 %) vergleichsweise niedrig. Allerdings zeigen die enormen Zuwächse bei der Warenausfuhr nach China, dass Deutschland an der rasanten ökonomischen Expansion dieses Landes stark beteiligt ist.

Die intensive internationale Verflechtung Deutschlands innerhalb des Welthandels zeigt sich andererseits an den starken Zuwachsraten bei den Importen von Waren aus dem Ausland. Dem Exportwert von 786 Milliarden Euro standen 2005 Importe im Wert von 625 Milliarden Euro gegenüber. Der Anteil der Importe am Bruttoinlandsprodukt – die Importquote – lag bei stattlichen knapp 28 %. Importwaren, die zur Produktion in deutschen Produktionsstätten eingesetzt werden, sind Vorleistungen. So werden auch Vorleistungen aus dem Ausland bezogen, um die für den Export bestimmten Waren herzustellen. Anhänger der Idee von der Basarökonomie behaupten, die Stärke der Exportwirtschaft sei auf die steigende Nutzung ausländischer, preisgünstiger Wertschöpfung zurückzuführen. Entscheidend ist jedoch die Tatsache, dass die Exporte deutlich über den Importen liegen. Die Handelsbilanz ergab 2005 mit 160 Milliarden Euro einen gigantischen Überschuss. Bezogen auf die gesamtwirtschaftliche Produktion sind das stattliche 7 %. Hervorzuheben ist dabei die Tatsache, dass im Durchschnitt auch gegenüber den osteuropäischen Ländern, die zu den EU-25 gehören, Exportüberschüsse erzielt worden sind.

Exportiert und importiert werden jedoch nicht nur Waren, sondern auch Dienstleistungen. So zählt eine Reise, die Deutsche ins Ausland unternehmen, als Dienstleistungsimport, während die japanische Familie zu Gast in München als Dienstleistungsexport erfasst wird. Und die Dienstleistungsbilanz ist wegen der Reisefreudigkeit der Deutschen chronisch negativ. Allerdings nimmt das Gewicht des grenzüberschreitenden Handels mit technologischen Dienstleistungen zu, zum Beispiel mit Patenten, Forschung und Entwicklung sowie EDV- und Ingenieurdienstleistungen. Zu den Exporten wiederum zählen auch die Finanzdienstleistungen sowie Einnahmen aus Transportleistungen. 2005 betrug das Defizit 30 Milliarden Euro. Für die Bewertung der Außenwirtschaft ist die gesamte Produktion eines Landes entscheidend, die exportiert bzw. importiert wird. Sie setzt sich aus Waren und Dienstleistungen zusammen. Handels- und Dienstleistungsbilanz werden zusammengefasst. Der trotz des Dienstleistungsdefizits immer noch hohe Überschuss betrug 2005 mehr als 130 Milliarden Euro. Während gesamtwirtschaftlich die hier erfassten Importe inländische Produktion ersetzen bzw. verdrängen, wird mit den weit höheren Exporten in den Importländern die inländische Produktion reduziert. Bezogen auf das Bruttoinlandsprodukt ergibt sich der gesamtwirtschaftlich wichtige «Außenbeitrag». Von einer Quote von 0,4 % im Jahr 2000 ist der Außenbeitrag auf 5,8 % im Jahr 2005 angestiegen.

Die in den Außenbeitrag eingehenden, zusammengefassten Exporte und Importe an Waren und Dienstleistungen definieren gegenüber dem Bruttoinlandsprodukt den Offenheitsgrad der deutschen Wirtschaft. Zwischen 1995 und 2005 lag dieser Offenheitsgrad mit durchschnittlich knapp 50 % deutlich über dem in den USA. Der Grad der Offenheit verteilt sich jedoch nicht gleichermaßen auf die Ausfuhr und Einfuhr von Gütern und Dienstleistungen. Deutschland exportiert erheblich mehr, als es an Vorleistungen aus dem Ausland bezieht. Dies zeigt sich – bezogen auf das Bruttoinlandsprodukt – im hohen Außenbeitrag. Nach der einhelligen Lehrmeinung gelten das «außenwirtschaftliche Gleichgewicht» und der sich daraus ergebende Offenheitsgrad als angemessen, wenn der Außenbeitrag nicht deutlich über null Prozent hinausgeht. Diese Nulllinie orientiert sich an dem Konzept des «fairen Handels». Ein Land sollte nicht mehr an Waren und Dienstleistungen exportieren, als es importiert. Dieses außenwirtschaftliche Gleichgewicht wird in Deutschland seit Jahren verletzt. Kaum einer aus der Ökonomenzunft weist auf diese Fehlentwicklung im internationalen Handel hin.

Um schließlich zur Leistungsbilanz zu kommen, werden – neben den Erwerbs- und Vermögenseinkünften vom Ausland und an das Ausland, deren Saldo kaum eine Rolle spielt – die laufenden Übertragungen in der Übertragungsbilanz zusammengefasst. Diese Bilanz enthält unter anderem die Zahlungen an den Gemeinschaftshaushalt der EU und internationale Organisationen wie die UNO.

Die Leistungsbilanz spielt bei der Bewertung des Standorts Deutschland innerhalb der internationalen Wirtschaftsbeziehungen eine große Rolle. Ein negativer Saldo, den es in früheren Jahren gab, gilt als schweres Versagen. Die Überschüsse aus den Ex- und Importen von Waren (Handelsbilanz) müssen also so groß sein, dass nach Abzug der notorisch defizitären Dienstleistungs- und Übertragungsbilanz noch etwas übrig bleibt, die Leistungsbilanz also einen Überschuss ausweist. Defizite in der Leistungsbilanz werden zum Anlass genommen, die Politik auf die Expansion der Exportwirtschaft durch die Stärkung der Kosten- und Wettbewerbssituation zu verpflichten.

Aller Rhetorik der «Rettet-Deutschland-Ökonomen» zum Trotz verzeichnet die Leistungsbilanz seit 2001 sprunghaft gestiegene Überschüsse. 2005 lagen insgesamt die Einnahmen Deutschlands aus dem Ausland um über 90 Milliarden Euro über den Ausgaben an das Ausland. Während die USA mit ihrem negativen Leistungsbilanzsaldo am dortigen Bruttoinlandsprodukt bei knapp 6 % liegt, konnte Deutschland die positive Quote von 4 % erreichen. Wer angesichts solcher Daten von einer Exportschwäche mangels internationaler Wettbewerbsfähigkeit spricht, der entlarvt sich, was auch immer er im Schilde führen mag, als Ideologe wider die Fakten.

Die Überschüsse aus den Warenexporten sind, wie gesehen, so groß, dass die Leistungsbilanz sogar nach Verrechnung der Defizite bei der Dienstleistungsbilanz sowie der Bilanz für laufende

Übertragungen immer noch stattlich im positiven Bereich liegt. Spiegelbildlich zu diesem Überschuss entstehen (netto) Forderungen Deutschlands an das sich entsprechend verschuldende Ausland. Die Kapitalbilanz weist Deutschland als Kapitalgeber gegenüber dem Ausland aus. Um es in einem Wort zu sagen: Insgesamt profitiert Deutschland von der wachsenden internationalen Verflechtung.

Diese hervorragende Position im Außenhandel geht allerdings mit einer stagnierenden Binnenwirtschaft und damit vergleichsweise niedrigen Raten des Wirtschaftswachstums und hoher Arbeitslosigkeit einher. Wissenschaftliche Diskussionen über das Verhältnis von Binnen- und Außenwirtschaft werden in Deutschland aber schon lange nicht mehr geführt. Exportsteigerungen werden als gut für Deutschland gepriesen, egal welchen Preis die Binnenwirtschaft und die importierenden Länder dafür bezahlen müssen. Ökonomischer Imperialismus gepaart mit deutschem Patriotismus lassen grüßen. Diese imperialistisch-patriotische Mischung charakterisiert auch die Argumentation von Hans-Werner Sinn. Schließlich dient die geforderte Annäherung an die Niedriglohnländer durch Lohn- und Sozialabbau der Verdrängung der ausländischen Vorleistungen, um den deutschen Anteil an der Wertschöpfung in der Exportwirtschaft zu erhöhen.

Exportstärke durch günstige Entwicklung der Lohnstückkosten

Die Basis der hervorragenden Position Deutschlands innerhalb der internationalen Arbeitsteilung bilden die Exportüberschüsse im Warenhandel. Aber was sind ihre Ursachen? Die «Basarökonomen» scheitern, wie im nachfolgenden Abschnitt zu zeigen sein wird, mit ihrem Versuch, die Exportstärke mit wachsenden Vorleistungen aus Billiglohnländern deuten zu wollen. Die Dominanz der Exportwirtschaft resultiert vielmehr aus den über

Jahre entwickelten ökonomischen Vorteilen im internationalen Wettbewerb. Die Exportwirtschaft ist immer dabei, wenn Welthandel und Weltproduktion steigen. Dabei profitiert Deutschland von der Intensivierung der internationalen Arbeitsteilung im Zuge der Globalisierung der Warenmärkte. Die voranschreitende, weltweite Integration der Warenmärkte zeigt sich daran, dass der Welthandel schneller ansteigt als die Weltproduktion. Das verweist auf eine grundlegende Veränderung der Produktion für den grenzüberschreitenden Handel, besonders des interindustriellen Handels. Nur ein Beispiel: Heute werden Automobile aus Deutschland nach Südostasien exportiert, während die dortigen Automobilwerke ihre Produkte auf den deutschen Märkten anbieten. Dies ist das Neue an der Globalisierung der Warenmärkte. Behauptungen, diese Art der Internationalisierung habe es bereits in früheren Jahrhunderten gegeben, sind nicht richtig. Zwar sind zum Beispiel von Deutschland vor dem Ersten Weltkrieg massiv Waren in die Welt geliefert worden, jedoch kam es nicht zum Import ein und derselben Produkte.

Die heutige Intensivierung der internationalen Arbeitsteilung verursacht also die höheren Zuwächse des Welthandels im Vergleich zur Weltproduktion. In den letzten dreißig Jahren wuchs der Welthandel im Durchschnitt pro Jahr um 1,5 Prozentpunkte stärker als das Welt-Bruttoinlandsprodukt. Gegenüber den 70er und 80er Jahren hat sich der Entwicklungsabstand noch vergrößert: Die Zuwachsrate des Welthandels fällt in den letzten Jahren gegenüber der Weltproduktion doppelt so hoch aus. Wie der in den vergangenen Jahren gewachsene Überschuss der Handelsbilanz zeigt, zählt Deutschland bisher zu den Gewinnern dieser Entwicklung. Durch eine konsequente Politik der Innovationen in den Unternehmen und motivierte Belegschaften wird diese Position auch künftig zu halten sein.

Die Abhängigkeit des Exportweltmeisters von der Entwicklung der Weltwirtschaft birgt jedoch auch große Risiken. Dazu zählt die Verteuerung des Ölpreises, der weltweit zu Kaufkraftverlusten führt. Hinzu kommen Krisen auf den Weltfinanzmärkten, die schnell den Welthandel und damit die Vorrangposition Deutschlands gefährden könnten. Schließlich würden von einem Absturz der USA-Ökonomie fatale Wirkungen auf die deutsche Exportwirtschaft ausgehen. Derzeit gelingt es, das riesige US-Leistungsbilanzdefizit über Kapitalzuflüsse aus dem Ausland zu finanzieren. Dies sorgt auch für einen relativ stabilen Dollarkurs im Verhältnis zum Euro. Sobald das Vertrauen in die US-Wirtschaft bzw. den Dollar verloren geht, bricht diese Finanzierung der USA auf Pump jedoch in sich zusammen. Schwer beherrschbare Turbulenzen auf den Finanzmärkten wären die Folge.

Jedenfalls ist klar: Sollte es zu einem massiven deutschen Exporteinbruch kommen, dann liegt dies nicht am Verlust internationaler Wettbewerbsfähigkeit, sondern an äußeren Gründen. Die Robustheit der deutschen Exportwirtschaft zeigt sich auch in ihrer relativen Unabhängigkeit von der Entwicklung des Wechselkurses. Preisliche Nachteile in Phasen der Aufwertung des Euro gegenüber dem US-Dollar sind gut verkraftet worden. Andererseits werden in der jüngsten Phase nachlassender Notierung des Euro gegenüber dem US-Dollar die Wettbewerbsvorteile von der Preisseite her nochmals verstärkt. Was also macht die deutsche Exportwirtschaft so stark? Im Vordergrund stehen die im internationalen Vergleich niedrigen Lohnstückkosten. Weitere wichtige Wettbewerbsvorteile sind die modernen Produktionsverfahren, Produktinnovationen sowie auch die alten deutschen Tugenden Liefer- und Servicepünktlichkeit. All dies wird nur mit hoch qualifizierten und motivierten Belegschaften erreicht.

Zurück zu den Lohnstückkosten. Man versteht darunter normalerweise die gesamten Arbeitskosten (Lohnkosten zusammen mit Lohnnebenkosten pro Arbeitsstunde), bezogen auf das (preisbereinigte) Bruttoinlandsprodukt pro Arbeitsstunde. Die Entwicklung der Produktivität, der Leistungskraft der Arbeit, entscheidet also darüber, in welcher Höhe Arbeitskosten finanziert werden können. In der Produktivitätsentwicklung schlägt sich die realisierte Innovationskraft und damit die Effizienz der Produktion nieder. Der Idee nach werden mit den Lohnstückkosten mikroökonomisch die Arbeitskosten pro Produkt erfasst, zum Beispiel für eine Waschmaschine. Dieser Wettbewerbsindikator ist jedoch problematisch. Denn die Möglichkeit der Unternehmen, je nach Marktmacht Lohnkosten auf die Preise zu überwälzen, wird mit ihm nicht berücksichtigt. Bei den im Weiteren präsentierten Daten zu den Lohnstückkosten werden die Arbeitskosten pro Arbeitsstunde der Stundenproduktivität, dem Indikator für die ökonomische Leistungsfähigkeit, gegenübergestellt. Die gesamtwirtschaftlichen Lohnstückkosten (je Stunde) sind in Deutschland zwischen 1999 bis 2003 kaum gestiegen. In den Jahren 2004 und 2005 gingen sie insgesamt sogar um 0,8 bzw. 0,7 % zurück. In dem für die Exportwirtschaft wichtigen Verarbeitenden Gewerbe sind sie in den letzten Jahren noch viel deutlicher gefallen (2004: –4 % und 2005: –3,2 %).

Steigen dagegen die Lohnstückkosten in wichtigen Konkurrenzländern deutlich, dann führt dies zu einem Wettbewerbsvorteil der deutschen Wirtschaft. Die für den internationalen Wettbewerb also günstige Entwicklung der Lohnstückkosten in Deutschland geht auf zwei Einflussgrößen zurück:

1. Die Arbeitskosten pro Arbeitsstunde haben sich in den letzten Jahren extrem moderat entwickelt.
2. Die Veränderung der Arbeitsproduktivität entscheidet darüber, wie sich bei gegebener Lohnentwicklung die Lohnstückkosten entwickeln. Die Zunahme der Arbeitsproduktivität pro Stunde fiel vor allem in den Jahren 2004 und 2005 höher aus als die Zunahme der Arbeitskosten.

Ein scheinbarer Widerspruch lässt sich hier aufklären: Immer wieder wird auf die im internationalen Vergleich hohen durchschnittlichen Stundenlöhne hingewiesen. An ihnen gemessen ist Deutschland ein Hochlohnland. Dem steht jedoch eine günstige Entwicklung der Arbeitsproduktivität, also des Beitrags einer Arbeitsstunde zur Wertschöpfung, gegenüber. Deutschland ist eben nicht nur ein Hochlohn-, sondern auch Hochproduktivitätsland. Entscheidend für die Veränderung der internationalen Wettbewerbsfähigkeit sind die Arbeitskosten *und* die Produktivität. Die moderate Lohnpolitik einerseits und die im internationalen Vergleich günstige Entwicklung der Arbeitsproduktivität andererseits haben die deutsche Position innerhalb der internationalen Konkurrenz verbessert. Höhere Löhne wären im Vergleich zu den wichtigen Konkurrenzländern ohne Gewinneinbrüche bei den Exportunternehmen ökonomisch durchaus möglich gewesen. Über den positiven Einfluss auf die Entwicklung des privaten Konsums hätte die Binnenwirtschaft gestärkt werden können.

Im längerfristigen Trend hat die Stundenproduktivität gegenüber den wichtigen Konkurrenzländern schneller zugenommen als der Wert für die Arbeitskosten pro Stunde. Von 1999 bis 2004 stiegen die Lohnstückkosten in Deutschland nur um 3,4 %, während die Zuwachsrate in den USA bei 12,3 %, in Großbritannien sogar bei 28,9 % und im Durchschnitt der EU-15 bei 16,2 % lag. Lediglich in Japan sind sie im Zuge der Entwicklung zwischen Deflation und Rezession über diesen Zeitraum hinweg sogar um 12,6 % gesunken. Aber niemand käme ernsthaft auf die Idee, diesen Verfall als Wettbewerbsvorteil für die japanische Wirtschaft zu feiern. Vielmehr ist er Ausdruck für die tiefe Wirtschaftskrise Japans über einen längeren Zeitraum.

Exkurs: «Entlassungsproduktivität» – Unwort des Jahres 2005

Die Messung der internationalen Wettbewerbsfähigkeit mit dem Konzept der Lohnstückkosten stößt in der dominierenden neoklassischen Wirtschaftswissenschaft auf harsche Kritik. Deutschland sei, so die Behauptung, nur ein Hochlohnland. Die gegenübergestellte hohe Arbeitsproduktivität sei nicht Ausdruck der ökonomischen Stärke, sondern der Schwäche infolge hoher Arbeitslosigkeit. Der dafür gewählte Begriff der «Entlassungsproduktivität» ist zum Unwort des Jahres 2005 auserkoren worden. Die Jury in Frankfurt a. M. begründete die Wahl vor allem ethisch. Die Entlassung von Beschäftigten in die Arbeitslosigkeit als Beitrag zur Steigerung der ökonomischen Leistungsfähigkeit zu bezeichnen, grenze an Zynismus.

Die bei diesem Konstrukt unterstellte Wirkungskette ist jedoch auch ökonomietheoretisch nicht begründbar und empirisch nicht belegbar: Zu hohe Löhne führen demnach zu Entlassungen durch die Unternehmen. Damit sinkt die Zahl der Beschäftigten, die zum Bruttoinlandsprodukt beitragen, die Produktivität der Beschäftigten steigt also. Die mit der Arbeitsproduktivität gemessene Stärke verkehrt sich in eine Niederlage. Dagegen ist Folgendes einzuwenden: Diese Theorie reduziert die Erklärung der Ursachen der Arbeitslosigkeit allein auf zu hohe Arbeitskosten. Wichtige Determinanten wie die gesamtwirtschaftliche Nachfrage sowie die strategischen Motive der Restrukturierung von Unternehmen werden nicht betrachtet. Die im internationalen Vergleich günstige Entwicklung der Arbeitsproduktivität wird ausschließlich auf den Rückgang der Zahl der Beschäftigten zurückgeführt. Dabei ist sie maßgeblich durch die Innovationsfähigkeit der Unternehmen sowie die qualifizierten und motivierten Belegschaften initiiert worden. Niedrige Lohnsätze können arbeitsplatzsparende Rationalisierungsinvestitionen nicht verhindern. Im internationalen Vergleich führt das Konstrukt der «Entlassungsproduktivität» zu Widersprüchen. In den USA müsste wegen der vergleichsweise niedrigen Löhne und damit dem Verzicht auf lohnbedingte Entlassungen die Arbeitsproduktivität nach dieser Logik ebenfalls niedrig ausfallen. Das Gegenteil ist vor allem seit der Durchdringung der US-Wirtschaft mit Informations-Kommunikationstechnologien der Fall.

Auch in Deutschland wird die Arbeitsproduktivität nicht durch Entlassungen wegen zu hoher Löhne bestimmt. Maßgeblich sind die Umsetzung technologischer, aber auch sozialer Innovationen in der Produktion sowie strategische Entscheidungen der Unternehmen. Insoweit definiert – neben dem Ausgleich für die Zielinflationsrate von derzeit ca. 2 % – die Entwicklung der ökonomisch fundierten Produktivität den verteilungsneutralen Spielraum, der unbedingt durch eine entsprechende Erhöhung der Löhne ausgenutzt werden muss. Genau dagegen wenden sich die Anhänger der «Entlassungsproduktivität». Am Ende entpuppt sich die Rede von der «Entlassungsproduktivität» als die altbekannte, neoklassische Tautologie: Wenn die Löhne hoch sind, existiert Arbeitslosigkeit und steigt die Arbeitsproduktivität, weil die existierende Arbeitslosigkeit und die darauf zurückgeführte Arbeitsproduktivität Signale für zu hohe Löhne sind …

Niedrige Löhne bei uns: Ein Sprengsatz im Euroland

Die im internationalen Vergleich viel schnellere Zunahme der Lohnstückkosten in allen wichtigen Konkurrenzländern verschafft Deutschland einen erheblichen Wettbewerbsvorteil, der sich auf die entsprechenden Importländer negativ auswirkt. In einem Land mit eigener Währung und eigenen flexiblen Wechselkursen ist auf der monetären Ebene ein vernünftiger Korrekturmechanismus eingebaut: Steigen die Exporte infolge vergleichsweise niedriger Lohnstückkosten, dann nimmt auch die Nachfrage nach Devisen des exportierenden Landes zu. Die dadurch ausgelöste Aufwertung reduziert den ursprünglichen Preisvorteil der Exporteure. Dieser Mechanismus funktionierte einigermaßen in Deutschland, als es die D-Mark noch gab; Wettbewerbsvorteile wurden durch die folgende Aufwertung der D-Mark reduziert. Er ist aber mit der einheitlichen Währung im Euroland praktisch abgeschafft worden. Die Rückwirkung expandierender Exporte aus Deutschland auf den Wechselkurs im Euroland ist wegen der Vielzahl anderer Mitgliedsländer eher schwach. Und innerhalb des Eurolandes fehlt die Korrektur über Wechselkurse nun völlig. Auf die Mitgliedsländer wirkt die Vorteilsposition durch die günstige Lohnstückkostenentwicklung wie eine reale Abwertung. Ohne Korrekturmechanismus nehmen die Exporte in die anderen Mitgliedsländer zu. Die dahinter stehende, vergleichsweise moderate Lohnpolitik in Deutschland wird zum gefährlichen Sprengsatz im Euroland.[7] Andere Mitgliedsländer werden mit Exporten überschwemmt, die dort inländische Produktionen verdrängen. Zwar steigen mit den Exporten die Importe. Allerdings verschlechtern sich auch wegen der Lohnzurückhaltung und damit der sinkenden binnenwirtschaftlichen Kaufkraft in Deutschland die Importchancen des Auslands.

Diese Exportpolitik auf Kosten der anderen Mitgliedsländer droht das Euroland zu sprengen. Die Geldpolitik der Europäischen Zentralbank hat keine Möglichkeiten, dieser ökonomischen Auseinanderentwicklung zu begegnen. Im Gegenteil, sie muss eine für alle Länder gleichermaßen geltende Zinspolitik durchsetzen. Die Finanzpolitik bietet, vor allem wegen der Begrenzung öffentlicher Nettokreditaufnahme auf 3 % des Bruttoinlandsprodukts, kaum Instrumente zur Entschärfung des Sprengsatzes. Damit nimmt der Druck zur Gegenwehr durch protektionistische Maßnahmen zu. Beispiele für protektionistische Abwehr einzelner Mitgliedsländer im Euroland gibt es durchaus.

Die Exportstärke behindert die Binnenwirtschaft

Die seit Jahren anhaltende gespaltene Entwicklung zwischen einer expandierenden X-Wirtschaft und einer stagnierenden I-Wirtschaft kann ernsthaft nicht bestritten werden. Eigentlich müsste sie zumindest eine wissenschaftliche Diskussion über die spezifischen Gründe für diese Konstellation auslösen. Die große Mehrheit in der Ökonomenzunft tabuisiert jedoch die Frage, inwieweit die Stärkung der ohnehin schon intensiven internationalen Wettbewerbsfähigkeit zu einer Schwächung der Binnenwirtschaft führen kann. Dabei zeigt der Blick in die Geschichte der ökonomischen Entwicklung dieses Zusammenhangs für Westdeutschland eine deutliche Veränderung. In früheren Phasen ist bei exportgetriebenen Aufschwüngen schnell der Funke auf die Binnenwirtschaft übergesprungen, eine Dynamik, die in den vergangenen Jahren nicht mehr zu erkennen ist.

Bevor auf die aufgeworfene Frage eingegangen wird, lohnt sich der Blick auf die gesamtwirtschaftliche Entwicklung seit 1999. Im Mittelpunkt stehen die Beiträge, die die Binnen- und Außenwirtschaft zum Wirtschaftswachstum leisten. Tabelle 2 berücksichtigt neben den Beiträgen durch die «inländische Verwendung» (Binnenwirtschaft) und durch den «Außenbeitrag» (Außenwirtschaft) auch den privaten Konsum und die Exporte. In der Graphik 1 (auf S. 48) werden lediglich neben den (realen) Raten des Wirtschaftswachstums die Binnenwirtschaft und der Außenbeitrag dargestellt. Folgende Aussagen lassen sich treffen:

1. Das Wirtschaftswachstum entwickelt sich im Durchschnitt schwach.

2. Die Wachstumsentwicklung wird maßgeblich von der Außenwirtschaft getragen (Beitrag der Exporte minus der Importe an Gütern und Dienstleistungen). So lag 2004/2005 trotz der hohen Importe deren Beitrag zum Bruttoinlandsprodukt bei 1,1 bzw. 0,7 %. Von der Binnenwirtschaft sind kaum Impulse (0,5 bzw. 0,2 %) auf das Wirtschaftswachstum ausgegangen.

3. Die Stagnation der Binnenwirtschaft wurde besonders vom privaten Konsum geprägt.

4. Bis auf eine sehr kurze Phase lag der Beitrag der Binnenwirtschaft zum Wachstum der gesamtwirtschaftlichen Produktion deutlich unter dem der Außenwirtschaft (vgl. Graphik 1). Ohne die starke Außenwirtschaft wäre das Wirtschaftswachstum noch

	Brutto-inlands-produkt	inländische Verwendung[1]	privater Konsum	Außen-beitrag[2]	Exporte[3]
1999	2,0	2,6	1,7	−0,6	1,7
2000	3,2	2,1	1,4	1,1	4,0
2001	1,2	−0,5	1,1	1,7	2,1
2002	0,1	−1,9	−0,3	1,9	1,5
2003	−0,2	0,5	0,1	−0,7	0,9
2004	1,6	0,5	0,3	1,1	3,3
2005	0,9	0,2	0,0	0,7	2,4

1 inländische Verwendung = privater Konsum + staatlicher Konsum + Bruttoinvestitionen (Binnenwirtschaft)

2 Außenbeitrag = Exporte − Importe; jeweils Beitrag zum Bruttoinlandsprodukt (Handels- und Dienstleistungsbilanz)

3 Exporte von Gütern und Dienstleistungen

Quelle: Statistisches Bundesamt, Volkswirtschaftliche Gesamtrechnung 2005, Januar 2006

Tabelle 2: Wachstumsbeiträge zum Bruttoinlandsprodukt 1999–2005, in v. H. (preisbereinigt)

schwächer ausgefallen, ja eine Rezession wäre unvermeidbar geworden.

Jedoch: Diese gespaltene Entwicklung zwischen der Außen- und Binnenwirtschaft ist nicht das Ergebnis eines unentrinnbaren Sachzwangs. Sie wird durch eine Politik produziert, die mit der aggressiven Steigerung der Exportwirtschaft auf einen gefährlichen Merkantilismus setzt. Die neoliberalen Instrumente zum Ausbau der internationalen Wettbewerbsfähigkeit belasten am Ende die binnenwirtschaftliche Entwicklung schwer. Das gesamte Arsenal dieser neoliberalen Instrumente zwingt die Binnenwirtschaft in die Stagnation. Solche Instrumente sind beispielsweise die Lohnzurückhaltung, die voranschreitende Privatisierung so-

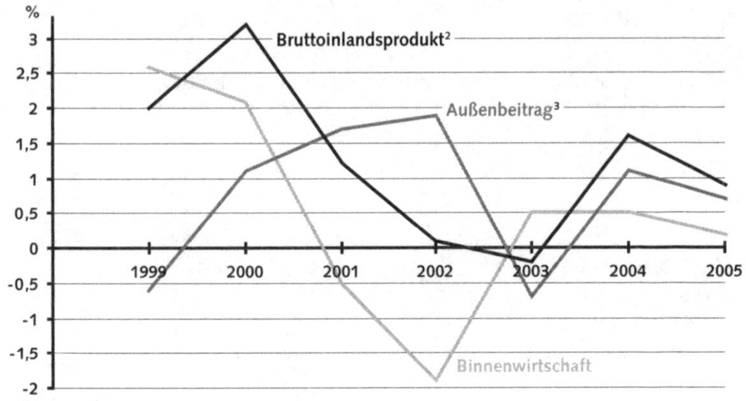

1 Daten in der Tabelle «Wachstumsbeiträge zum Bruttoinlandsprodukt»
2 Wachstumsrate
3 Wachstumsbeitrag zum Bruttoinlandsprodukt

Graphik 1: Gespaltene Wirtschaft: Außenwirtschaft stark – Binnenwirtschaft stagniert[1]

zialer Risiken, der Rückzug des Staates aus der Gesamtwirtschaft durch eine rigorose Sparpolitik, die relative Höherbelastung der Bezieher von Masseneinkommen mit Steuern, der Ausbau des Niedriglohnsektors, die Deregulierung auf den Arbeitsmärkten.

Dadurch werden alle Aggregate der Binnenwirtschaft in Mitleidenschaft gezogen: Die privaten und öffentlichen Konsumausgaben stagnieren, die öffentlichen Investitionen gehen zurück, und die Ausrüstungsinvestitionen in der Unternehmenswirtschaft kommen mangels Aussicht auf ausreichenden Absatz nicht in Schwung. Insoweit auf diese Stagnation auch noch mit Restrukturierungen in den Unternehmen reagiert wird, erhöht sich der Verlust von Arbeitsplätzen.

Diese merkantilistische Politik ist, wie schon erwähnt, in doppelter Hinsicht tragisch: Die Exportwirtschaft braucht wegen ihrer Stärke diese Pflege nicht, während die Binnenwirtschaft durch eine solche Austeritätspolitik in die Knie gezwungen wird. Diese in doppelter Richtung erfolglose Strategie im Namen der Standortstärkung lässt sich am Beispiel der propagierten, neoliberalen Lohnpolitik noch einmal ganz deutlich machen. Die wachstums- und beschäftigungsbezogene Bewertung einer deutlichen Lohnzurückhaltung verlangt die Berücksichtigung des Doppelcharakters der Löhne. Löhne sind einerseits Kosten, andererseits die Basis für binnenwirtschaftliche Nachfrage.

Lohnzurückhaltung kann der Exportwirtschaft Vorteile durchaus bringen. Allerdings stößt sie bald ins Leere, weil die Aufnahmefähigkeit der Importländer begrenzt ist. Selbst wenn ein expansiver Impuls ausgelöst werden sollte, kann der Funke nicht auf die Binnenwirtschaft überspringen. Schließlich reduziert genau diese Lohnzurückhaltung die binnenwirtschaftliche Nachfrage. Eine verringerte Zunahme der nominalen Gesamtnachfrage dämpft die Produktions- und Beschäftigungsentwicklung. In einer ökonometrischen Untersuchung ist die durch die Lohnzurückhaltung vorangetriebene Spaltung belegt worden: Zwar spielt der Außenhandel eine wichtige Rolle, aber die belastenden Effekte der Lohnzurückhaltung auf die Binnennachfrage sind überragend.[8]

Deshalb muss mit der im Namen der Stärkung der Exportwirtschaft verkündeten, neoliberalen Schrumpfpolitik Schluss gemacht werden. Dagegen ist eine Lohnpolitik sinnvoll, die zumindest den verteilungsneutralen Spielraum ausschöpft. Die gesamtwirtschaftlichen Lohnzuwächse leiten sich nach diesem Grundsatz aus der Zielinflationsrate von derzeit 2 %, die die Europäische Zentralbank als zulässig definiert, sowie der Entwicklung der Stundenproduktivität (im längerfristigen Durchschnitt 2 %) ab. Da jedoch die Binnenwirtschaft hartnäckig stagniert und die Lohnzurückhaltung der letzten Jahre nicht durch beschäftigungsschaffende Investitionen belohnt worden ist, bietet sich über die Ausschöpfung dieses verteilungsneutralen Spielraums hinaus eine zusätzliche Nachschlag- bzw. Umverteilungskomponente an. Die binnenwirtschaftliche Nachfrage könnte sich infolge einer breit angelegten Runde für effektive Lohnerhöhungen erholen. Die Leistungsfähigkeit der Unternehmen würde durch diese Lohnpolitik nicht belastet. Weder die pralle internationale Wettbewerbsfähigkeit noch die Preisstabilität würden Schaden erleiden. Der Wirtschaftspolitik kommt die Aufgabe zu, die gefährliche Spaltung durch eine Stärkung der Binnenwirtschaft abzubauen. Die Erfolge der Außenwirtschaft fallen erst dann auf fruchtbaren Boden, wenn die Binnenwirtschaft ihre Expansionsdynamik zurück erhält.

Deutschland ist keine Basarökonomie

Der Begriff von der «Basarökonomie» wurde, wie bereits erwähnt, von Hans-Werner Sinn, dem Chef des Ifo-Instituts, geprägt. In seiner «Deutschen Rede» bei der «Stiftung Schloss Neuhardenberg» hat er ihn 2003 erstmals in den Mittelpunkt gerückt. In seinem nachfolgenden Buch unter dem Titel «Ist Deutschland noch zu retten?» stellt er seine Entdeckung des scheinbaren Irrtums über die hochgelobte Exportstärke ausführlich vor.[9] Die meisten der wirtschaftswissenschaftlichen Institute, auch der «Sachverständigenrat zur Begutachtung der gesamtwirtschaftlichen Entwicklung», sowie Studien des Bundesministeriums für Wirtschaft und Arbeit und des Bundesfinanzministeriums widersprechen dieser These vom Wandel Deutschlands von der Exportnation zu einem Handelsplatz, auf dem Waren vor allem aus den Billiglohnländern eingekauft und dann nur noch zu Exportprodukten zusammengebaut werden.[10] Das Statistische Bundesamt liefert den Kritikern wichtige Daten vor allem zu den inländischen und ausländischen Vorleistungen in der Exportwirtschaft sowie dem Beitrag der Exportwirtschaft zum gesamtwirtschaftlichen Wachstum.[11]

Auf diese massive Kritik hat Hans-Werner Sinn mit seinem Buch «Basarökonomie» reagiert. Dabei ist die Frage im Untertitel – «Deutschland: Exportweltmeister oder Schlusslicht?» – eher rhetorischer Art. Immerhin ringt er sich zu dem Eingeständnis durch, der Begriff «Basarökonomie» sei «eine Karikatur» und er bedürfe einer intensiven Diskussion. Aber seine «Entdeckung» wird mit großer Rechthaberei verteidigt. Sinn weiß genau, dass das Etikett «Basarökonomie» extrem populär ist. Für die teils wirre Schelte – nicht nur aus der Wirtschaft – über die viel zu hohen Lohnkosten scheint ein schlagkräftiges Argument gefunden zu sein. Bis in die betrieblichen Konflikte zwischen Geschäftsführungen und

Betriebsräte hinein wird versucht, Forderungen zur Verbesserung der Lohn- und Arbeitsbedingungen mit der Beschwörung der Zulieferung von Produkten aus dem «osteuropäischen Hinterland» abzuschmettern.[12] Auch die Medien griffen dieses gegenüber der ach so komplizierten Wirtschaftswelt vereinfachende Deutungsmuster begierig auf. So schreibt Robert von Heusinger ohne analytische Skrupel in der renommierten *Zeit*: «Die deutsche Volkswirtschaft entwickelt sich zum Basar. Die Löhne sind zu hoch. Osteuropa zu nah» (11.12.2005).

Das Konstrukt «Basarökonomie» ist schnell beschrieben. Der gigantische Zuwachs der Waren-, aber auch der der Dienstleistungsexporte wird auf wachsende Vorleistungen aus den Billiglohnländern zurückgeführt. Damit sinkt der aus Deutschland der Wertschöpfung im Exportbereich zugeführte Beitrag. Diese importierten Vorleistungen reduziert die Fertigungstiefe in Deutschland und damit die inländische Wertschöpfung je Produkteinheit für den Export. Deutschland mutiert vom Produktionsstandort zu einer «Drehscheibe des Handels». Güter und Dienstleistungen werden aus den Billiglohnländern zusammengekauft. Der deutsche Beitrag zur Wertschöpfung schrumpft auf das Zusammenbauen zu Endprodukten für den Export zusammen. Was draufsteht – «Made in Germany» –, ist kaum noch in den Produkten drin. Am Ende bleibt lediglich eine «Unternehmenshülle» (G. Horn) übrig. Deutsche Unternehmer in Personen- und Kapitalgesellschaften mutieren zu Basaris.

Einen eigentümlichen Beleg für seine These vom Umbau Deutschlands in eine «Drehscheibe für den Handel» sieht Sinn im vergleichsweise großen Angebot an Messen wie der Industriemesse in Hannover. Dabei übersieht er, dass die Messen gerade auch als Schaufenster für Produkte aus Deutschland – etwa im erfolgreichen Maschinen- und Werkzeugbau – genutzt werden. Die entscheidende Ursache für diesen angeblichen «Weg in die Basarökonomie», der gar als der Beginn eines «neuen Kapitels in der Wirtschaftsgeschichte» deklariert wird, entdeckt Sinn in den erheblich niedrigeren Löhnen im Ausland, vor allem in Osteuropa. Dieses Lohnkostengefälle treibt den Zusammenbruch des Produktionsstandorts Deutschland voran. Nur durch eine konsequente Anpassung deutscher Lohnkosten an das Niedriglohnniveau in den Konkurrenzländern kann das Ende der «Made in Germany»-Ökonomie verhindert werden. Genau diese Anpassung wird jedoch, so Sinn, durch die Politik und das «Gewerkschaftsmonopol» verhindert. Immer wieder wird die Botschaft verbreitet: «Das zentrale Problem ist und bleibt das Niveau der deutschen Lohnkosten.» Hier sieht Sinn auch die Ursache für den Exodus deutscher Unternehmen in die Billiglohnländer. Outsourcing und Offshoring sind Ausdruck für die Wanderbewegung deutscher Unternehmen, die durch die Verhinderung der Anpassung über sinkende Faktorkosten in Deutschland erzwungen wird.

Mit Beispielen aus der Unternehmenswelt versucht Sinn, seine These von der Basarökonomie zu untermauern. Sein zunächst gewähltes Demonstrationsbeispiel war die Audi-Produktion. Die Motoren werden in der ungarischen Stadt Györ hergestellt, nach Ingolstadt geliefert und im dortigen Werk nur noch in den Audi eingebaut. In seiner gegen die Kritiker gerichteten Rechtfertigungsschrift reicht er ein neues Beispiel aus der Automobilproduktion nach. Es geht um die Produktion des Porsche Cayenne aus der Kategorie SUV (Sports, Utility, Vehicles). Mit hohen staatlichen Zuschüssen ist der offizielle Produktionsstandort Leipzig gefertigt worden. Die größten Teile für diesen Pkw werden jedoch nicht in Leipzig gefertigt. Die massige Karosserie wird fix und fertig im VW-Werk Bratislava hergestellt.

Immerhin wird hingegen der gesamte Antriebsstrang in der westdeutschen Hochlohnregion Stuttgart-Zuffenhausen produziert. Eigentlich passt diese inländische Zulieferung nun gar nicht in die Sinn'sche Basarökonomie. Denn es handelt sich um im Inland erzeugte Vorleistungen aus dem westdeutschen so genannten Hochlohnland für das Porschewerk in Leipzig. Auch dieses Beispiel ist ein Beleg für die sinkende Fertigungstiefe. Allerdings wird die Vorleistung im Inland produziert. Und auch die Produktion der massiven Karosserie für den Porsche Cayenne in Bratislava sowie des Audimotors in Ungarn bettet sich in ein Geflecht von interindustriellen Beziehungen mit den Stammwerken in Deutschland ein. Aus den beiden Beispielen lässt sich die allgemeine Beobachtung erklären: Während die als Importe erfassten Vorleistungen aus den osteuropäischen Ländern zunehmen, wachsen gleichzeitig die deutschen Exporte in diese Länder im Gleichschritt. Nach Sinns These müsste die Handelsbilanz mit diesen Ländern dann allerdings negativ sein.

Die These von der «Basarökonomie» ist eine Fiktion

Wegen der Folgen für die Ausrichtung der Lohn- und Wirtschaftspolitik in Deutschland ist eine intensive Auseinandersetzung mit der Frage, ob im Strukturwandel der internationalen Arbeitsteilung massiv Arbeitsplätze aus Deutschland in die Billiglohnländer exportiert werden, dringend erforderlich. Es müssen jedoch die Fakten und tatsächlichen Entwicklungen berücksichtigt werden. Hans-Werner Sinn unterbreitet das Konstrukt «Basarökonomie» ohne eine ausreichende empirische Beweisführung. Seine Provokation hat allerdings rege Aktivitäten in der empirischen Forschung ausgelöst. Derzeit liegen mehrere Untersuchungen zu der Frage vor, ob sich Deutschland empirisch belegbar von einer Produktions- zu einer Händlerökonomie entwickelt. Und alle widerlegen die Sinn'sche These.[13]

Dabei ist die Ausgangsbeobachtung von Hans-Werner Sinn unbestreitbar richtig[14]: Seit Mitte der 90er Jahre ist vor allem im Verarbeitenden Gewerbe die Produktion schneller gestiegen als die Bruttowertschöpfung. So hat sie zwischen 1995 und 2000 jahresdurchschnittlich um 4 % zugenommen, während die Bruttowertschöpfung mit 2,2 % pro Jahr beinahe nur halb so schnell wuchs. Diese Scherenentwicklung verweist auf die Zunahme der für die Produktion eingesetzten Vorleistungen. Sinn zieht aus dieser Beobachtung jedoch einen doppelten Fehlschluss: Diese Zunahme der Vorleistungen wird einzig und allein auf Importe aus den Billiglohnländern zurückgeführt, die vorrangig im Bereich der Exportproduktion eingesetzt werden. Die Vorleistungen gehen jedoch nicht nur auf zunehmende Importe aus dem Ausland, sondern auch auf wachsende Lieferungen durch inländische Firmen zurück. Vom Abbau der Fertigungstiefe der Unternehmen profitieren ebenso Zulieferfirmen aus Deutschland. Allein der Einsatz von Vorleistungen aus dem Inland trägt mit 9,4 Prozentpunkten zum Wachstum des Verarbeitenden Gewerbes bei, das zwischen 1995 und 2000 insgesamt 22 % betrug.[15] Die importierten Vorleistungen erklären nur mit 9,1 Prozentpunkten die Gesamtproduktion im Verarbeitenden Gewerbe. Schließlich gehen 3,5 Prozentpunkte auf den nachfragebedingten Anstieg der Bruttowertschöpfung zurück.

Die zunehmenden Vorleistungen aus dem Inland verweisen auf eine wachsende interindustrielle Verflechtung im Inland. Hier schlägt sich die unternehmensstrategische Reduktion auf das Kerngeschäft und damit die Verkürzung der Fertigungstiefe nieder. Dies zeigt sich vor allem in der Automobilindustrie. Neue Bauteile werden von inländischen Unternehmen geliefert. Ein Beispiel ist die umfangreichere Ausstattung von Fahrzeugen mit elektronischen Komponenten, die deutsche Unternehmen produzieren. Ein weiteres Beispiel ist die erwähnte Zulieferung des Antriebsstrangs aus dem Werk Stuttgart-Zuffenhausen nach Leipzig zum Bau des Porsche Cayenne. Nicht nur in der Automobilindustrie setzen sich Cluster in der Form interindustrieller Vernetzungen durch. Sinn zeigt kein Verständnis für diese modernen Produktionsstrukturen, die auch die internationale Konkurrenzfähigkeit erhöhen. Die Netzwerk- und Clusterbildung im Inland, die zu hochwertigen Exportgütern führt, wird der monomanen These von der alles erklärenden Lohnkostendifferenz ausgeliefert.

Zweifellos wird diese zunehmende interindustrielle Verflechtung im Inland durch eine sich intensivierende internationale Arbeitsteilung überlagert. Dabei spielt die Integration neuer Mitglieder in die europäischen Märkte eine herausragende Rolle. Insgesamt muss festgehalten werden, dass die Wachstumsbeiträge aus inländischen gegenüber importierten Vorleistungen innerhalb des Verarbeitenden Gewerbes sehr unterschiedlich ausfallen. Nur in sieben von 23 Produktionsbereichen sind die Vorleistungen aus dem Inland stärker als die aus dem Ausland gestiegen. Allerdings haben diese Produktionsbereiche mit einem Anteil von 45 % an der Gesamtproduktion ein großes Gewicht.

Die Bedeutung der Importe aus dem Ausland hat in den letzten Jahren in vielen Branchen zugenommen. Dieser Trend ist bereits mit Zahlen belegt worden. Aus der Entwicklung dieser Vorleistungsimporte lässt sich jedoch noch lange nicht eine heranwachsende «Basarökonomie» ableiten. Sie ist eine Fiktion. Sinn unterzieht sich nicht der Mühe, den Anteil der steigenden Auslandsimporte zu spezifizieren, der der Produktion für das Inland dient. Er rechnet die Importe ausschließlich der Herstellung von Exportwaren zu. Darüber hinaus wird die Gesamtwirkung der sich verändernden internationalen Arbeitsteilung, von der die deutsche Wirtschaft auch profitiert, schlicht nicht berücksichtigt.

Daten und Fakten zur internationalen Verflechtung der Exportwirtschaft

Weil Sinn den Beitrag der für die Exportproduktion genutzten Importe (exportinduzierte Importe) nicht spezifiziert, ist seine Basisthese vom Rückgang der inländischen Wertschöpfung pro Exporteinheit nicht belegbar. Spiegelbildlich muss auch die zur

Produktion von Exportwaren im Inland erforderliche Wertschöpfung (exportinduzierte inländische Bruttowertschöpfung) erfasst werden. Des Weiteren gilt es die Frage zu beantworten, inwieweit die inländische Produktion von Exportwaren gegenüber den Vorleistungen aus dem Ausland zunimmt. Auf der Basis einer Input-Output-Analyse hat das Statistische Bundesamt die Importabhängigkeit deutscher Exporte sowie den inländischen Beitrag der Exportwirtschaft differenziert untersucht.[16] Diese Untersuchung widerlegt die Existenz einer Basarökonomie ebenfalls. Nach dieser Studie sind die Exporte zwischen 1995 und 2002 im Jahresdurchschnitt um 8,2 % auf 732,53 Milliarden Euro gestiegen (vgl. zu den Daten Tabelle 3). Gleichzeitig sind die exportinduzierten Importe von 99,84 im Jahr 1991 auf 283,87 Milliarden gewachsen. Dazu zählen auch die importierten Güter, die via Deutschland ohne eigene zusätzliche Wertschöpfung wieder exportiert werden. Immerhin ist das Volumen dieser Geschäfte im Zeitraum von 1991 bis 2002 jahresdurchschnittlich um 14,7 % auf 111,40 Milliarden Euro gestiegen.

Entscheidend für die Sinn'sche «Basarökonomie» ist jedoch die Entwicklung der durch die Produktion von Exportgütern induzierten Vorleistungsimporte (direkt zur Produktion sowie auf den vorgelagerten Produktionsstufen eingesetzte importierte Vorleistungen). Diese sind seit 1991 jahresdurchschnittlich um 11,1 % auf 172,47 Milliarden Euro angewachsen. Der Vergleich mit den gesamten Exporten zeigt, dass der Importanteil von 26,7 auf 38,8 % zugenommen hat. Spiegelbildlich dazu ist der Anteil inländischer wirtschaftlicher Wertschöpfung an den Exportgütern von 77,3 auf 61,2 % zurückgegangen. Sinn bleibt dann bei dieser zutreffenden Beobachtung stehen, die allerdings nur die halbe Wahrheit über die Veränderungen der internationalen Arbeitsteilung preisgibt. Denn gleichzeitig ist es gelungen, die zur Herstellung von Exportwaren induzierte inländische Bruttowertschöpfung (direkt und auf vorgelagerten Produktionsstufen im Inland) deutlich stärker auszuweiten. Der Anteil der exportinduzier-

	1991	2000	2002
		Mrd. €	
Exporte[1]	374,12	662,16	732,53
davon:			
– Exporte aus inländischer Produktion	347,53	570,43	621,13
– Exporte von importierten Gütern	26,59	91,73	111,40
exportinduzierte Importe	99,84	252,33	283,87
– exportinduzierte importierte Vorleistungen[2]	73,26	160,61	172,47
– Exporte von importierten Gütern	26,59	91,73	111,40
exportinduzierte inländische Bruttowertschöpfung[3]	269,31	401,93	439,79
		Kennzahlen in %	
Importanteil: Exportorientierte Importe in % der Exporte	26,7	38,1	38,8
exportorientierte Bruttowertschöpfung in % des BIP	17,9	19,8	20,8

1 Ohne Reiseausgaben ausländischer privater Haushalte im Inland

2 Direkt bei der Produktion für den Export sowie auf vorgelagerten Produktionsstufen eingesetzte importierte Vorleistungen

3 Direkt bei der Produktion für den Export sowie auf vorgelagerten Produktionsstufen im Inland entstandene Bruttowertschöpfung

Quelle: Statistisches Bundesamt, Volkswirtschaftliche Gesamtrechnungen, Input-Output-Rechnung: Importabhängigkeit der deutschen Exporte; Wiesbaden, September 2004

Tabelle 3: Importabhängigkeit der deutschen Exporte (in jeweiligen Preisen)

ten inländischen Bruttowertschöpfung am Bruttoinlandsprodukt stieg nach der vorliegenden Analyse von 17,9 % im Jahr 1995 auf rund 20,8 % im Jahr 2002.

Während also der Importanteil an den Exporten gestiegen ist, wuchsen die Exportmengen schneller als das Bruttoinlandsprodukt. Dadurch wurde die Verringerung der inländischen Wertschöpfung pro Exporteinheit mehr als angeglichen. Das Statistische Bundesamt stellt zur Saldierung dieser Effekte fest: «Auch wenn man davon ausgeht, dass sich der gestiegene Importanteil der Exporte im Zeitraum von 1995 bis 2002 dämpfend auf das Bruttoinlandsprodukt ausgewirkt hat, wurde dies überkompensiert von der positiven Wirkung der stark gestiegenen Exportnachfrage nach inländischen Produkten.»[17] Derzeit trägt dieser Schwerpunkt der Wertschöpfung ein Fünftel zur Produktion des Bruttoinlandsprodukts bei. Dieses generelle Ergebnis wird auch durch die Entwicklung großer, für den Export wichtiger Branchen belegt. Der steigende Bezug von Leistungen aus dem Ausland hat den Nutzen der Exportindustrie in Deutschland nicht geschwächt. Auch beim Maschinenbau und Kraftfahrzeugbau hat zwar der Anteil der importierten Vorleistungen zugenommen – die inländische Wertschöpfung, die in den Export ging, stieg gleichwohl überproportional.

Die deutsche Ökonomie ist ein Gewinner der Globalisierung

Sinns Fixierung auf das Thema Lohnkostendifferenzen verstellt den Blick auf die wachsenden Verflechtungen mit den Ländern Osteuropas. Während Teile der Produktion in der Tat aus diesen Ländern bezogen werden, nehmen die Exporte aus Deutschland dorthin teils sogar stärker zu.[18] So liefert Audi, um dieses Beispiel noch einmal fortzuführen, seinerseits aus Deutschland Vorleistungen an das Motorenwerk in der ungarischen Stadt Györ. Zur

Außenhandelsbilanz gehört auch der rege Austausch von Knowhow (Ingenieurleistungen, Management etc.). Insgesamt entstehen zwischen den neuen Produktionsstätten in Osteuropa und den alten Standorten produktive Netzwerke. Das Konzept der Basarökonomie führt in die Irre, ja wird zur Bedrohung des Produktionsstandorts Deutschland. Denn seine blinde Konsequenz, die Lohnkosten drücken zu wollen, behindert letztlich die Einsicht, in die Notwendigkeit, die Beschäftigten zu qualifizieren und die Unternehmen innovationsfähig zu machen. Kurz: dass es darauf ankommt, nicht Billigarbeit, sondern Qualitätsarbeit zu fördern.

Fazit: Die durch Hans-Werner Sinn kreierte These von der «Basarökonomie» hält einer empirischen und theoretischen Überprüfung nicht stand. Sie ist eine Fiktion, mit der eine Politik «zur Rettung Deutschlands» nahe gelegt wird, die sich einseitig auf die Anpassung der hiesigen Produktionsverhältnisse an die der Billiglohnländer konzentriert. Die Triebkräfte und positiven Wirkungen der sich ausweitenden internationalen Arbeitsteilung werden nicht erkannt.

Dabei zeigte sich zwischen 2000 und 2003, dass bei praktischer Stagnation der Produktion im Verarbeitenden Gewerbe die Bruttowertschöpfung um 1,1 % im Jahresdurchschnitt gestiegen ist.[19] Ob es sich hier um ein neues Phänomen oder nur um einen konjunkturellen Einfluss handelt, lässt sich derzeit nicht sagen. Der Blick zurück auf die wirtschaftliche Entwicklung Westdeutschlands zeigt indessen, dass die Quote der Vorleistungsimporte und damit die internationale Arbeitsteilung bereits seit den 60er Jahren zunehmen. Was damals unter den Bedingungen der Vollbeschäftigung selbstverständlich war, wird heute als Bedrohung empfunden. Anstatt die Zukunft Deutschlands durch den Umbau in ein Niedriglohnland zu verbauen, kommt es vielmehr darauf an, die Wertschöpfung im Inland durch moderne Produktionsstrukturen, optimierte Entlohnungs- und Arbeitsbedingungen sowie hochwertige Infrastruktur vor allem im Bereich von Bildung, Ausbildung und Forschung auf lange Sicht zu stärken. Dazu gehört auch eine expansive Lohnpolitik, mit der die Binnenwirtschaft an Kraft gewinnt. Diesen Spielraum hat ein Land, das immer noch zu den großen Gewinnern der Globalisierung gehört.

Auswanderer, Rückwanderer, Verlierer und Gewinner

Globalisierung – Ideologie und Wirklichkeit

Um den Begriff Globalisierung kommt heutzutage niemand herum, der tatsächliche oder auch vermeintliche Veränderungen der internationalen Arbeitsteilung beschreibt. Im Widerspruch zu dieser Allgegenwart gibt es keine klare Definition auf der Basis eines allgemein anerkannten Indikators. Was also ist Globalisierung? – Niemand weiß es genau. Damit ist auch dem manipulativen Gebrauch Tür und Tor geöffnet. Der Begriff wird inzwischen zur Stützung auch völlig gegensätzlicher Interessenlagen eingesetzt. Große Teile der Unternehmenswirtschaft sowie der Politik, vor allem aber die vorherrschende Lehrmeinung in der Wirtschaftswissenschaft – sie alle streichen die Vorteile dieser neuen Etappe des Wirtschaftens heraus und versprechen allen beteiligten Ländern mehr Wohlstand. Um erfolgreich dabei zu sein, wird Deutschland der hohe Preis einer unerbittlichen Anpassung an das Diktat des internationalen Wettbewerbs abverlangt. Und das heißt heute: Orientierung an den niedrigsten sozial-ökonomischen und ökologischen Standards in den Konkurrenzländern. Mehr Wohlstand? Offenkundig nicht für alle.

Hier ist einer der entscheidenden Gründe dafür zu sehen, warum, wie Meinungsumfragen zeigen, bei den Menschen – nicht nur jenen, die auf Arbeitsplätze angewiesen sind – die Ängste vor der Globalisierung überwiegen. Schließlich wird die Bedrohung durch unternehmerische Strategien und den Abbau gesetzlicher Sozialstandards nicht nur in Deutschland deutlich.

Diese jüngste Etappe der Vernetzung der internationalen Märkte unter dem weltweiten Prinzip eiskalten Wettbewerbs beschränkt sich nicht auf das ökonomische Regelsystem. Vielmehr reichen ihre Wirkungen tief in die Lebensverhältnisse. Menschliches Verhalten wird unter dem inszenierten Druck der Globalisierung in das Zielsystem der Renditekonkurrenz eingespannt. Zu Recht ist hier die Rede von der Ökonomisierung der Lebensverhältnisse. Einerseits wird die Globalisierung heute als Kampfbegriff zur Rechtfertigung einer gigantischen Umverteilung der Einkommen sowie der Rechte zugunsten der Spielraumerweiterung vor allem für international agierende Unternehmen instrumentalisiert. Dagegen muss die Aufklärung gesetzt werden, dass eine alternative Wirtschaftspolitik möglich ist. Andererseits wird jedoch durch viele Kritiker der Globalisierung diese neue Phase der Internationalisierung in ihrer Dynamik unterschätzt, ja bagatellisiert. Von ihnen hört man häufig die Behauptung, an den heute mit dem Stichwort Globalisierung benannten Phänomenen sei nichts Neues zu erkennen. Dazu wird dann gern auf frühere Phasen der Handelsexpansion in der Wirtschaftsgeschichte – bis zur Hanse im ausgehenden Mittelalter, aber auch auf Deutschlands Exportoffensive vor dem Ersten Weltkrieg – verwiesen. Auch Auslandsinvestitionen seien nichts Neues. So datiert der unkonventionelle Ökonom Paul Krugman einen entscheidenden Einstieg in die Globalisierung mit der Beseitigung des Transportengpasses durch den Suezkanal, eine international finanzierte Megainvestition, die 1869 fertig gestellt wurde.

Ist es wirklich so, dass sich die Globalisierung recht unspektakulär in den Prozess der Internationalisierung seit der Entstehung und Durchsetzung des Kapitalismus einfügt? Die Antwort ist eindeutig: Die heutige Intensivierung der internationalen, d. h. grenzüberschreitenden Vernetzung des Wirtschaftens weist durchaus fundamentale Veränderungen auf. Im Mittelpunkt steht die große Geschwindigkeit und Breite, mit der die Entgrenzung des Wirtschaftens voranschreitet. Die wesentlichen Schubkräfte sind: generell die Liberalisierung der Märkte, speziell die Öffnung der Märkte vor allem in Osteuropa und China; die extrem niedrigen

Kommunikationskosten durch die Nutzung des «World Wide Web» (Schaffung eines weltweiten Kommunikationsraums durch die Kombination von Internet und Computer) sowie die drastisch gesunkenen Transportkosten vor allem durch die Expansion der Schiffstransporte über die Meere. Gegenüber früheren Phasen der internationalen Arbeitsteilung zeigen sich deutliche Unterschiede in den im Folgenden beschriebenen Marktschwerpunkten. Ob diese fundamentalen Neuerungen unter den Begriff Globalisierung zu subsumieren sind, mag strittig sein. Unstrittig sollten jedoch die Befunde selbst sein:

1. Der Welthandel, der schneller als die Weltproduktion wächst, wird durch zwei neue Trends vorangetrieben: Zum einen wächst, wie gesehen, international die vertikale Integration der Produktion. Unternehmen gliedern Produktionsbereiche aus und nutzen die (preiswertere) Zulieferung aus dem Ausland. Die Verkürzung der Fertigungstiefe treibt den Welthandel an. Zum anderen nimmt der Welthandel im Zuge der horizontalen Integration zu. Während klassische Exportländer früher als alleinige Anbieter von Produkten für die Weltmärkte spezialisiert waren, müssen sie heute mit der Konkurrenz aus dem Ausland im selben Produktsegment rechnen. Ausländische Unternehmen treten per Import als Konkurrenten weltweit und auf den heimischen Märkten auf. Das klassische Beispiel sind die erwähnten Automobile, die aus Deutschland exportiert werden, während gleichzeitig ausländische Pkw-Produzenten als Konkurrenten auf den heimischen Märkten aktiv sind. Dies verweist gegenüber früheren Phasen auf eine Intensivierung der wechselseitigen internationalen Arbeitsteilung.

Diese Veränderung wird durch das von David Ricardo formulierte und immer noch gepriesene Theorem von der internationalen Spezialisierung nach dem Prinzip des «komparativen Kostenvorteils» nicht mehr erfasst. Nach Ricardos Außenhandelstheorem werden gegebene Güter nur dann in einem Land produziert, wenn die relativen Kosten im Vergleich zu anderen Ländern niedriger sind. Ricardo zeigt an einem Beispiel, warum es ökonomisch sinnvoll ist, den Wein in Portugal und Tuch in England zu produzieren. Indessen bestimmen komparative Kostenvorteile die internationale Arbeitsteilung heute kaum noch. Automobile werden dort produziert, wo die Standortbedingungen für die Unternehmen günstig sind. Die horizontale Integration der Warenmärkte wird durch die vergleichsweise preiswerten Transportmöglichkeiten erleichtert. Lange Wege sind kaum noch ein Hindernis. Dieser Prozess – besonders sein Ausmaß – ist neu.

2. Die Entwicklung der Weltproduktion und des Welthandels wird durch die grenzüberschreitende Wahl der Produktionsstandorte vorangetrieben. Internationalisierung der Unternehmen bis hin zu komplizierten Vernetzungen prägt die Globalisierung. Damit bekommen die Direktinvestitionen inländischer Unternehmer durch die Schaffung von neuen oder die Beteiligung an vorhandenen ausländischen Produktionsstandorten eine ganz neue Bedeutung. Denn auch diesen Prozess hat es derart umfassend in früheren Phasen der Internationalisierung nicht gegeben. Es handelt sich hier auch keineswegs um eine Expansion der kapitalistischen Metropolen in nichtkapitalistische Regionen der Welt im Sinne der von W. I. Lenin geprägten Imperialismustheorie. Der Ort des Produktionsengagements im Ausland wird über die frühere Barriere von Landesgrenzen hinweg nach dem ökonomischen Renditekalkül entschieden.

Die Allokation von Produktionsstätten im internationalen Maßstab treibt den Welthandel ebenfalls voran. So nehmen, allerdings mit unterschiedlichen Motiven, die Direktinvestitionen deutscher Unternehmen im Ausland zu, während gleichzeitig Engagements ausländischer Investoren in Deutschland zu verzeichnen sind. Die nachfolgenden Ausführungen konzentrieren sich auf die Motive und die Abschätzung der Chancen und Risiken von Direktinvestitionen deutscher Unternehmen im Ausland.

3. Zuvor soll noch eine dritte, grundlegende Veränderung genannt werden: die Entwicklung auf den internationalen Finanz-

märkten. Das Zusammenwachsen der Weltwirtschaft wird durch die internationalen Finanzmärkte vorangetrieben. Allein der Anstieg im internationalen Handel mit Wertpapieren belegt eine neue Megadynamik. Im Jahr 2004 summierten sich die Wertpapiertransaktionen Deutschlands mit dem Ausland auf über 12000 Milliarden Euro. Das sind bezogen auf das Bruttoinlandsprodukt mehr als 600 %. Noch 1971 betrug die Quote gerade mal 2 %. Die Verflechtung der weltweiten Finanzmärkte spiegelt den finanziellen Offenheitsgrad einer Volkswirtschaft wider. Dieser definiert sich durch die Summe der Auslandsvermögen und der Schulden im Verhältnis zum Bruttoinlandsprodukt. Mit über 300 % Ende 2004 war dieser Offenheitsgrad der Finanzmärkte Deutschlands im Vergleich zu den USA und Japan recht hoch.

Die Teilhabe an den internationalen Finanzmärkten ist allerdings extrem unterschiedlich über die Weltkarte verteilt. Darin reproduziert sich die tiefe Spaltung zwischen armen und reichen Teilen der Welt. So spiegelt sich in dem hohen Offenheitsgrad über die Finanzmärkte in dem (relativ) kleinen Hongkong dessen Bedeutung für den Kapitalmarkt in Asien wider. Dagegen sind die Armutsregionen der Welt von der internationalen Integration der Finanzmärkte komplett ausgeschlossen.

Neben den Wertpapiertransaktionen konzentriert sich die Expansion der Finanzmarktgeschäfte vor allem auf die Entwicklung der Devisenumsätze. Im Jahr 2005 sind weltweit auf den Devisenmärkten 1880 Milliarden US-Dollar pro Tag umgesetzt worden. Das ist eine Verdreifachung in gerade einmal fünfzehn Jahren! Dabei sind mit der Einführung des Euro die Devisentransaktionen der Mitgliedsländer sogar weggefallen. Die Umsätze an den Devisenmärkten entsprechen dem 42-fachen des Welthandels. Devisentransaktionen haben sich in den letzten Jahren von der Aufgabe der Finanzierung von Warenexporten und -importen entkoppelt. Ihr sprunghafter Anstieg verdankt sich dem großteils spekulativen Handel mit Vermögenswerten. Dadurch verliert der Signalcharakter der Preisbildung an den Devisenmärkten für die internationale Konkurrenzfähigkeit von Volkswirtschaften an Bedeutung.

Die Dominanz der Spekulationsgeschäfte löst massive Probleme aus. Die Instabilität (Volatilität) der Devisenkurse nimmt zu. Ein neues Krisenpotenzial wächst heran. Negative Rückwirkungen auf die Produktionswirtschaft (Güter und Dienstleistungen) sind unübersehbar. Was Karl Marx im «Kommunistischen Manifest» von 1848 prognostizierte, prägt die jüngste Etappe des Kapitalismus: Vermögenswerte werden unter der Spekulation auf marginale Renditeprojekte sekundenschnell um die Welt gejagt. Vor allem in den Händen weniger Reicher hat sich in den Metropolen der Weltwirtschaft ein gigantisches, ziemlich liquides Vermögen aufgebaut, das nach renditeträchtiger Anlage sucht – zum Beispiel als Hedgefonds und Private-Equity-Fonds. Soweit diese Fonds der seriösen Versorgung der Unternehmen mit Finanzkapital nützen, wirken sie volkswirtschaftlich durchaus sinnvoll. Diese Fonds versuchen jedoch auch, ohne Rücksicht auf Substanzsicherung Produktionsunternehmen aufzukaufen und rentabel auszuschlachten. Im schlimmsten Fall werden Unternehmen gekauft, filetiert und die profitablen Teile mit Mehrwert verkauft. Damit zeichnet sich eine gefährliche Entwicklungsetappe ab: Das Spekulationskapital übernimmt ohne Rücksicht auf die mittelfristige Existenzsicherung der Unternehmen die Herrschaft über das produktive Kapital. Diese Fehlentwicklung ist mit dem Bild der «Heuschrecken» von Franz Müntefering treffend beschrieben worden.

Fazit: Es gibt in der Tat drei neue Herausforderungen durch die gegenwärtige Globalisierung, die es festzuhalten gilt: den Antrieb des Welthandels durch horizontal und vertikal bedingte Warenexporte und -importe, die grenzüberschreitende Wahl der Produktionsstandorte und die Expansion der spekulativen Finanzmarktgeschäfte.

Direktinvestitionen: bei weitem überschätzt

In den Klageliedern über die verloren gegangene Attraktivität des Standorts Deutschland wird die Entwicklung der Direktinvestitionen in doppelter Richtung zum Beweis erhoben: Einerseits seien die deutschen Unternehmen durch die Nutzung von Produktionsstandorten im kostengünstigen Ausland auf der Flucht aus dem Inland. Für die Anhänger der im vorangegangenen Abschnitt kritisierten Fiktion von der «Basarökonomie» ist dies ein weiteres Krisenphänomen: erst dieser Export von Wertschöpfung ins Ausland und dann auch noch der Import dortiger Billigproduktion vor allem für die deutsche Exportwirtschaft! So gingen die Arbeitsplätze verloren, und deshalb müsse die Produktion in der Heimat gehalten werden! Und wie? Na klar: durch die Senkung der Lohnkosten.

Andererseits wird aber auch der Verzicht ausländischer Unternehmen auf Direktinvestitionen in Deutschland als Zeichen mangelnder Standortqualität wahrgenommen. Ausländische Unternehmen würden um das viel zu stark politisch regulierte Deutschland einen Bogen machen. Warum? Na klar: Die Löhne sind zu hoch, die Steuern sind zu hoch, die politische Regulierung auch. Und damit wird ein wirklich entscheidender Grund verdrängt: Deutschland ist ein hoch industrialisierter Staat mit konzentrierten Forschungs- und Entwicklungskapazitäten. Hier gibt es zumindest unter dem Ziel der Direktinvestitionen zur Markterschließung wenig Platz für den Aufbau neuer Produktionsstandorte. Neue Produktionskapazitäten zu schaffen, macht daher ökonomisch wenig Sinn. Allerdings gibt es Beispiele für ausländische Großunternehmen, die ihren Forschungs- und Entwicklungszweig in Deutschland ansiedeln. Ausländische Engagements konzentrieren sich weiter eher auf die Übernahme von oder die Beteiligung an inländischen Produktionsstätten. Dadurch entstehen jedoch kaum neue Arbeitsplätze. Im Gegenteil, meistens ist die Übernahme mit dem Abbau von Beschäftigungsverhältnissen durch Rationalisierung und Restrukturierung der Unternehmen verbunden.

Insgesamt gesehen verläuft die Entwicklung der Direktinvestitionen ausländischer Unternehmen in Deutschland ausgesprochen unstetig. Erfolgt eine Übernahme, dann schnellt bei ansonsten gegebenen Bedingungen der Wert der Kapitalimporte in der Kapitalverkehrsbilanz nach oben. In dem Jahr, in dem beispielsweise Vodafone mit dem Konzernsitz in Großbritannien die Mannesmann AG übernommen hatte, wurde in der Bilanz der Direktinvestitionen ein riesiger Kapitalimport verzeichnet. Steigt dagegen ein ausländisches Unternehmen aus seiner Beteiligung in Deutschland aus, dann gehen netto die Kapitalimporte zurück. Bei der Standortanalyse müssen also die beiden entgegengesetzten Richtungen der Direktinvestitionen bewertet werden. In Bezug auf ihre Motive einerseits und ihre Rückwirkungen auf die Binnenwirtschaft andererseits werden Direktinvestitionen in beiden Richtungen – deutsche Unternehmen im Ausland, ausländische Unternehmen im Inland – wohl nicht ganz absichtslos völlig überschätzt. Vor allem werden die Vorteile der Verdichtung in der internationalen Arbeitsteilung für alle beteiligten Länder durch die Reduktion auf die Betrachtung von Kostendifferenzen systematisch unterschätzt. Insgesamt zeigt sich, dass Deutschland in diesem Prozess der wachsenden internationalen Verflechtung zu den Profiteuren gehört.

Einige Daten zur Entwicklung der Direktinvestitionen schaffen erste Klarheit über den Grad der Betroffenheit der deutschen Wirtschaft: In den vergangenen Jahren hat die Internationalisierung der Unternehmen weltweit zugenommen. Die globale Perspektive spielt bei Entwicklungs-, Produktions- und Absatzentscheidungen in Unternehmen eine wachsende Rolle. Wichtigstes Instrument der Direktinvestitionen ist das «Outsourcing», das die Abgabe von Unternehmensaufgaben und -strukturen an Drittunternehmen beschreibt. Übrigens ist der Begriff «Outsourcing» ein Kunstwort, das sich aus den englischen Wörtern zusammensetzt: outside, ressource, using. Mittlerweile wird nahezu synonym der Begriff «Offshoring» für die grenzüberschreitende Verlagerung von Betrieben benutzt. Im Jahr 2004 belief sich der weltweite Bestand an Direktinvestitionen nach Angaben der UNCTAD auf rund 9 Billionen US-Dollar. 2005 ist das Volumen um knapp 30 % gestiegen. Der Bestand an Direktinvestitionen konzentriert sich auf 70 000 so genannte transnationale Unternehmen mit fast 700 000 Auslandsniederlassungen. Diese Unternehmen bestreiten schätzungsweise zwei Drittel des Welthandels. Rund ein Drittel wird konzernintern abgewickelt. Auch deutsche Unternehmen treiben diese Internationalisierung der Produktionsstandorte voran. Die Statistik der Deutschen Bundesbank für Direktinvestitionen weist für 2003 beispielsweise 22 500 Niederlassungen im Ausland mit rund 4,5 Millionen Beschäftigten aus.* Gegenzurechnen sind die 5,5 % aller Arbeitnehmer, die bei hierzulande ansässigen Niederlassungen ausländischer Unternehmen beschäftigt sind – das sind absolut ca. 2 Millionen.

Mit zwei Irrtümern, die zur Überschätzung der Gefahren aus Direktinvestitionen für den Standort Deutschland verleiten, muss aufgeräumt werden. Erstens gehen entgegen der allgegenwärtigen Meinungsmache in den Medien die deutschen Auslandsinvestitionen in den letzten Jahren zurück. Spitzenwerte wurden auf dem Höhepunkt der Unternehmensfusionswelle in den Jahren 1998 und 1999 erreicht (netto 156,3 Mrd. € bzw. 102,0 Mrd. € nach den Angaben der Deutschen Bundesbank). Mit dem Ausstieg aus

* Direktinvestitionen sind definiert als Finanzbeziehungen zu in- und ausländischen Unternehmen, an denen der Investor 10 % oder mehr (bis Ende 1989 25 %, 1990 bis Ende 1998 mehr als 20 %) Anteile oder Stimmrechte unmittelbar hält (einschließlich Zweigstellen und Betriebsstätten). Direktinvestitionen in das Ausland (Kapitalexporte) sowie vom Ausland (Kapitalimporte) sind immer Nettogrößen, also die Auflösung von Direktinvestitionen innerhalb eines Jahres wird gegengerechnet.

dem *New-Economy*-Hype wachsen die Nettodirektinvestitionen und damit der Bestand erheblich langsamer. Nach 16,1 Milliarden Euro 2002 wurden 2003 und 2004 jeweils mehr Direktinvestitionen aufgelöst als neue gestartet, die Bilanz beträgt –3,2 bzw. –5,9 Milliarden Euro.

Zweitens konzentrieren sich entgegen dem landläufigen Irrtum die Direktinvestitionen deutscher Unternehmen nicht auf die Billiglohnländer in Osteuropa. Im Jahr 2002 verteilte sich das gesamte Volumen der Direktinvestitionen (knapp 592 Mrd. €) wie folgt: 53,4 % auf die EU-15, 26,6 % USA, Schweiz 2,8 % und Japan 1,3 %. Der Anteil an den Direktinvestitionen in die Reformländer betrug 6,5 % (darunter Ungarn 1,5 %, Polen 1,3 %, Tschechien 1,2 %). Daran hat sich in den Folgejahren kaum etwas geändert. In die Schwellenländer wurden 7,4 % gelenkt (Singapur 1,0 %, Brasilien 0,8 %, Südkorea 0,8 %). Nach China flossen lediglich 1,1 %. Hier ist allerdings mit einer relativen Zunahme deutscher Engagements zu rechnen.

Die Motive der Direktinvestitionen können recht unterschiedlich sein. So werden die Produktionsverlagerungen nach Mittel- und Osteuropa von der Absicht bestimmt, die Personalkostenvorteile zu nutzen. Dagegen steht in Regionen mit riesiger Wirtschaftsexpansion – zum Beispiel China – die Markterschließung im Mittelpunkt.

Motive der Auswanderer und Rückwanderer

Die üblicherweise zitierten Statistiken zu Direktinvestitionen, die die Aus- und Einwanderung von Unternehmen beschreiben, vermitteln lediglich einen ersten groben Überblick über die grenzüberschreitende Verflechtung der Unternehmen, unternehmensstrategische Motive sowie deren Folgen. Das «Fraunhofer Institut Systemtechnik und Innovationsforschung» hat auf der Basis einer

Befragung von Unternehmen für die Jahre 1995 bis 2001 die Wissenslücken über «Stand, Entwicklung und Effekte der Produktionsverlagerungen im Verarbeitenden Gewerbe» zu schließen versucht.[20] Obwohl diese Befragung einige Jahre zurückliegt, haben die Ergebnisse kaum an Bedeutung eingebüßt. Dies gilt auch für die osteuropäischen Länder, die offiziell zum 1. Mai 2004 der Europäischen Union beigetreten sind. Denn bereits Jahre vor dem offiziellen Beitritt beginnen die Kandidaten mit hohem Tempo, in die internationale Arbeitsteilung hineinzuwachsen, wie die Dynamik der so genannten «baltischen Tiger» belegt. Die realwirtschaftliche Konvergenz schreitet voran. Die Datenbasis dieser Befragung sind 1630 Betriebe aus den Kernbereichen des Verarbeitenden Gewerbes gewesen. Die wichtigsten Ergebnisse:

1. Die Präferenz für einen ausländischen Produktionsstandort ist bei weitem nicht so hoch, wie in der Öffentlichkeit suggeriert wird. Nur ein Drittel der Befragten verfügt über zumindest einen ausländischen Produktionsstandort. Zwei Drittel der Unternehmen produzieren nur in Deutschland. Sie setzen, wenn sie mit ihren Produkten auf ausländischen Märkten aktiv werden, auf den klassischen Warenexport. Bei den Unternehmen mit Auslandsengagement dominieren die Großen, partiell sind auch Mittelständler aktiv. Während 85 % der Großbetriebe über Produktionsstätten im Ausland verfügen, liegt die Quote der kleinen Betriebe bei 16 % und die der mittleren bei 50 %. Regional genießt Westeuropa bei den deutschen Direktinvestoren (mit über 50 %) die größte Wertschätzung. Osteuropa sowie Mittel- und Nordamerika liegen jedoch nur knapp dahinter (jeweils 45 %; Mehrfachnennungen waren möglich). Asien, auf das sich nur ein Drittel der deutschen Firmen mit Niederlassungen konzentriert, hat jedoch in den letzten Jahren an Bedeutung gewonnen.

2. Unternehmen nennen vor allem drei Motivgruppen für den Aufbau von ausländischen Produktionsstandorten. Knapp an der Spitze stehen die Faktorkosten (65 % der befragten Unternehmen im Verarbeitenden Gewerbe; Mehrfachnennungen möglich). Da-

bei stehen die Kosten für das Personal im Vordergrund. Werden wegen der Kostenvorteile arbeitsintensive Teile der Wertschöpfung verlagert, so handelt es sich um vertikale Direktinvestitionen. Kostenreduktionen spielen bei der Wahl der Produktionsstandorte in Osteuropa die entscheidende Rolle. Mit knappem Abstand folgt das Motiv der Markterschließung (60 %). Bei diesen horizontalen Direktinvestitionen steht das Ziel im Vordergrund, den Markt des Gastlandes zu durchdringen oder es als Basis für Auslandsgeschäfte zu nutzen. Bei der Einrichtung der Produktionsstätten vor allem in Asien, Nord- und Mittelamerika steht die Markterschließung im Zentrum der unternehmensstrategischen Entscheidung. Beispiel einer marktorientierten Auslandsinvestition ist das VW-Werk, das ab 2006 in Indien einen Kleinwagen für den asiatischen Markt produziert.

Interessant ist das Motiv, das an der dritten Stelle rangiert: Ausländische Schlüsselkunden üben Druck auf das deutsche Unternehmen aus, in ihrer unmittelbaren Nähe zu fertigen («following customer»). Vorteile durch vergleichsweise niedrigere Unternehmenssteuern und Sozialversicherungsabgaben rangieren als Grund der Direktinvestition auf Platz 4 (21 %). Dieses Motiv hat in den Jahren nach dieser Befragung kaum an Bedeutung gewonnen. Niedrige Steuern sind bei Standortentscheidungen nicht so relevant. Die Verfügbarkeit von qualifiziertem Personal liegt in der Rangskala der Motive nur auf dem fünften Platz (17 %). Eine der Ursachen könnte in der Präferenz für eher arbeits- statt kapitalintensive Produktionsstätten im Ausland liegen. Allerdings belegen viele Beispiele, dass mit dem Aufbau der Betriebe Personal spezifisch qualifiziert wird. Die wachsende Bedeutung technologieintensiver Branchen vor allem in Tschechien, Slowenien und Ungarn weist auf ein ausgeglichenes Angebot von qualifizierten Arbeitskräften hin. Überraschenderweise kommt der Infrastruktur im Umfeld des Produktionsstandorts nur eine untergeordnete Rolle zu.

Weitere, allerdings wenig relevante Motive für die Direktinvestitionen deutscher Unternehmen im Ausland sind: Koordinations-,

Kommunikations-, Transportkosten, Präsenz der Konkurrenz, «Local content»-Klauseln, Kapazitätsengpässe, Technologieerschließung und Währungsausgleich. Gegenüber diesen, für einzelne Unternehmen durchaus ernst zu nehmenden Motiven dominieren die Nutzung von Kostenvorteilen einerseits und die Markterschließung andererseits.

3. Während sich die öffentliche Wahrnehmung auf die Verlagerung von Produktionsstandorten konzentriert, wird über Fälle der Rückwanderung von Unternehmen mit ihren Betrieben aus dem Ausland in das Inland kaum berichtet. Nur wenige spektakuläre Fälle – wie die Rückverlagerung des Übertragungsanlagenbauers Sennheiser – werden wahrgenommen. Dabei hat nach der Befragung der hier zitierten Fraunhofer-Studie die Rückverlagerung zugenommen. Während zwischen 1999 und 2001 21 % der Betriebe der Metall- und Elektroindustrie Produktion ins Ausland verlagerten, haben 7 % der Befragten ihren ausländischen Standort wieder aufgegeben und die Produktion zurück nach Deutschland verlagert. Das Verhältnis von Verlagerern zu Rückverlagerern ist von 6,5 zu 1 im Jahr 1997 auf 3 zu 1 im Jahr 2001 gesunken. Es sind vor allem Großbetriebe, die Produktionen zurückholen. Die Motive sind unterschiedlich: Kostenvorteile nützen wenig, wenn es keinen Absatz gibt. Fehlende qualifizierte Beschäftigte, nicht ausreichende materiale und soziale Infrastruktur, aber auch Rechtsunsicherheiten haben ebenfalls Einfluss auf die Entscheidung. Die Gründe für den Rückzug aus der ausländischen Produktionsstätte verweisen spiegelbildlich auf den hohen Wert der Standortvorteile in Deutschland.

Arbeitsplatzverluste durch Outsourcing?

Die Auswirkungen der Direktinvestitionen auf die Entwicklung der Arbeitsplätze in Deutschland sind wegen der komplexen Zusammenhänge unsicher. Daher überrascht es nicht, dass wissenschaftliche Studien zum Teil stark divergierende Ergebnisse verkünden. Dennoch wird mit der Angst um Jobverluste durch das Outsourcing/Offshoring in der Öffentlichkeit aggressiv hantiert. Absichtsvoll wird die Illusion verbreitet, die Verlagerung von Jobs durch Direktinvestitionen ließe sich stoppen. Dazu müssten nur die Löhne in Deutschland an die Niedriglohnländer angepasst und die sozial-ökonomischen Regulierungen zum Schutz der abhängig Beschäftigten gegenüber der Unternehmensmacht reduziert werden. Wie viele Arbeitsplätze in den letzten Jahren durch Produktionsverlagerungen tatsächlich vernichtet wurden, ist trotz einiger Modellrechnungen nicht bekannt. Das liegt daran, dass ihre Annahmen problematisch sind. Ihr Blick konzentriert sich unmittelbar auf die in den ausländischen Produktionsstätten deutscher Unternehmen registrierten Arbeitsplätze. So weist die Deutsche Bundesbank im April 2005 darauf hin, dass bei den Produktionsstätten deutscher Unternehmen in den «Reformländern» (einschließlich China) zwischen 2000 und 2003 die Zahl der Arbeitsplätze um 111 000 auf gut eine Million gestiegen sei. Diese Angabe umfasst alle Direktinvestitionen, also die marktorientierten Auslandsinvestitionen ebenso wie die Verlagerungsfälle mit dem Ziel, Kostenvorteile zu nutzen.

Diese Zahlen lassen jedoch einen vollständigen Rückschluss auf die Arbeitsplatzwirkung in Deutschland nicht zu. Denn zur Abschätzung der Beschäftigungseffekte müssen auch die Rückwirkungen auf die deutschen Mutterunternehmen berücksichtigt werden. So profitieren die Beschäftigten in Unternehmen, die zur Markterschließung Direktinvestitionen vornehmen, von diesem Auslandsengagement. Selbst bei Engagements, die der Nutzung von Kostenvorteilen dienen, lassen sich positive Rückwirkungen auf die Beschäftigung in Deutschland nachweisen. Ein Beispiel ist im Abschnitt über die «Basarökonomie» genannt worden: Die Auslagerung der Produktion des Motors für den Audi nach Ungarn macht den deutschen Standort nicht zum Verlierer. Am Ende wird die Arbeitsteilung zwischen beiden Standorten intensiviert.

Im Rahmen der Steuerungs-, Ingenieur- und Serviceleistungen werden mit der Produktion des Motors auch Arbeitsplätze in der Unternehmenszentrale Ingolstadt gesichert, ja geschaffen. In der Automobilindustrie gilt die Faustformel: Auf drei neue Arbeitsplätze im Ausland kommt ein neuer in Deutschland.

Zur Arbeitsmarktbilanz gehören weiter die positiven Beschäftigungseffekte durch die Zunahme der Warenexporte, die der Verlagerung von Produktionsstätten ins Ausland folgen. In einer Bankenumfrage der «Kreditanstalt für Wiederaufbau» zusammen mit der IKB – Deutsche Industriebank AG werden die Folgen ausländischer Unternehmen für den Personalstand im Inland geschätzt: 60 % der Unternehmen sagen, es seien Arbeitsplätze geschaffen bzw. gesichert worden. 21 % gehen vom Abbau von Arbeitsplätzen aus. Keine Auswirkungen auf die Zahl der Beschäftigten sehen 19 % der befragten Unternehmen. Die Befragung, die die Basis der bereits zitierten Studie des «Fraunhofer Instituts Systemtechnik und Innovationsforschung» bildet, macht bei Betrieben des Verarbeitenden Gewerbes, die sowohl über einen Produktionsstandort im Ausland verfügen als auch zwischen 1999 und 2001 erneut Kapazitäten ins Ausland transferiert haben, ist netto die Zahl der Beschäftigten an den inländischen Standorten pro Jahr um 2455 gestiegen.[21]

Zu den Beschäftigungswirkungen der Direktinvestitionen liegen recht widersprüchliche Untersuchungen vor. Hans-Werner Sinn präsentiert in seiner «Basarökonomie» nur die seine Grundthese bestätigende Studie und verzichtet darauf, auf die die begrenzte Aussagefähigkeit solcher Studien hinzuweisen.[22] Die Ergebnisse der hauseigenen Studien lauten[23]: Eine einprozentige Lohnerhöhung in Deutschland führte bei gegebenen Löhnen in Osteuropa zu einer Erhöhung der Beschäftigung in den osteuropäischen Niederlassungen um 2,1 %. Umgekehrt löse eine Lohnsenkung bei den osteuropäischen Standorten um 1 % bei gegebenen Löhnen in Deutschland eine Abnahme der deutschen Beschäftigung um 0,05 % aus. Dabei verschweigt Sinn, dass dasselbe Forscherteam unter demselben Titel beim «Kieler Institut für Weltwirtschaft» eine Studie veröffentlicht hat, die zwar die Grundthese Sinns bestätigt, jedoch zu veränderten Ergebnissen kommt.[24] Auch D. Marin kommt zu einem Ergebnis, das Sinn widerspricht. Sie belegt mit ihrer Untersuchung, dass selbst bei einem Lohngefälle zwischen Mitteleuropa und Deutschland eine positive Rückwirkung auf die heimische Beschäftigung nachzuweisen ist: Bei einem um 1 % geringeren Lohn bei den deutschen Tochterunternehmen in den mitteleuropäischen EU-Mitgliedsländern nimmt dennoch die Beschäftigung am Heimatort um 0,16 % zu.[25] Die entscheidenden Gründe für diese positive Rückwirkung durch das Auslandsengagement sind: insgesamt gewachsene Wettbewerbsfähigkeit sowie die Markterschließung. Den Direktinvestitionen folgen regelmäßig Warenexporte, und damit werden auch Arbeitsplätze nach Deutschland importiert. Dies wird durch die Entwicklung der außenwirtschaftlichen Beziehungen der letzten Jahre in Mittel- und Osteuropa belegt.

Zwar sind die Warenimporte nach Deutschland deutlich angestiegen, gleichzeitig haben jedoch auch die Warenexporte in diese Länder zugenommen. Direktinvestitionen vertiefen also auch über den dadurch ausgelösten Warenhandel die internationale Arbeitsteilung. Dies wird durch eine viel zu wenig beachtete Studie der Deutschen Bundesbank belegt.[26] Untersucht wird unter anderem der Zusammenhang zwischen den Direktinvestitionen und dem Außenhandel (Warenexporte und -importe). Das Ergebnis widerlegt so manches Vorurteil in der deutschen Standortdebatte: Sowohl Exporte als auch Importe entwickeln sich komplementär zu den ausländischen Direktinvestitionen. Die mit dem Bestand an Direktinvestitionen wachsenden Ausfuhren deuten darauf hin, «dass die Tochterunternehmen Zwischengüter oder fertige Produkte an die Konzernmutter liefern oder dass die Auslandstöchter als Plattform für Exporte in Drittländer herangezogen werden.»[27]

Übertragungseffekte durch Technologietransfer oder der Aufbau eines spezifischen Wirtschaftsprofils sind ein weiterer Grund für die komplementäre Entwicklung. Spiegelbildlich dazu werden jedoch auch Einfuhren in die Gastländer durch die Präsenz deutscher Unternehmen, also Exporte aus Deutschland, ausgelöst. Es handelt sich dabei um Lieferungen von Vorleistungen aus dem Heimatland der Direktinvestoren oder aber die Nutzung des ausländischen Standorts als Vertriebsgesellschaft für die von der Unternehmensmutter produzierten Güter im Ausland. Sicherlich hat die Tatsache, dass in vielen Fällen Investitionsgüter aus der Produktion der Muttergesellschaft an die ausländischen Töchter geliefert werden, ebenfalls Einfluss. Alles in allem profitiert Deutschland von dem durch die Direktinvestitionen bewegten Außenhandel.

Die differenzierte Betrachtung der bilateralen Handelsbilanzen zeigt noch ein weiteres interessantes Bild. Gastländer deutscher Direktinvestoren mit vergleichsweise starken trechnologieintensiven Branchen weisen im Warenverkehr mit Deutschland sogar Überschüsse auf. Dies gilt für die Tschechische Republik, die Slowakei, Ungarn und Slowenien, während die baltischen Staaten hoch defizitäre Handelsbilanzen mit Deutschland haben. Das überrascht nicht, denn in den baltischen Ländern spielen Direktinvestitionen im Hochtechnologie-Bereich kaum eine Rolle. Die Förderung einer modernen, technologieintensiven Wirtschaftsstruktur in den Transformationsländern ist jedoch eine entscheidende Voraussetzung für eine gefestigte Position innerhalb der internationalen Arbeitsteilung.

Insgesamt profitiert Deutschland zu Lasten der Importländer vom internationalen Handel. Infolge der zunehmenden internationalen Verflechtung sind in Deutschland rund 900 000 Arbeitsplätze durch Tochtergesellschaften ausländischer Unternehmen entstanden. Daneben gibt es 3,7 Millionen Industriearbeitsplätze in exportabhängigen Branchen. Zwischen 1995 und 2000 nahm trotz rückläufiger Beschäftigung in der Industrie die Zahl der exportabhängigen Arbeitsplätze nach Angaben des «Sachverständigenrats zur Begutachtung der gesamtwirtschaftlichen Entwicklung» (Jahresgutachten 2005/2006) zu.

Die Horrorzahlen, mit denen die Anpassung Deutschlands an die Billiglohnländer propagiert wird, verstellen den Blick auf die positiven Gesamteffekte aus der vermehrten Vernetzung von Unternehmen in Deutschland mit ausländischen Niederlassungen. Es bildet sich ein modernes Muster internationaler Arbeitsteilung (Produktionscluster) heraus. Davon profitieren die mittel- und osteuropäischen Länder, aber auch die deutschen Standorte. Die «Basarökonomen», die die Anpassung Deutschlands an die Billiglohnländer propagieren und damit deren Standortvorteile zunichte machen wollen, entpuppen sich auf dem Hintergrund dieser neuen internationalen Arbeitsteilung beim Wirtschaften als extrem strukturkonservativ. Das ist eine politisch gefährliche Haltung. Denn diese Strategie zwingt die Niedriglohnländer zur Anpassung an weitere Kostensenkungen und verstärkt den Druck, die arbeitsintensiven Produktionsbereiche auszubauen, statt sie zu modernisieren. Die Niedriglohnländer werden von der Stärkung der Forschung und Entwicklung für Produkt- und Prozessinnovation abgelenkt. Ihre außenwirtschaftliche Stellung bliebe auf Dauer schwach. Die Länder müssen jedoch die Chance zur gleichwertigen Entwicklung erhalten. Nicht um den geringsten Lohn gilt es zu konkurrieren, sondern um die besten Innovationen, damit nachfragerelevante wirtschaftliche Wachstumspotenziale entwickelt werden können.

Wirtschaft und Politik in Deutschland wären also schlecht beraten, wenn sie diesen strukturkonservativen Vorschlägen folgen würden. Ihr Konzept ist es, durch eine billigere deutsche Wirtschaft mit ihren Produktivitätsvorteilen das Gefälle zu den Niedriglohnländern zu zementieren. Dringend erforderlich ist hingegen ein anderes Konzept: das einer fairen außenwirtschaftlichen Verflechtung. Die Wirklichkeit zeigt heute schon, dass die Fortentwicklung der internationalen Arbeitsteilung zu Win-Win-Verhältnissen führen kann. Dazu müssen jedoch auch die politischen Rahmenbedingungen im Europa der 26 auf das Ziel des ökonomischen Zusammenwachsens hin neu ausgerichtet werden.

Ein Land wird gespalten

Die Finanzpolitik in der Wachstumsfalle oder Von der Unfähigkeit der neuen Bundesregierung, aus Fehlern zu lernen

Neoliberale Finanzpolitik als Krisenverstärker

Die Finanzpolitik, die öffentlichen Ausgaben und ihre Finanzierung, erschließt sich der Öffentlichkeit nur schwer. Denn ihre Grundlagen und Wirkungen sind komplex, ihre Techniken, etwa der Steuerfinanzierung, oft kompliziert. Es ist aber an der Zeit, die auf diesem Gebiet auch absichtsvoll betriebene, geheimniskrämerische Expertokratie durch Aufklärung aufzuhellen. Denn was der Staat tut, betrifft uns alle. In der Finanzpolitik manifestiert sich die Rolle des Staates gegenüber der Privatwirtschaft.

Zwei Paradigmen, zwei Denkschulen in Bezug auf das Verhältnis des Staates zur gewinnwirtschaftlichen Unternehmenswirtschaft stehen sich gegenüber. Die eine, das Paradigma des handelnden, gestaltenden Staats, weist diesem die Aufgabe zu, diejenigen für die Gesellschaft und Wirtschaft wichtigen Funktionen und Bereiche zu regeln, die über den Markt nicht optimal oder überhaupt nicht erfasst werden, jedoch für den ökonomischen und sozialen Zusammenhalt wichtig sind. Dazu gehören die Bereitstellung öffentlicher Dienstleistungen und Infrastruktur, die gesamtwirtschaftliche Steuerung, die sozialen Sicherungssysteme sowie die ökologische Ausrichtung des Wirtschaftens. Dieses Paradigma wird mit Bezug auf die von John Maynard Keynes entwickelten

Prinzipien einer gesamtwirtschaftlichen Steuerung gerne als «keynesianisch» etikettiert. Diesem keynesianischen Paradigma steht heute konträr die neoliberale Doktrin gegenüber. Ihr Siegeszug in der vorherrschenden Wirtschaftswissenschaft begann schon Mitte der 1970er Jahre. Damals hat der «Sachverständigenrat zur Begutachtung der gesamtwirtschaftlichen Entwicklung» in seinem Jahresgutachten 1975/76 unter der mehr rhetorischen Fragestellung «Marktwirtschaft in der Krise?» ein glühendes Plädoyer für die Omnipotenz der Konkurrenzwirtschaft bei der Lösung nahezu aller ökonomischen, sozialen und ökologischen Herausforderungen präsentiert.[28]

Mittlerweile beherrscht die Lehre von der «gütigen» Allmacht der Märkte Wirtschaft, Wissenschaft, Politik und Medien und über diese auch die Öffentlichkeit. Abweichende Meinungen, die vor allem Defizite des Marktes benennen und eine Politik einfordern, die sie ausgleicht – sie werden kaum noch ernsthaft zugelassen. Wenn der US-Präsident Lyndon B. Johnson noch Mitte der 1960er Jahre anmerkte, wir seien alle Keynesianer, so sind heute (fast) alle mit dem Neoliberalismus infiziert. «Neoliberal» heißt in diesem Bereich, staatliche Politik am Vorrang für die Marktkräfte auszurichten. Es geht nicht um eine Kooperation zwischen Staat und Markt, es wird vielmehr die monomane Dominanz der Marktkräfte als Definitionszentrum der Gesellschaft propagiert – bis hin zum menschlichen Verhalten.

Die neoliberalen Litaneien, den die Wirtschaft und die Gesellschaft gestaltenden Staat um- oder besser abzubauen, werden seit Jahren heruntergebetet. Nachdem die Kohl-Regierung durch den massiven Druck der Notwendigkeit, die deutsche Vereinigung zu finanzieren, ihr neoliberales Wahlziel – Rückzug des Staates aus der Wirtschaft – nicht ernsthaft verwirklichen konnte, blieb es der rot-grünen Bundesregierung vorbehalten, nach wenigen Monaten der Orientierung am eigenen Wahlprogramm für einen gestaltenden Staat und an dem gemeinsamen Koalitionspapier vom Oktober 1998 dann spätestens ab Frühjahr 1999 die Finanzpolitik

Deutschlands an der neoliberalen Doktrin auszurichten. Verbale Rettungsversuche nach dem Motto, es handelte sich immerhin um einen sozialdemokratisch aufgeklärten Neoliberalismus, können vom grundsätzlichen Paradigmenwechsel nicht ablenken: Senkung der öffentlichen Ausgaben im Verhältnis zum Bruttoinlandsprodukt unter anderem durch Kürzungen der öffentlichen Investitionen, Abbau sozialer Sicherungssysteme und Privatisierung bisher öffentlicher Aufgaben; Reduktion der qua Steuern abgeschöpften privaten Wertschöpfung, also sinkende Steuerquote; vorrangige Entlastung der Unternehmen von Steuern; schließlich die Rückführung der jährlichen Neuverschuldung unter 3 % des Bruttoinlandsprodukts (Maastricht/Amsterdam-Kriterium).

Die rot-grüne Regierung ist, wie noch zu zeigen sein wird, mit dieser neoliberalen Ausrichtung ihrer Finanzpolitik zugunsten der Unternehmenswirtschaft auf breiter Linie gescheitert. Die Absicht, den Anstieg der öffentlichen Neuverschuldung infolge von Steuerausfällen, die sich aus der wirtschaftlichen Stagnation ergaben, durch Ausgabenkürzungen aufzufangen, hat sich im Ergebnis ins Gegenteil verkehrt. Am Ende sind durch den politisch inszenierten Abbau öffentlicher Nachfrage die Staatsschulden um ein Vielfaches gestiegen («Schuldenparadoxon»). Aber auch die Steuerpolitik der Entlastung von Unternehmen ist gescheitert. Das größte Programm zur Stärkung der Angebotsseite durch Steuerentlastungen für Unternehmen von 2001 ging mit einem Verfall der privatwirtschaftlichen Investitionen auf breiter Front einher.

Nach diesen Erfahrungen stellt sich die spannende Frage: Ist die neue Bundesregierung fähig und bereit, aus den schweren Fehlern der staatlichen Schrumpfstrategie zu lernen und am Ende auch unter Einbezug der Unternehmenswirtschaft umzusteuern? – Alles deutet darauf hin, dass selbst die materielle Gewalt der binnenwirtschaftlichen Stagnation und der hohen Arbeitslosigkeit nicht dazu führen wird, dem neoliberalen Spuk ein Ende zu setzen.

Bevor wir die Grundidee und Wirkungen der Finanzpolitik der neuen Bundesregierung näher betrachten, wollen wir sehen, wie sich die Rolle des Staates zugunsten der Ausweitung unternehmerischer Spielräume verändert hat. Machen wir auch hier gleichsam einen Kassensturz.

Die Grundidee ist einfach: Staatliche Ausgaben können nachhaltig nur durch Steuern, Sozialversicherungsbeiträge, Einkünfte aus staatlichem Vermögen, anderen, kleineren Einnahmequellen sowie der öffentlichen Kreditaufnahme finanziert werden. Die Veränderung der Rolle staatlicher Ausgaben und deren Finanzierung innerhalb der Gesamtwirtschaft lassen sich an Hand der finanzpolitischen Eckwerte mit dem Bezug auf die gesamte Wertschöpfung (Bruttoinlandsprodukt) erkennen (vgl. Tabelle zu den Eckwerten der öffentlichen Haushalte von 2002 bis 2006).

Staatsquote senken? – Folgenreiche Irrtümer über das Verhältnis von Staat und Privatwirtschaft

Es ist das vorrangige Ziel neoliberaler Finanzpolitik, die Beanspruchung gesamtwirtschaftlicher Ressourcen durch staatliche Ausgaben zurückzudrängen, d. h. die Staatsquote zu senken. Die Staatsquote ist der gesamte Anteil von Steuern am Bruttoinlandsprodukt, also der relative Wert dessen, was der Staat der allgemeinen Wertschöpfung für seine Zwecke entnimmt. Um diese Quote zurückzudrängen, werden zwei Instrumente eingesetzt: die Verlagerung öffentlicher Aufgaben auf Private – auch durch Privatisierung staatlicher Funktionen – und die schlichte Streichung öffentlicher Aufgaben. Damit soll im scheinbaren Streit um die Ressourcen der privatwirtschaftliche Spielraum erweitert werden. Übersehen wird allerdings, dass der Staat in pessimistischen Phasen der Konjunkturentwicklung auch die Aufgabe hat, überhaupt erst einmal die brachliegenden Ressourcen zu mobilisieren. Jedenfalls sind große Zweifel an dieser simplen Konstruktion der

	2002	2003	2004	2005	2006[2]
Staatsquote	48,1	48,4	46,9	46,4	45,6
nachrichtlich: Gebietskörperschaften	30,4	30,6	29,7	29,7	
Abgabenquote, darunter	39,9	40,0	39,0	38,6	39,0
– Steuerquote	22,8	22,8	22,2	22,0	21,8
– Sozialbeitragsquote	17,1	17,2	16,8	16,6	17,2
– Finanzierungssaldo	–3,7	–4,0	–3,7	–3,5	–2,9

Staatsquote: Staatsausgaben/Bruttoinlandsprodukt. Abgabenquote: (Steuern + Sozialversicherungsbeiträge + Sonstige Einnahmen)/Bruttoinlandsprodukt. Steuerquote: Steuern/Bruttoinlandsprodukt. Sozialbeitragsquote: Sozialabgaben/Bruttoinlandsprodukt. Finanzierungssaldo: (Bruttokreditaufnahme – Tilgung)/Bruttoinlandsprodukt

1 *Quelle für 2002 bis 2005:* Sachverständigenrat zur Begutachtung der gesamtwirtschaftlichen Entwicklung, Jahresgutachten 2005/2006, S. 241 (Tabelle 23)

2 Prognose; Arbeitskreis Konjunktur, Grundlinien der Wirtschaftsentwicklung 2006/2007; in: DIW-Wochenbericht 1–2/2006, S. 25

Tabelle 4: Eckwerte der öffentlichen Haushalte von 2002 bis 2006[1]; in v. H: des Bruttoinlandsprodukts (in laufenden Preisen); Abgrenzung der Volkswirtschaftlichen Gesamtrechnungen

Konkurrenz um die Ressourcenansprüche zwischen Staat und Privatwirtschaft angebracht. Hier handelt es sich nicht um ein Nullsummenspiel, bei dem die Privatwirtschaft in dem Maße verliert, indem der Staat Mittel beansprucht. Es geht darum, daraus ein kooperatives Spiel mit Gewinnern auf beiden Seiten zu machen.

Die rot-grüne Bundesregierung hat das Ziel, die Staatsquote zu senken, einigermaßen erreicht. Allerdings ist der dafür bezahlte Preis, nämlich die damit verbundene Belastung der binnenwirtschaftlichen Nachfrage sowie der öffentlichen Zukunftsvorsorge, recht hoch. Die Staatsquote ist von ihrem Höchstwert 48,4 % im Jahr 2003 auf 46,4 % abgeschmolzen worden. Damit ist jene Quote, die zu Beginn der deutschen Einigung galt (1991: 46,3 %), wieder erreicht. Die Entwicklung zeigt deutlich, dass die Staatsquote in den 90er Jahren vorrangig durch den Finanzierungsbedarf in Ostdeutschland nach oben getrieben worden ist. Obwohl jedoch dieser Einsatz für die Finanzierung der deutschen Einigung in den letzten Jahren nicht zurückgegangen ist, sank die Staatsquote. Das ging nur durch einen massiven Aderlass bei den übrigen, nicht einigungsbedingten Ausgaben im Bereich der öffentlichen Dienstleistungen und vor allem der öffentlichen Investitionen. Die Quote der öffentlichen Investitionen, bezogen auf das Bruttoinlandsprodukt, hat in den vergangenen Jahren einen Tiefstand erreicht. In diesem Jahr (2006) wird erneut mit einer öffentlichen Investitionsquote von nur noch 1,32 % – gegenüber 2,7 % Anfang der 90er Jahre – gerechnet. Damit liegt Deutschland beim Einsatz öffentlicher Investitionen, vor allem zur infrastrukturellen Standortsicherung, mittlerweile hinter den USA. Die Durchschnittsquote der westeuropäischen EU-Staaten liegt deutlich über der in Deutschland. Um diese Quote zu erreichen, müssten die öffentlichen Investitionen Jahr für Jahr um 20 Milliarden Euro erhöht werden – das ist ein Prozent des Bruttoinlandsprodukts.

Dringend geboten ist, in der öffentlichen Debatte bei der Interpretation der Staatsquote zwischen Ausgaben der Gebietskörperschaften und denen der gesetzlichen Sozialversicherung zu unterscheiden. Oft wird argumentiert, mit einer Staatsquote von wenig unter 50 % würde nahezu die Hälfte der gesamtwirtschaftlichen Produktion durch den Staat beansprucht. Es wird sogar behauptet, dies sei dann kein Kapitalismus mehr, sondern eine Art Staatssozialismus. Ein Irrtum, der durch häufige Wiederholung nicht wahr wird. Die im engeren Sinne geltende Ausgabenquote der Gebietskörperschaften, also des Bundes, der Länder und Gemeinden, bewegt sich seit Beginn der 90er Jahre durchgängig in der Nähe von 30 %. Es wird also weniger als ein Drittel der Wertschöpfung für allokative Aufgaben des Staats beansprucht. Dazu gehören etwa die Ausgaben zur Aufrechterhaltung des öffentlichen Dienstes sowie Investitionen in Bildung, Forschung, Verkehr und Umwelt. Es handelt sich um fundamentale Staatsaufgaben, die für die Wirtschaft und Gesellschaft wichtig sind. Der Staat muss sie übernehmen, weil die auf einzelwirtschaftliche Rationalität ausgerichtete Wettbewerbsdynamik dazu nicht in der Lage ist. Wäre der Staat nicht aktiv, so würde das die Standort- und Lebensqualität schwer belasten. Und einen weiteren hartnäckigen neoliberalen Irrtum gilt es auszuräumen: Der Staat setzt zwar über politische Entscheidungen diese öffentliche «Produktion» durch. In der Regel führt dies aber zu Aufträgen an die Privatwirtschaft. Denn die öffentlichen Auftraggeber fungieren in diesem Aufgabenbereich als Nachfrager meist bei privatwirtschaftlichen Unternehmen.

Der Anstieg der *gesamten* Staatsquote ist durch überproportional gewachsene Ausgaben der gesetzlichen Sozialversicherung vorangetrieben worden. Hier macht sich die anhaltend hohe Massenarbeitslosigkeit bemerkbar. Die Bezieher von Sozialeinkommen werden mehr, während die Beitragszahlungen zurückgehen. Sicherlich hat auch die demographische Entwicklung der Gesellschaft, die Tatsache, dass immer mehr Menschen immer älter werden als früher, auf die knappen Kassen der gesetzlichen Sozialversicherung Einfluss. Offenkundig sind Reformen hier dringend nötig – allerdings unter Wahrung einer gesetzlichen Mindestsicherung. Abermals stemmt sich ein neoliberales Vorurteil gegen die Tatsachen: Durch den Verweis auf die gesamtwirtschaftliche Staatsquote wird der Eindruck erweckt, die Finanzierung dieser Kosten erfolge über allgemeine Steuern. Dabei bilden nach wie vor die Sozialversicherungsbeiträge der Arbeitgeber und Arbeitnehmer, die meistens hälftig aufgebracht werden, die Finanzierungsbasis.

Die gesamtwirtschaftliche Staatsquote, die die allokativen und sozialen Ausgaben zusammenfasst, gibt also nur darüber Auskunft, inwieweit durch den Staat Produktion bewegt und eine Umverteilung organisiert wird. Da beispielsweise in den USA die Absicherung gegen soziales Risiko vorrangig über die private Versicherungswirtschaft erfolgt, liegt dort logischerweise die gesamte Staatsquote deutlich niedriger. Es kommt wenig Sinnvolles dabei heraus, wenn im internationalen Benchmarking zur Ermittlung des «besten Landes» Äpfel mit Birnen verglichen werden.

Wenn auch die Bundesregierung unter Kanzlerin Angela Merkel einen mittelfristigen Rahmen ihrer Finanzpolitik noch nicht vorgelegt hat, so ist doch erkennbar, dass die Politik des Schrumpfens im Bereich sozialer Leistungen und öffentlicher Investitionen fortgesetzt werden wird. Allerdings ist 2006 durch eine Verlangsamung der Ausgabenkürzungen mit einer geringeren Belastung der binnenwirtschaftlichen Nachfrage zu rechnen. Durch das Zukunftsinvestitionsprogramm des Bundes mit einem Gesamtvolumen von 25,15 Milliarden Euro über die Jahre 2006 bis 2009 werden die staatlichen Ausgaben sogar steigen. Indessen ist in diesem Investitionsprogramm ein großes Paket mit Ausgaben zur Familienförderung per Elterngeld sowie für erwerbsbedingte Kinderbetreuungs- und Pflegekosten enthalten. Die Maßnahmen zur Familienförderung sind vernünftig, jedoch geht von ihnen kaum eine expansive Wirkung auf die Binnenwirtschaft und die Beschäftigung aus. Gegen den massiven Rückgang der öffentlichen Investitionen in den letzten Jahren ist über die Jahre 2006 bis 2009, abgesehen von kleineren, aber wichtigen ökologischen Maßnahmen, nur eine Zunahme der Verkehrsinvestitionen um 4,3 Milliarden Euro geplant. Die Gefahr ist groß, dass die Bundesregierung wegen der absehbar ausbleibenden Erfolge und unter dem Druck der wachsenden Finanzkrise endgültig zum Schrumpfkurs vor allem in den Bereichen öffentlicher Dienst und Investitionen sowie beim Umbau der gesetzlichen Sozialversicherungen zurückkehren wird. Das würde die Drehung der Abwärtsspirale beschleunigen.

Steuerquote senken und Lasten umverteilen: Öffentliche Armut und privater Reichtum

Das langsamere Wachstum der Staatsausgaben im Vergleich zur ökonomischen Wertschöpfung, das zum Rückgang der Staatsquote führt, dient auf der Finanzierungsseite drei miteinander verflochtenen Zielen: der Reduktion der Steuerquote, der Sozialbeitragsquote und der Neuverschuldungsquote. Die rot-grüne Bundesregierung Schröder/Fischer kann sich zugute halten, dass die gesetzlich verpflichtenden Sozialbeiträge gegenüber dem Bruttoinlandsprodukt während ihrer Regierungszeit sogar leicht zurückgegangen sind (vgl. Tabelle 4 zu den Eckwerten öffentlicher Haushalte auf S. 85). Das widerlegt im Übrigen die neoliberale Mär vom gefräßigen Sozialstaat, der sich über Sozialbeiträge alimentiert, die schneller wachsen als die Wirtschaft. Gemessen an der Wertschöpfung ist zumindest der beitragsfinanzierte Sozialstaat keineswegs explodiert.

In Bezug auf das Ziel, die gesamte Steuerbelastung gegenüber dem Bruttoinlandsprodukt zu senken, kann die rot-grüne Regierung Vollzug melden. Der Preis, der dafür bezahlt wurde, ist eine schrumpfende Finanzierungsbasis des Staates, insbesondere der Kommunen. Durch massive, in mehreren Stufen vollzogene Steuersenkungen ist die gesamtwirtschaftliche Steuerquote von durchschnittlich 24 % Ende der 90er Jahre auf 21,8 % im vergangenen Jahr zurückgeführt worden (vgl. Tabelle 4). Die dadurch erzeugten Einnahmeverluste sind gigantisch. Ein zugegebenermaßen simpler Vergleich zeigt: Hätten wir in diesem Jahr noch eine Steuerquote von 24 %, dann würde der Staat insgesamt über zusätzliche 45 Milliarden Euro verfügen.

Die neoliberale Steuerdoktrin setzt jedoch nicht nur auf allgemeine Steuersenkungen. Vielmehr geht es um die Entlastung der Unternehmenswirtschaft. Dabei wird auf das «Steuereinmaleins» nach «Gullivers Reisen» (Jonathan Swift) spekuliert: Wird unter der Annahme, dass sich sonst im Steuersystem nichts ändert, der

Steuersatz für Unternehmen gesenkt, dann führen die steigenden Nettogewinne zur Ausweitung von Produktion und Investitionen. Am Ende ist der Zuwachs an Steuereinnahmen durch die größere ökonomische Wertschöpfung höher als der Verlust durch die Senkung des Steuersatzes. Dieses Steuerparadoxon wird jedoch durch die bundesrepublikanische Entwicklung der letzten Jahre widerlegt; es ist eine Spekulation, die ins Reich der *voodoo economics* verwiesen gehört.

Jedenfalls hat sich die rot-grüne Bundesregierung angestrengt, die neoliberale Steuerdoktrin umzusetzen. Vor allem mit der Unternehmenssteuerreform von 2001 sind massive Entlastungen von der Gewinnbesteuerung in der Wirtschaft durchgesetzt worden. Der definitive Steuersatz auf die Gewinne der körperschaftsteuerpflichtigen Unternehmen liegt heute bei 25 %. Der Spitzensteuersatz bei der Einkommensteuer ist ab 1999 von 53 % schrittweise bis auf 42 % gesenkt worden. Erst als zum Ende ihrer Regierungszeit deutliche Einnahmeverluste für die öffentlichen Haushalte durch Steuergeschenke an die Unternehmen ohne jede Gegenleistung sichtbar wurden, setzte die rot-grüne Koalition mutige Korrekturen um. Auf Unternehmensgewinne wurde eine Mindestbesteuerung eingeführt, und nur 40 % der Verluste sind verrechenbar. Damit wurde der Praxis, riesige Verluste zu verrechnen, die zum Teil auch noch durch Ausnutzung von buchhalterischen oder bilanztechnischen Gestaltungsmöglichkeiten erzeugt wurden, ein Riegel vorgeschoben. Durch die Mindestbesteuerung haben sich die Einnahmen vor allem aus der Körperschaftsteuer auf Kapitalgesellschaften deutlich erholt. Darüber hinaus wurden die Kommunen verpflichtet, ebenfalls eine Mindestbesteuerung im Rahmen der Gewerbesteuer vorzunehmen. Dazu wurde der Hebesatz, den die Kommunen bei der Gewerbesteuer in eigener Autonomie festlegen, auf mindestens 200 % gesetzlich fixiert. Damit ist das Steuerdumping von Gemeinden, die Unternehmen – manchmal auch nur ihre Briefkästen – durch Steuerverzicht anlockten, unterbunden worden.

Wenn auch die schwarz-rote Bundesregierung angesichts der riesigen Einnahmeausfälle nach den vielen Runden der Steuersenkung diesen Kurs erst einmal nicht fortsetzen wird, so reicht konzeptionell die Einsicht doch nicht aus, um die grundsätzliche Niederlage dieser neoliberalen Steuerpolitik einzugestehen. Ihre Fortsetzung soll auch unter Schwarz-Rot folgen, allerdings erst, wenn die öffentlichen Haushalte wieder über eine ausreichende Finanzierungsbasis verfügen. Im Gegenteil hat die Regierung Merkel mit der Ankündigung überrascht, den Normalsatz der Mehrwertsteuer um 3 Prozentpunkte auf 19 % zu erhöhen sowie eine «Reichensteuer» einzuführen. Das Mehraufkommen aus der Mehrwertsteuer soll zum größeren Teil in die gesetzliche Rentenversicherung fließen.

Markant ist die Art der Steuererhöhung. Während bei den direkten Steuern auf die Gewinne der Unternehmen alles beim Alten bleibt, steht die wichtigste indirekte Steuer im Mittelpunkt. Mit den erwarteten zusätzlichen Einnahmen vollzieht sich eine Verschiebung der Steuerlast auf die privaten Haushalte. Auf diese in jeder Hinsicht schädliche Erhöhung der indirekten Besteuerung wird im nächsten Unterkapitel (S. 108ff.) ausführlich eingegangen.

Wohl auch als sozialer Ausgleich gedacht, wurde im Koalitionsvertrag eine so genannte Reichensteuer vereinbart. Ab einem Jahreseinkommen von 250 000 Euro / 500 000 Euro (Ledige/Verheiratete) sollen 3 Prozentpunkte auf den Spitzensteuersatz von 42 % zusätzlich erhoben werden. Diese Maßnahme ist steuersystematisch nicht sinnvoll. Sie gleicht eher einer Medizin mit Placeboeffekt. Mit diesem durchsichtigen Manöver wird von der Notwendigkeit einer grundlegenden Überarbeitung des Steuersystems nach dem Prinzip gerechter Lastverteilung abgelenkt. Zum neoliberalen Kurs findet die neue Bundesregierung endgültig mit der angekündigten grundlegenden Unternehmenssteuerreform zurück, die ab 2008 in Kraft treten soll. Die dazu durch den «Sachverständigenrat zur Begutachtung der gesamtwirtschaftlichen

Entwicklung» sowie der «Kommission Steuergesetzbuch» unter dem Dach der «Stiftung Marktwirtschaft/Frankfurter Institut» vorgeschlagenen Modelle, aus denen die Bundesregierung ein Kompromissmodell finden will, werden ab Seite 108 ausführlich untersucht. In jedem Fall würde diese Unternehmenssteuerreform insgesamt zu sinkenden Steuereinnahmen führen, während gleichzeitig die relative Steuerlast auf die Einkommen aus Erwerbsarbeit zunehmen würde.

Die Staatsschuldenquote senken: Eine Belastung der Gesamtwirtschaft und künftiger Generationen

Bei dem Versuch, durch Ausgabenkürzungen die Neuverschuldung deutlich langsamer als das Bruttosozialprodukt wachsen zu lassen, hat die rot-grüne Bundesregierung sich die neben dem Flop mit den reduzierten Unternehmenssteuern größte Niederlage eingehandelt. Immer wieder hat der in der Schuldenfalle gefangene Bundesfinanzminister Hans Eichel versucht, den durch die wirtschaftliche Wachstumsschwäche erzeugten Verlust an Steuereinnahmen durch Einsparungen bei den Staatsausgaben zu kompensieren. Am Ende waren die Schulden jedoch höher als zuvor. Die Konsequenzen aus diesem Schuldenparadoxon zu ziehen – es würde allerdings den Mut zu gesamtwirtschaftlichem Denken und Handeln erfordern, der längst abhanden gekommen ist.

Die öffentliche Ausgaben- und Einnahmenpolitik muss den gesamtwirtschaftlichen Anforderungen Rechnung tragen. Die Entwicklung der öffentlichen Haushalte ist ein Reflex der gesamtwirtschaftlichen Entwicklung. In Phasen wirtschaftlicher Wachstumsschwäche stagnieren die Steuereinnahmen, und wegen der großen Zahl der Arbeitslosen sind die Krisenkosten heutzutage hoch. Die staatliche Neuverschuldung steigt an. Unter dieser, seit Jahren für Deutschland kennzeichnenden

Konstellation wirtschaftlicher Stagnation stellt sich die Frage, wie die Finanzpolitik auszurichten ist. Für die Antwort ist von großer Bedeutung, dass sich in der Finanzpolitik die gesamtwirtschaftliche Entwicklung nicht nur reflektiert, sondern dass sie auch einen entscheidenden Einfluss auf sie hat. Wird in dieser Konstellation versucht, die Neuverschuldung durch Ausgabeneinsparungen abzubauen, dann muss das Ziel der Haushaltskonsolidierung verfehlt werden. Ausgabenkürzungen führen zu sich vervielfachenden Einnahmeverlusten. Die ohnehin schon schwache gesamtwirtschaftliche Nachfrage geht zurück. Die Folge sind Steuerausfälle einerseits und steigende Krisenkosten durch den Zuwachs an Arbeitslosigkeit andererseits. Die öffentliche Kreditaufnahme steigt.

Die Opportunitätskosten dieser Einsparpolitik ergeben sich aus den verschenkten Chancen, kurzfristig die Konjunktur und mittelfristig die ökonomischen Wachstumspotenziale zu stärken. Der Rückblick auf die Finanzpolitik der rot-grünen Bundesregierung bestätigt diesen Zusammenhang. Diese Politik im Namen der Haushaltskonsolidierung musste wegen ihrer Ignoranz gegenüber den gesamtwirtschaftlichen Anforderungen scheitern. Ihre Opportunitätskosten sind hoch, wie die sich verfestigende Stagnation und Arbeitslosigkeit zeigen. Sie hätten durch eine mittelfristige expansive Finanzpolitik für Wirtschaftswachstum und Beschäftigung vermieden werden können. Das zur Rechtfertigung des Sparkurses herangezogene Vorbild des sparsamen «Haushaltsvaters», jener konservativ-patriarchalischen Leitfigur, führt in die Irre. Was für den privaten Haushalt gilt, lässt sich nicht auf die Gesamtheit der öffentlichen Haushalte übertragen. Oft wird auch eingewandt, die Aufnahme öffentlicher Schulden würde private Investitionen nach der Wirkungskette verdrängen: Steigende Staatsschulden in Konkurrenz zur Kreditfinanzierung der Privatwirtschaft lösten steigende Zinssätze aus, die am Ende die Unternehmensinvestitionen behinderten. Keines der Glieder dieser Kette hat sich in den vergangenen Jahren wahrnehmen lassen. Vielmehr sind die Kapitalmarktzinsen trotz hoher staatlicher Schuldenquote derzeit auf historisch niedrigem Niveau. Offensichtlich ist Geldkapital im Überfluss vorhanden. Es findet jedoch nicht den Weg in die Finanzierung arbeitsplatzschaffender Investitionen. Zudem nimmt die Nachfrage nach Krediten durch die Unternehmen weiter ab, weil die Eigenfinanzierung wegen der stattlichen Gewinne zunimmt. In dieser Konstellation muss zur Verhinderung eines weiteren Einbruchs der Wirtschaft der Staat die Rolle des «Lückenbüßers» übernehmen und die überschüssigen Geldvermögen der privaten Haushalte, die Jahr für Jahr um über 150 Milliarden Euro angestiegen sind, per Staatsausgaben in den Wirtschaftskreislauf zurückpumpen. Liquidität ist genügend vorhanden, sie findet jedoch nur unzureichend den Weg in die Finanzierung gesamtwirtschaftlicher Ausgaben.

Zurück zu den Zahlen, die das so genannte Schuldenparadoxon – sinkende Schulden durch Ausgabenkürzungen führen am Ende zu steigenden Schulden – bestätigen. Im Abschiedsjahr von Rot-Grün lag der Finanzierungssaldo aller öffentlichen Haushalte gegenüber dem Bruttoinlandsprodukt bei 3,5 % (vgl. Tabelle 4). Das so genannte Maastricht-Kriterium, nach dem die Neuverschuldungsquote im «Stabilitäts- und Wachstumspakt» von Amsterdam im Sommer 1997 auf maximal 3 % beschränkt worden ist (und der Schuldenstand auf maximal 60 %), ist mehrere Jahre hintereinander nicht eingehalten worden. Seitdem bewegt sich die Finanzpolitik in einer Glaubwürdigkeitsfalle. Einerseits steht sie unter dem Zwang dieser Schuldendeckelung, die bei Verletzung auch Strafzahlungen vorsieht. Andererseits lässt sich nachweisen, dass die 3 %-Grenze in bestimmten gesamtwirtschaftlichen Konstellationen kontraproduktiv ist, weil sie die Möglichkeit antizyklischer Finanzpolitik verbaut. In Phasen des konjunkturellen Abschwungs wäre es dringend erforderlich, durch die Vorfinanzierung von staatlichen Ausgaben gegenzusteuern.

Für den Erfolg dieser Strategie gibt es im internationalen Vergleich vorzeigbare Bespiele. Beim Stichwort Großbritannien etwa gerät die deutsche Marktorthodoxie meist in Erinnerung an Margaret Thatcher in Verzückung. Angela Merkel wird empfohlen, nach dem Vorbild der «Eisernen Lady» den Staat zu demontieren, vor allem aber soziale Regulierungen zugunsten der Unternehmensautonomie massiv zu kappen. Dabei wird jedoch die Tatsache übersehen, dass Großbritannien 1990 in eine schwere Rezession schlitterte. Innerhalb eines Jahres sank die gesamtwirtschaftliche Wachstumsrate um 4 %, und die Arbeitslosenquote stieg auf über 10 %. Der Politik ist es dann gelungen, diese Krise zu überwinden. Und wie? – Maßgeblich war der *Verzicht* auf eine Krisenverschärfung à la Thatcher durch den Abbau staatlicher Ausgaben. Den Erfolg brachte vielmehr die Wiederentdeckung der gesamtwirtschaftlichen Steuerung: Die über Kredite finanzierten Ausgaben des Staates wurden ausgeweitet. 1993 stieg die Neuverschuldungsquote auf über 8 %. Die Folge waren ansteigendes Wirtschaftswachstum sowie abnehmende Kosten der Arbeitslosigkeit. 1998 konnte der Staat sogar Einnahmeüberschüsse erzielen. Dieser Erfolg wäre durch ein stures Festhalten an den Maastricht/Amsterdam-Kriterien niemals zustande gekommen.

Apropos Maastricht: Warum eigentlich wurden damals gerade 3 % der Neuverschuldung am Bruttoinlandsprodukt festgelegt, warum nicht 4, 5 oder 2 %? – Weil bei der Ableitung des 3 %-Kriteriums unter Berücksichtigung des 60 %-Gesamtschuldendeckels von einem nominalen Wirtschaftswachstum im Durchschnitt von 5 % ausgegangen wurde. Seit Jahren wächst die Wirtschaft Deutschlands nominal jedoch deutlich unter 5 %. Damit verliert das 3 %-Kriterium endgültig seine Bedeutung.

Wenn also auf diese langsame Wachstumsentwicklung die Schuldenkriterien angewendet werden und eine restriktive Finanzpolitik durchgesetzt wird, so kann dadurch die Entwicklung der gesamtwirtschaftlichen Produktion gedämpft werden. Einer der Erfinder dieser Haushaltsdisziplinierung war Bundesfinanzminister Theo Waigel in der Kohl-Regierung. Angetrieben vom bayerisch-patriotischen Frust über den Verlust der harten DM-Währung, vertrat er die Position: Wenn die Mark schon in den Euro eingeschmolzen werde, dann solle wenigstens die staatliche Schuldenpolitik der Euro-Länder begrenzt werden. Unterstellt wurde, dass dem Euro durch höhere öffentliche Kreditaufnahme Inflation drohe. Inzwischen hat die Wirklichkeit die Inflationsängste der DM-Patrioten längst widerlegt. Seit Jahren wird das Neuverschuldungskriterium überschritten – und dennoch sind wir zugleich in einer Phase extrem niedriger Geldentwertung.

Am besten wäre es, diese Schuldenkriterien abzuschaffen und vielmehr die EU-Finanzpolitik zu koordinieren. Diese Kriterien sind ökonomisch schlicht unsinnig. Das hat sich auch in der EU-Kommission herumgesprochen. Romano Prodi, der ehemalige Kommissionsvorsitzende und heutige Regierungschef Italiens, hatte den unglaublichen Mut, noch während seiner Amtszeit zu sagen, dass diese Kriterien «dumm» («stupido») seien. Mittlerweile ist unter dem Druck der Wirklichkeit das enge finanzpolitische Korsett des «Stabilitäts- und Wachstumspaktes» in der EU zum Ärger der Stabilitätsfanatiker gelockert worden. Allerdings fehlt immer noch der Mut zur grundlegenden Korrektur. Anstelle dieses makroökonomisch kontraproduktiven Regelwerks sollte eine Finanzpolitik stehen, die dem Ziel der Ausschöpfung und Entwicklung der Wachstumspotenziale bei Vermeidung sich verstärkender Inflationserwartungen zu dienen hat. Die negativen Erfahrungen mit der bisherigen Disziplinierungspolitik einerseits sowie andererseits die positiven Erfahrungen mit einer zur Stärkung des Wirtschaftswachstums eingesetzten Staatsverschuldung beispielsweise in Großbritannien und auch den USA zeigen, dass der richtige Weg der Haushaltskonsolidierung über eine antizyklische Finanzpolitik führt, welche die Steuereinnahmen durch wirtschaftliches Wachstum steigen lässt.

Öffentliche Neuverschuldung ist jedoch nicht nur als Instrument der antizyklischen Finanzpolitik zu gebrauchen. Darüber hinaus dient sie, wie es auch das deutsche Grundgesetz in Art. 115 vorsieht, der Finanzierung öffentlicher Investitionen. Nach der so genannten «goldenen Deckungsregel» lösen öffentliche Investitionen durchaus eine gesamtwirtschaftliche Rendite (social rate of investment) in der Zukunft aus. Kreditfinanzierten Investitionen der Unternehmen vergleichbar, sollten sie daher durch staatliche Schuldenaufnahme finanziert werden. Zugleich ist dieses Instrument die einzige Möglichkeit, künftige Generationen entsprechend ihrer Vorteile durch öffentliche Investitionen an der Finanzierung zu beteiligen.

Vererbt werden eben nicht nur die Schulden, sondern auch die Vermögenstitel in den Händen der Gläubiger. Und die Infrastruktur, die so entstand. In jeder Generation muss also die Verteilung zwischen den Zinszahlungen aus Steuermitteln und den zinsbeziehenden Gläubigern organisiert werden. Wichtig ist die intergenerative Wirkung: Wenn heute die Kommunen in die Sanierung der Abwässerentsorgung investieren, dann profitieren künftige Generationen zum Beispiel im Ausmaß der Vermeidung von ökologisch belastenden Sickerverlusten und damit der Verbesserung der Böden.

Was aber geschieht heute in Wirklichkeit? Der vernünftige Einsatz der Staatsverschuldung zur Finanzierung öffentlicher Investitionen zugunsten künftiger Generationen wird blockiert. Ein Grund dafür ist die Vorschrift im EU-Stabilitäts- und Wachstumspakt, mittelfristig gar ausgeglichene Haushalte anzustreben. Denn die konjunkturbedingten Schwankungen der Neuverschuldung auf 3 % werden auf eine Nulllinie bezogen, mittelfristig sogar Haushaltsüberschüsse angestrebt. Parallel dazu hat sich die große Mehrheit der Finanzwissenschaftler darauf verständigt, den Einsatz staatlicher Neuverschuldung zur Finanzierung öffentlicher Investitionen komplett abzulehnen. Die Konsequenz daraus ist, dass öffentliche Investitionen nur noch aus laufenden Steuern bezahlt werden können und damit der gegenwärtigen Generation aufgebürdet werden. Die großen Finanzwissenschaftler der älteren Generation, etwa R. Musgrave, schütteln über so viel Theorieverlust nur den Kopf. Die Anhänger dieses Paradigmenwechsels verschließen damit die Augen vor gesamtwirtschaftlichen Zusammenhängen und intergenerativen Wirkungen der öffentlichen Kreditaufnahme. Die Verbetrieblichung der ökonomischen Sicht hat auch die Finanzwissenschaft längst ergriffen. Die Gefahr ist groß, dass eine gesamtwirtschaftlich verantwortliche Finanzpolitik irgendwann unmöglich wird, weil Wissenschaftlern und politischen Akteuren die dazu nötige strategische Kompetenz abhanden kommt.

Man sieht, es gibt gute Gründe dafür, dass der Staat Schulden macht. Allerdings scheint eine rationale Diskussion darüber nicht mehr möglich zu sein. Dazu tragen auch Schuldenuhren bei, die den minütlichen Anstieg der Staatsdefizite anzeigen. Warum werden die daraus finanzierten Leistungen mit ihren positiven Wirkungen dem nicht gegenübergestellt? Offensichtlich verhindert schlicht die Höhe der Schulden- und vor allem Zinslast eine rationale und ideologiefreie Positionsbestimmung. An ihre Stelle setzen manche Wissenschaftler und Politiker lieber den naiven Vergleich des Staates mit dem Verhalten des treu sorgenden Vorstands eines privaten Haushalts: Man könne eben nicht mehr ausgeben, als man einnehme. Aber Irrationalitäten wie diese zeigen nichts anderes als den Verlust an gesamtwirtschaftlichem und intergenerativem Denken. Lieber wird auf staatliche Investitionen in die Zukunft verzichtet und kommenden Generationen eine belastete Umwelt vererbt.

Schwarz-rote Finanzpolitik – wenig lernfähig

Wie wir gesehen haben, hat Finanzpolitik die zentrale Aufgabe, die öffentlichen Dienste, eine moderne Infrastruktur und soziale Sicherungssysteme zu gewährleisten. Ihre Finanzierung vor allem über die Steuern auf Einkommen und Vermögen muss dabei am gerechten Prinzip der ökonomischen Leistungsfähigkeit ausgerichtet sein. Die öffentliche Ausgaben- und Einnahmenpolitik muss jedoch auch den gesamtwirtschaftlichen Anforderungen Rechnung tragen. Im Bereich der distributiven Politik also geht es um die soziale Mindestsicherung im Alter sowie gegen die Risiken Arbeitslosigkeit, Krankheit und Pflegebedürftigkeit.

Paradigmen	politisch gestalten	Märktedominanz
Staat – Wirtschaft	Ökonomie zielorientiert gestalten! Primat der Politik	Spielraum der Unternehmenswirtschaft erweitern!
	Sozialer/ökologischer Mindestschutz	Deregulierung: Öffnung der Märkte
1. Allokative Politik	Angebot öffentlicher Güter und Dienstleistungen (soziale und materielle Infrastruktur)	Privatisierung bisher öffentlicher Ausgaben sowie Einsparen öffentlicher Ausgaben
2. Stabilisierungspolitik	Gesamtwirtschaftliche Steuerung (Keynesianismus: unfreiwillige Arbeitslosigkeit)	Dominanz der Selbststeuerung über Märkte (Neoklassik: freiwillige Arbeitslosigkeit)
3. Distributive Politik	Gesetzlicher Mindestschutz zur Verarbeitung sozialer Risiken der Wettbewerbswirtschaft (soziale Marktwirtschaft)	Starke Privatisierung sozialer Risiken durch private Kapitalvorsorge und damit Absenkung des gesetzlichen Mindestschutzes (neue Risiken durch Kapitalmärkte)

4. Arbeitsmarkt/ Unternehmen	Gestaltungskraft des Tarifvertragssystems und Kündigungsschutz sowie Demokratisierung der Wirtschaft durch Mitbestimmung	Verbetrieblichung des Tarivertragssystems; Abbau des Kündigungsschutzes: Spielraumerweiterung für Unternehmensentscheidungen
5. Ökologie und Wirtschaft	Dominanz der Ökologie gegenüber einzelwirtschaftlicher Borniertheit; Ausstieg aus Atomkraft	Dominanz wirtschaftlicher Interessen bei Umweltpolitik; Ausstieg aus dem Ausstieg aus der Atomkraft

Tabelle 5: Fluchtpunkte schwarz-roter Finanzpolitik; Märktedominanz statt politischer Gestaltung

Nach der Ablösung von Rot-Grün stellt sich die Frage, inwieweit die schwarz-rote Bundesregierung in der Lage ist, aus den Fehlern der Vorgängerin zu lernen und die Finanzpolitik mittelfristig expansiv auszurichten. Immerhin weisen alle Prognosen zur Entwicklung des Wirtschaftswachstums 2006 mit bis zu 2 % jedenfalls im Vergleich zu 2005 (1 %) auf einen «gemäßigten Aufschwung» (DIW) hin. Erneut kommt jedoch die Triebkraft von der Exportwirtschaft. Eine mittelfristige Stärkung der Binnenwirtschaft ist nicht in Sicht. Konjunkturstärkend wirkt 2006 eine Maßnahme, die jedoch zugleich dafür sorgt, dass die Besserung schnell wieder in sich zusammenbrechen wird. Mit Blick auf die vorgesehene Erhöhung der Mehrwertsteuer um 3 Prozentpunkte auf 19 % werden vor allem in der zweiten Hälfte dieses Jahres Konsumkäufe vorgezogen. Der Effekt wird jedoch durch ebenfalls vorgezogene Preiserhöhungen zur Überwälzung der Mehrwertsteuer deutlich geringer ausfallen als erwartet. Deutlich zunehmen werden die

Ausrüstungsinvestitionen in der Unternehmenswirtschaft. Dennoch: Angesichts der erneut exorbitant steigenden Gewinne einerseits und der Notwendigkeit, Arbeitsplätze zu schaffen andererseits, ist die Investitionsdynamik viel zu schwach.

Welchen Beitrag leistet die Finanzpolitik der neuen Bundesregierung zu dieser konjunkturellen Aufhellung? 2006 wird die Bundesregierung den harten Kurs des Einsparens von Staatsausgaben erst einmal nicht fortsetzen und dadurch die gesamtwirtschaftliche Entwicklung geringer belasten. Zu erwarten ist der Rückgang des Staatsdefizits gegenüber 80 Milliarden Euro im Jahr 2005 auf 67 Milliarden Euro in diesem Jahr. Der Anteil der Neuverschuldung am Bruttoinlandsprodukt wird voraussichtlich von 3,6 % auf 3 % sinken. Maßgeblich für den erwarteten Rückgang der Neuverschuldung wird die konjunkturelle Besserung sein. Die Steuereinnahmen werden wohl um gut 2,5 % zunehmen. Starken Einfluss auf diese Entwicklung haben die gewinnabhängigen Steuern. Hier zeigt die Mindestbesteuerung Wirkung. Auch die allgemeine Umsatzsteuer wächst wegen der vorgezogenen Konsumkäufe. Dagegen führt der nur schwache Anstieg der Lohnsumme auch nur zu einer geringen Zunahme der Lohnsteuer.

Während der Zuwachs an Steuern die Neuverschuldung reduziert, ist die Summe der gesamten öffentlichen Kreditaufnahme dennoch größer als die öffentlichen Investitionen. Das erlaubt die Verfassung aber nicht. Nach einem kurzem ideologischen Hin und Her blieb der Bundesregierung nichts anderes übrig, als diese Abweichung mit der im Art. 115 des Grundgesetzes als Ausnahme zugelassenen «Störung des gesamtwirtschaftlichen Gleichgewichts» zu rechtfertigen. Wegen der stagnativen Grundtendenz der Wirtschaft ist dies auch vertretbar. Dass damit die höhere Neuverschuldung als gesamtwirtschaftlich begründete Maßnahme erklärt wird, ist jedoch eher der Not als der Überzeugung geschuldet. In Wahrheit lassen sich die beabsichtigten tiefen Einschnitte in die Bundesausgaben einfach nicht so schnell durchsetzen. Das bereits in anderem Zusammenhang erwähnte 25-Milliarden-«Zukunftsinvestitionsprogramm» des Bundes verdient seinen Namen nicht. Denn nur 4,3 Milliarden Euro davon fließen in öffentliche Investitionen und hier insbesondere in die Verkehrsinfrastruktur. Gesamtwirtschaftlich positive Wirkungen sind selbst mittelfristig nicht zu erwarten. Insgesamt zeigt sich, dass mit dem Zukunftsinvestitionsprogramm nicht einmal der Verfall der öffentlichen Investitionen seit den 1990er Jahren kompensiert werden kann.

Angesichts der langjährigen Demontage der öffentlichen Investitionen (1970 noch 4,8 % vom Bruttoinlandsprodukt und 1999 nur knapp 2 %) wird der Effekt der Aktivitäten der neuen Bundesregierung in diesem Bereich überschätzt. Zum einen fällt das Plus wegen des massiven Rückgangs öffentlicher Investitionen in den vergangenen Jahren viel zu gering aus. Zum anderen ist nicht zu erkennen, dass der seit Jahren aufgestaute Investitionsbedarf mittelfristig tatsächlich abgebaut werden soll. Riesige Investitionsdefizite sind in den Zukunftsbereichen Bildung, Forschung, Verkehr, beim ökologischen Umbau sowie bei der sozialen Infrastruktur unübersehbar. Insgesamt hat die Bundesregierung mit diesen Maßnahmen den harten Restriktionskurs der Vorgängerregierung zwar nicht weiter verschärft, aber den zur Überwindung der hartnäckigen wirtschaftlichen Stagnation und zum Abbau der Arbeitslosigkeit dringend erforderlichen Wechsel zu einer mittelfristig expansiven Finanzpolitik auch nicht vollzogen. Die öffentlichen Ausgaben wachsen mit ca. 1,4 % deutlich niedriger als das erwartete Wirtschaftswachstums von knapp 2 %.

Die negative Wirkung dieser Restriktionspolitik wird auch durch das Konzept des Deutschen Instituts für Wirtschaftsforschung (DIW) zur Messung der Impulse der Finanzpolitik auf die Gesamtwirtschaft bestätigt.[29] Dabei werden die sich tatsächlich ergebenden Einnahmen und Ausgaben des Staats einer Neutralitätslinie gegenübergestellt. Dazu ein Beispiel: Die tatsächlichen Ausgaben liegen laut Berechnung des DIW 2006 bei 871,2 Milliarden Euro. Würde jedoch die Staatsquote des Vorjahres beibehalten, dann müssten die Staatsausgaben 888,3 Milliarden Euro erreichen. Gegenüber dieser Neutralitätslinie ergibt sich eine Differenz von –17,1 Milliarden Euro, die dann restriktiv auf die gesamtwirtschaftliche Nachfrage wirkt. Bei den Einnahmen ergibt sich trotz höherer Steuern insgesamt ein positiver Impuls von 3,4 Milliarden Euro, das heißt, die faktischen Steuereinnahmen fallen gegenüber der Neutralitätslinie geringer aus. Werden alle tatsächlichen Einnahmen und Ausgaben mit der jeweiligen Neutralitätslinie verglichen, so ergibt sich am Ende ein Defizit von 13,2 Milliarden Euro. Würde im Zuge einer expansiven Finanzpolitik die mittelfristige Ausgaben- und Einnahmenlinie eingehalten, dann könnte das Wirtschaftswachstum um einen halben Prozentpunkt höher liegen. Und das ist eine eher vorsichtige Schätzung. Würden auch die Multiplikator- und Akzeleratoreffekte berücksichtigt, dann wären die berechneten Wachstumsverluste der restriktiven Politik noch größer.

Auf der Basis dieses Konzepts zur Ermittlung der Impulse der Finanzpolitik lässt sich erkennen, dass die 2006 gegenüber früheren Jahren nur zurückhaltend restriktive Finanzpolitik im Jahr 2007 wieder verschärft werden wird. Nach den bisherigen Festlegungen im Koalitionsvertrag wird der Negativimpuls beschleunigter Einsparpolitik für die Gesamtwirtschaft dann auf 24,5 Milliarden Euro ansteigen. Der dadurch entgangene Ertrag, die Opportunitätskosten, führen zu einem Wachstumsverlust von einem ganzen Prozentpunkt. Damit ist klar: Der «gemäßigte Aufschwung» wird bereits 2007 zusammenbrechen. Damit verschlechtert sich auch die öffentliche Haushaltslage. Das Zwei-Phasen-Kalkül der Bundesregierung: zuerst 2006 die Ökonomie stärken, um dann 2007 vor allem die «Grausamkeiten» im öffentlichen Dienst und im Sozialsystem durchzusetzen – es wird nicht aufgehen.

Im Mittelpunkt dieser katastrophalen Finanzpolitik steht die geplante Erhöhung des Normalsteuersatzes bei der Mehrwertsteuer um 3 Prozentpunkte auf 19 %. Daraus soll zwar die Reduktion der Sozialversicherungsbeiträge um 2 Prozentpunkte finanziert werden. Da jedoch die Rentenversicherungsbeiträge von 19,1 %

auf 19,5 % erhöht werden, sinken die gesamten Sozialbeträge nur um 1,6 Prozentpunkte. Die positiven Wirkungen dieser Beitragsreduktion sind zweifelhaft. Einerseits ist die Exportwirtschaft wegen der kaum steigenden Lohnstückkosten auf diese Entlastung der Arbeitskosten nicht angewiesen. Andererseits nützt sie auch in der Binnenwirtschaft kaum etwas, wenn nicht die Nachfrage und damit der Umsatz zunehmen. Der Anstieg der Mehrwertsteuer wird den sanften Aufschwung schnell abwürgen: Soweit, wie die Mehrwertsteuer auf die Preise überwälzt wird, sinkt die reale Kaufkraft. Schätzungsweise können in den ersten Monaten nur bis zu zwei Drittel des höheren Steuersatzes auf steigende Preise überwälzt werden. In dem Ausmaß, in dem andererseits die Überwälzung nicht gelingt, steigen die Kosten bzw. sinken die Gewinne. Das betrifft vor allem die von Großunternehmen abhängigen Zulieferbetriebe.

Die hier skizzierte Finanzpolitik der schwarz-roten Bundesregierung blockiert die konjunkturelle Dynamik sowie die Stärkung des wirtschaftlichen Wachstumspotenzials. Dadurch verfestigt sich die Arbeitslosigkeit auf hohem Niveau und der Niedriglohnsektor wächst. Diese im Kern neoliberale Finanzpolitik, die auf die Lösung der Arbeitslosigkeit durch mehr Markt setzt, stärkt am Ende genau jene Marktkräfte, die für die Verursachung der Arbeitsmarktkrise verantwortlich sind. Deshalb muss sie scheitern. Um die Grundprobleme Arbeitslosigkeit, wirtschaftliche Stagnation, soziale Ungleichheit und ökologische Krise zu bekämpfen, ist eine kluge, alternative Finanzpolitik mit den Zielen Arbeit, soziale Gerechtigkeit und Umweltschutz erforderlich. Die Eckwerte dieser Alternative, von denen einige ab Seite 108 dieses Buches vertieft werden, lassen sich kurz skizzieren:

1. Um die hartnäckige ökonomische Stagnation zu durchbrechen, muss die Finanzpolitik über den Konjunkturzyklus hinweg mittelfristig expansiv ausgerichtet werden. Dazu bedarf es eines mehrjährigen Zukunftsinvestitionsprogramms mit einem Startvolumen von 40 Milliarden Euro, um einerseits die binnenwirt-

schaftliche Nachfrage durch öffentliche Investitionen nachhaltig zu stärken sowie andererseits aufgeschobenen Investitionsbedarf im Bereich von Bildung und Forschung, der materiellen und sozialen Infrastruktur sowie des ökologischen Umbaus zu finanzieren.

2. Ein wesentliches Instrument zur Vorfinanzierung der Stabilisierung eines ökologisch fundierten Wachstums auf hohem Niveau ist und bleibt die öffentliche Kreditaufnahme. Anders als bei einer Steuerfinanzierung ist die Verdrängung privatwirtschaftlicher Nachfrage durch sie minimal. Und sie ist das einzige Instrument, mit dem künftige Generationen an der Finanzierung der für sie vorteilhaften öffentlichen Investitionen beteiligt werden können. Ihre positive Kreislaufwirkung wird neuerdings wegen der wachsenden Bedeutung ausländischer Gläubiger bezweifelt. In der Tat betrug im Jahr 2004 der Anteil ausländischer Gläubiger an der gesamten Neuverschuldung in Deutschland knapp 44 %. In diesem Umfang werden die gegenüber der inländischen Kreditfinanzierung überschüssigen Geldvermögen also nicht abgeschöpft. Entscheidend sind jedoch die dadurch finanzierten öffentlichen Investitionen für die heutige und künftige Generation, deren Wirkungen sich vervielfältigen und beschleunigen und die effektive Nachfrage so um ein Vielfaches erhöhen.

3. Trotz der Neuverschuldung für sinnvolle Wachstumsimpulse muss die Finanzierung öffentlicher Aufgaben auf eine solide Steuerbasis gestellt werden. Dabei muss aber auf eine gerechte Lastverteilung geachtet sowie die Rückwirkung auf die Gesamtwirtschaft berücksichtigt werden. Wer die gesamtwirtschaftliche Basis stärken und eine sinkende relative Belastung mit wachsendem Einkommen vermeiden will, darf die Erhöhung der Mehrwertsteuer nicht in Erwägung ziehen. Der Verzicht auf die beabsichtigte Mehrwertsteuererhöhung würde zusätzliche Wertschöpfung schaffen. Wenn es darum geht, den öffentlichen Korridor gerecht zu finanzieren, dann sollte der derzeitige Spitzensteuersatz bei der Einkommensteuer von derzeit 42 auf 45 % angehoben werden. Damit ließe sich die mit dem fiskalischen Gesamtsystem inkompatible Reichensteuer,

die die Erhöhung des Spitzensteuersatzes um drei Prozentpunkte ab einem Jahreseinkommen von 250 000 Euro (500 000 für Verheiratete) vorsieht, vermeiden. Wiederbelebt und verfassungskonform reformiert werden muss der Plan einer Vermögenssteuer zumindest für die privaten Haushalte. Ebenso leistete eine verfassungskonforme Reform der Erbschafts- und Schenkungsteuer einen gerechten Beitrag zur Finanzierung öffentlicher Aufgaben. Im Mittelpunkt einer Reform der Unternehmensbesteuerung muss die Angleichung der effektiven Besteuerung der Kapitalgesellschaften (Körperschaftsteuer) an die Einkommensteuer stehen. Die Kommunen benötigen dringend eine eigene Steuereinnahme, die auch relativ unabhängig von der Konjunktur ergiebig ist. Die bisher geltende Gewerbesteuer sollte durch eine allgemeine kommunale Wirtschaftssteuer ersetzt werden. Als Besteuerungsbasis kann die Wertschöpfung aller Unternehmen in einer Gemeinde, also auch der Freiberufler und Selbständigen, dienen.

Die Blindheit staatlicher Finanzpolitik gegenüber der Notwendigkeit, positiven Einfluss auf die Gesamtwirtschaft zu nehmen, ist Resultat der neoliberalen Spekulation auf die Entfesselung der Marktkräfte, denen die Kraft zugesprochen wird, ein «goldenes Zeitalter» für Wirtschaftswachstum und Beschäftigung auszulösen. Insgesamt droht nach einer kurzen Phase der Zurückhaltung in diesem Jahr und den die Gesamtwirtschaft belastenden Maßnahmen vor allem der Steuerpolitik im kommenden Jahr eine Rückkehr zum neoliberalen Um- und Abbau des Staates zugunsten der Marktöffnung. Und das bedeutet die Stärkung der Marktmacht im Umgang mit ökonomischen, sozialen und ökologischen Problemen. Die politischen Stoßrichtungen dieser Strategie sind: Senkung der Unternehmenssteuern, Reduktion der sozialen Mindestsicherung und damit der Zwang zu mehr privater Versicherung gegen soziale Risiken, Verlagerung der Lohnfindung vom Tarifvertragssystem in die Betriebe, Reduktion des Kündigungsschutzes und der Mitbestimmung sowie stärkere Ausrichtung der Umweltpolitik an den Wirtschaftsinteressen (Verzicht auf den Ausstieg aus der Atomindustrie).

Gegenwärtig findet eine umfassende Privatisierung der Produktions- und Lebensverhältnisse statt. Sie wird die Spaltung von Wirtschaft und Gesellschaft auf vielen Ebenen vorantreiben: Die hohe Arbeitslosigkeit steigert das Armutspotenzial; während der private Reichtum steigt, breiten sich zugleich private und öffentliche Armut aus. Lebensverhältnisse drohen noch stärker ökonomisiert zu werden. Die Menschen geraten bis tief in die Psyche hinein unter das Diktat der Kapitalverwertung. Kommunikation, Kultur, Beziehungen – alles wird zum Investment. Der «homo oeconomicus» wird zum Träger einer seelenlosen Leitkultur. Der emanzipatorische Liberalismus, der den ökonomisch abhängigen Menschen die existenziellen Grundlagen der freien Entfaltung verschaffen will, er sieht sich von der liberalistischen Dominanz der Unternehmensinteressen heute nahezu erdrückt.

Erst sinkt die Steuer und dann der Standort – Über die Fallstricke neoliberaler Fiskalpolitik

Die Geschichte der Steuern ist immer auch die Geschichte von Widerständen bis hin zur Verweigerung von Steuern gewesen. Steuern werden erst einmal als Entzug privaten Einkommens erlebt. Der Nutzen der damit finanzierten öffentlichen Leistungen bleibt aus der einzelwirtschaftlichen Sicht abstrakt, weil er nicht unmittelbar einem bestimmten Zweck zurechenbar ist. Er bedarf der Legitimierung, der Regel, dass es der Staat ist, der mit einleuchtenden Argumenten Teile der Wertschöpfung beansprucht. Der Staat nimmt öffentliche Aufgaben wahr, die maßgeblich durch ein allgemeines Entgelt finanziert werden müssen.

Der allgemeine Nutzen öffentlicher Dienstleistungen, von der schlichten Passausgabe bis zum Unterricht an Schulen, vom Straßenbau bis zur Sozialhilfe, ist unbestreitbar. Ohne öffentliche Leistungen wären Gesellschaft und Wirtschaft ärmer, ja: gar nicht überlebensfähig. Dennoch ist der Steuerstaat im Verhältnis zu den Marktgeschäften, bei denen der das Gut erhält, der den Preis zahlt, immer ein Fremdkörper. Die Höhe der Besteuerung ist letztlich davon abhängig, in welchem Ausmaß öffentliche Aufgaben finanziert werden müssen bzw. sollen. Der Neoliberalismus nützt diese in Marktwirtschaften systemstrukturell angelegte Feindseligkeit aus, indem er ideologisch gegen Steuerzahlungen mobil macht. Der Kampf um sinkende Steuerlasten zielt am Ende stets auf den Abbau öffentlicher Leistungen zugunsten der Märkte. Es ist die Vision, eigentlich die Illusion eines klein geschrumpften Staates, welche die Absichten neoliberaler Steuersenkungsfanatiker prägt. Es ist die alte, überkommene Vorstellung aus dem 19. Jahrhundert, dass Gesellschaften umso besser zum Nutzen aller funktionieren, je unbeeinflusster und ungebändigter den Kräften des Marktes freie Hand gelassen werde.

In Deutschland hat sich dieses Paradigma neoliberaler Steuerpolitik in mehrfacher Hinsicht durchgesetzt. Die gesamte Last der Steuern ist im Verhältnis zum Bruttoinlandsprodukt zurückgeschraubt worden. Dadurch hat der öffentliche Sektor an Handlungsfähigkeit eingebüßt, ja er ist ärmer geworden. Denn dieser Schrumpfkurs trifft durch die Konzentration auf den Abbau sozialer Leistungen vor allem die Einkommensschwachen. Insbesondere ist der Anteil der Unternehmen und Reichen an der Gesamtlast der Steuern zurückgefahren worden. Daraus ergibt sich eine Umverteilung der Lasten von «oben» nach «unten», deren Folgen in bitterem Widerspruch zu den damit propagierten Hoffnungen auf eine Steigerung des allgemeinen Wohlstandes stehen. Denn die Entlastung der Unternehmen von Steuern ist im Gegenteil mit einem Einbruch der Investitionen und dem Abbau von Arbeitsplätzen einhergegangen. Die «klassische» Finanzpolitik nach dem Steuereinmaleins, wie sie in der Nachfolge von Adam Smith immer wieder beschworen worden ist – sie ist in den letzten Jahren erkennbar gescheitert: Niedrigere Steuersätze haben nicht zu Mehreinnahmen durch steigende ökonomische Aktivitäten geführt. Die Unternehmen begnügten sich offensichtlich damit, steuerlich begünstigte Nettogewinne einfach nur mitzunehmen; der Effekt nach dem Lehrbuch über wachsende Steuern, dass Steuersenkungen erhöhte Investitionen und Gewinne zeitigen und sich dadurch gleichsam selbst finanzieren – er trat nicht ein.

Wer nun aber glaubt, dass angesichts des klaren Scheiterns dieser Steuerpolitik eine grundlegende Kurskorrektur eingeleitet wird, sieht sich enttäuscht. Die Große Koalition kündigte an, die Steuern auf die Gewinne durch den Umbau der Unternehmensbesteuerung ein weiteres Mal zu senken: aller Erfahrung nach bloße Steuergeschenke an die Unternehmen und alle weiteren Bezieher von Kapitaleinkommen. Begründet werden sie mit dem Druck durch die Konkurrenz der Niedrigsteuerländer, vor allem in Osteuropa, also mit dem internationalen Wettbewerb um Produktionsstandorte. Wir sind auf dem Weg ins Steuerdumping, und es ist jetzt schon absehbar, dass dies ein Irrweg sein wird. Dabei gibt es eine Alternative. Darum wird es in diesem Kapitel gehen.

In den nachfolgenden Ausführungen werden zuerst die prägenden Negativtrends in der Entwicklung des deutschen Steuersystems skizziert. Es folgt eine detailliertere Auseinandersetzung mit den vorherrschenden Modellen zum Systemwechsel bei der Unternehmensbesteuerung. Ich werde die Folgen für die gesamtwirtschaftliche Entwicklung, für die Finanzbasis des Staates, aber auch für die Kommunen als den wichtigsten Trägern öffentlicher Investitionen beschreiben und am Ende zeigen, dass es durchaus machbare Alternativen gibt, die steuerpolitisch Arbeit, soziale Gerechtigkeit und Umweltschutz begünstigen.

Trends im deutschen Steuersystem

1. Steuern sind allgemeine Geldleistungen, die per Gesetz zur Finanzierung regelmäßig zu erfüllender öffentlicher Aufgaben erhoben werden. Die Steuerbasis entscheidet also maßgeblich über die Finanzierbarkeit des Staates. Den Anteil der gesamten Steuern am Bruttoinlandsprodukt (BIP) nennt man die Steuerquote. Sie gibt Auskunft über das relative Ausmaß der aus der gesamten Wertschöpfung abgezweigten Finanzierung von regelmäßigen öffentlichen Ausgaben. Gemessen an der Steuerquote ist in den letzten Jahren die Beanspruchung der Privatwirtschaft durch den Staat in Deutschland geschrumpft. Auf der Basis der Finanzstatistik lag die Steuerquote gegenüber 23 % im Jahr 2000 im Jahr 2005 nur noch bei 20 %. Der Trend wird auch durch die «bereinigte Steuerquote» belegt, die auf der Basis der Volkswirtschaftlichen Gesamtrechnung beispielsweise die Investitionszulagen, Eigenheimzulage und Kindergeld hinzurechnet. Sie ist, wie schon in

anderem Zusammenhang angesprochen, von 24 % Ende der 90er Jahre auf 21,8 % im Jahr 2005 zurückgegangen. Unter allerdings sehr vereinfachenden Annahmen wären mit der früheren Steuerquote von 24 % die Steuereinnahmen 2005 um 45 Milliarden Euro höher ausgefallen.[30] Dieser Trend einer sinkenden Finanzierungsbasis für den öffentlichen Sektor steht im Widerspruch zu der Notwendigkeit, wachsende öffentliche Aufgaben auch finanzieren zu können. Der Spalt zwischen öffentlicher Armut und privatem Reichtum (J.K. Galbraith) wächst. Der neoliberale Reduktionismus, alles auf die Dynamik der Marktkräfte zu setzen, verdrängt die Tatsache, dass ein starker, fiskalisch auf den Feldern öffentlicher Dienst, soziale und materielle Infrastruktur sowie ökologischer Umbau handlungsfähiger Staat Voraussetzung für eine qualitativ hochwertige Langzeitökonomie ist.

Die Reduktion der Staatsquote als unentrinnbaren Sachzwang darzustellen, ist falsch. Schließlich hat die generelle Senkung der Steuereinnahmen im Vergleich zum Bruttoinlandsprodukt nicht zur Stärkung der wirtschaftlichen Wachstumskräfte geführt, obwohl es die Unternehmen waren, welche maßgeblich davon profitierten. Im Gegenteil, durch die Drosselung öffentlicher Aufgaben sind gesamtwirtschaftlich und strukturell Wachstumschancen verspielt worden. Dass es sich nicht um einen Sachzwang unter dem Diktat der Globalisierung handelt, sondern um das Resultat falscher Politik, belegen internationale Vergleiche – vor allem mit Ländern, die Deutschland immer wieder als Vorbilder angepriesen werden. Die Steuerquote ist in anderen Ländern – bei einer besseren ökonomischen Performance – höher als in Deutschland: Sie belief sich 2003 in Dänemark auf 46,7 %, in den Niederlanden auf 24,8 %, im Vereinigten Königreich auf 29,1 %. Die deutsche Steuerquote lag 2003 mit 22,2 % gar unter dem EU-25-Durchschnitt von 26,5 % sowie dem EU-15-Durchschnitt mit 29,4 %.

2. Die im Trend rückläufige gesamtwirtschaftliche Steuerquote geht mit einer deutlichen Verschiebung der relativen Lasten einher. Das gilt vor allem anderen für die Mehrwertsteuer und die

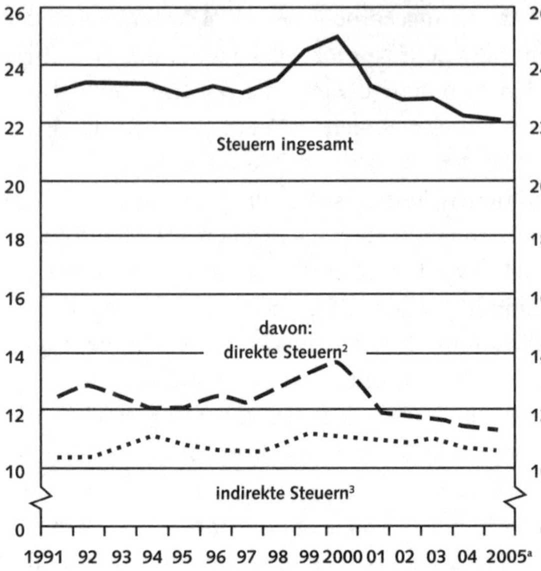

1 In der Abgrenzung der Volkswirtschaftlichen Gesamtrechnungen

2 Einschließlich Erbschaftsteuer. Die Gewerbesteuer wurde, im Gegensatz zu den Volkswirtschaftlichen Gesamtrechnungen, den direkten Steuern zugerechnet

3 Indirekte Steuern ohne Gewerbesteuer, einschließlich Steuern an die Europäische Union

a Eigene Schätzung

Graphik 2: Steuerquoten[1]

Lohnsteuer. Im Jahr 2005 betrug der Anteil der Mehrwertsteuer am gesamten Steueraufkommen bereits 31,2 %. Dabei ist die Mehrwertsteuer eine ungerechte Steuer. Mit steigendem Haushaltseinkommen nimmt wegen der wachsenden Sparquote die relative Belastung ab. Die Rede ist von der regressiven Wirkung der Mehrwertsteuer: So werden die oberen 5 % der Einkommensteuer durch die geplante Erhöhung des Normalsatzes um 3 Prozentpunkte auf 19 %, bezogen auf das (normierte) Haushaltseinkommen, längerfristig nur mit 0,78 % mehr belastet, während die unteren 5 % der Einkommensbezieher mit einer Belastungsquote von 1,55 % zu rechnen haben.[31]

An zweiter Stelle der Lastverschiebung stehen die Löhne. Der Anteil der Lohnsteuer am Steueraufkommen lag 2005 bei 26,6 %. Dagegen ist der Beitrag der veranlagten Einkommensteuer (2005 mit 1,2 %) sowie der Körperschaftsteuer (3,5 %) seit der großen Unternehmenssteuerreform 2001 deutlich zurückgegangen. Erst im Jahr 2005 stieg durch einige steuerpolitische Korrekturen (vor allem wegen der Begrenzung der Verlustverrechnung ab einer Million Euro Gewinn auf 60 %) der Beitrag der Gewinnsteuern zum gesamten Steueraufkommen wieder an. Die Anteile sind jedoch auch im internationalen Vergleich immer noch niedrig. Während ein rationales Steuersystem die Möglichkeit nutzt, die Steuern auf unterschiedliche ökonomische Funktionen zu verteilen, reduziert sich die Basis der Besteuerung hierzulande auf die beiden Steuerquellen mit Spitzenreiterrolle: die konsumtive Einkommensverwendung der privaten Haushalte sowie die Arbeitslöhne.

Die zyklisch schwankende Belastung der Bruttolöhne und -gehälter mit Lohnsteuer liegt im Schnitt der letzten Jahre mit knapp unter 19 % recht hoch. Allerdings wurde zuletzt die wegen der Progression des Steuertarifs eintretende Belastungsdynamik durch die dreistufige Steuerreform zumindest kurzfristig gebremst. Was demgegenüber die Besteuerung von Gewinnen angeht, so zeigen alle empirischen Untersuchungen, dass sie niedriger ausfällt, als es die jeweils im Gesetz vorgeschriebenen Steuersätze erwarten lassen. Die nominalen Steuersätze müssen von dem effektiven Belastungssatz klar unterschieden werden.

Dazu ein Beispiel: Der Spitzensteuersatz auf Gewinne von Kapitalgesellschaften beträgt derzeit 38,7 %.[32] Er setzt sich zusammen aus dem Körperschaftsteuersatz von 25 % nebst dem Solidarzuschlag von 5,5 % auf die Körperschaftsteuerschuld (insgesamt 26,4 %) und, soweit die Steuerpflicht besteht, der Belastung mit der kommunalen Gewerbesteuer. Die Gewerbesteuer kann als Betriebsausgabe geltend gemacht werden, was die Körperschaftsteuer reduziert. Der effektive Steuersatz verringert sich weiter infolge einer Vielzahl von durch das Steuergesetz gewollten Möglichkeiten, die Gewinne und damit die Bemessungsgrundlage zu reduzieren. Derart üppige Möglichkeiten der Verkleinerung zu versteuernder Gewinne kennt das Ausland nicht. Deshalb eignen sich nur die effektiven Steuersätze für den internationalen Vergleich.

Der effektive Körperschaftsteuersatz liegt also deutlich unter der nominalen Belastung von 25 %. In einer sorgfältigen Berechnung unter Berücksichtigung der vielen Möglichkeiten, durch Abschreibungen, Wertberichtigungen, stille Reservenbildung und vieles mehr, weist Lorenz Jarras nach, dass der tatsächliche Körperschaftsteuersatz auf die Einkommen von Kapitalgesellschaften von immerhin 23 % im Jahr 2000 auf sage und schreibe 15 % im Jahr 2004 zurückgegangen ist.[33] Man kann es nicht oft genug wiederholen: Internationale Vergleiche auf der Basis der *nominalen* Steuersätze sind schlicht sinnlos. Die Verwechslung der effektiven mit den nominalen Steuersätzen, von neoliberalen Wissenschaftlern und Politikern gern gefördert, dient meistens der Absicht, Steuersenkungen mit dem Argument von ansonsten unvermeidbaren Verlusten der Wirtschaft wegen der angeblichen schlechten internationalen Konkurrenzlage begründen zu können. Im internationalen Vergleich der effektiven Steuersätze für die Unternehmenswirtschaft ist Deutschland mitnichten ein Hochsteuerland.

Es lohnt sich auch hier, einmal auf die Quote zu schauen. Nach den Angaben des Statistischen Bundesamtes ist der Anteil der Gewinn- und Vermögenseinkommen am direkten Steueraufkommen im Rahmen der Volkswirtschaftlichen Gesamtrechnung von über 7 % auf unter 6 % im Jahr 2004 zurückgegangen. Das ist im Vergleich zur Lohnsteuerlast mit 19 % recht wenig. Die Quote der Steuern auf Gewinne und Vermögen, bezogen auf das Bruttoinlandsprodukt, lag in Deutschland nach Berechnungen der OECD (2002 4,5 %) deutlich unter den Quoten etwa in Großbritannien (5,7 %), Frankreich (5,0 %) und den Niederlanden (5,9 %). In derselben OECD-Quelle wird die Steuerquote des Gewinns der Kapitalgesellschaften für 2002 mit 1,7 % angegeben. In Großbritannien (2,7 %), in den Niederlanden (3,5 %) und in Frankreich (2,66 %) war sie deutlich höher. Lorenz Jarras hat ebenfalls darauf hingewiesen, dass der effektive Steuersatz auf Unternehmens- und Vermögenseinkommen von 2000 mit noch 29 % auf 20 % im Jahr 2004 zurückgefallen ist. Darüber hinaus wird in einer Studie der OECD generell festgestellt, dass die auf das Kapital bezogene Steuerlast (8,5 % im Jahr 2002) in Deutschland unter den Mitgliedsländern in der EU-15 am niedrigsten ist. Diese auffällig niedrige Belastung wird maßgeblich auf die im internationalen Vergleich sehr geringe Besteuerung der Kapital- bzw. Vermögens*bestände* zurückgeführt.

3. Die Steuerlast der Unternehmen ist in den letzten Jahren deutlich reduziert worden. Im internationalen Vergleich zeigt sich eine günstige Besteuerung der Unternehmenseinkünfte. Dies ist die Folge einer Politik der Steuersenkungen, die die Unternehmen von der Angebotsseite her stimulieren sollte. Das Anspringen der Investitionen, steigendes Wirtschaftswachstum, Abbau der Arbeitslosigkeit durch sinkende Steuersätze, trotzdem am Ende steigende Steuereinnahmen im Zuge des induzierten Wirtschaftswachstums und schließlich die Konsolidierung öffentlicher Haushalte – warum sind sie ausgeblieben? Weil tatsächlich die Bedeutung eines funktionsfähigen öffentlichen Sektors für die Wirtschaft und Gesellschaft völlig unterschätzt wird. Die ganze Dramatik des Irrtums neoliberaler Primitivökonomie hat sich bei der riesigen Entlastung im Rahmen der Unternehmenssteuerreform von 2001 gezeigt. Sie ging mit einem in der Geschichte Deutschlands beispiellosen Einbruch der unternehmerischen Investitionen einher. Diese Steuersenkungspolitik zugunsten der Unternehmen ist gescheitert. Und sie hat die staatliche Handlungsfähigkeit geschwächt. Auf die Steuerausfälle ist hektisch mit weiteren Kürzungen öffentlicher Ausgaben reagiert worden. Dadurch ist der Binnenwirtschaft ein sich vervielfachender Nachfrageausfall be-

schert worden. Statt der verheißenen Konsolidierung haben sich die Haushaltslöcher vergrößert. Und da sie schneller wuchsen, als mit Rücksicht auf die Infrastruktur und die Konjunktur gekürzt werden durfte, hat die Steuerentlastungspolitik die Staatsschulden nach oben getrieben.

Damit stellt sich die Frage, wohin die Gewinne eigentlich flossen. In einer Untersuchung zum Investitionsverhalten der sieben Metallunternehmen im DAX 30 werden Aussagen präsentiert, die sich durchaus verallgemeinern lassen.[34] Während in den Jahren 2002 bis 2004 die aus dem operativen Geschäft erwirtschafteten liquiden Mittel 85 Milliarden Euro betrugen, wurden lediglich 65 % reinvestiert. Die restlichen 35 % sind zur Tilgung von Schulden und Ausschüttung von Dividenden an die Aktionäre verwendet worden oder aber einfach in der Kasse geblieben. Auch hat der Kauf von rentierlichen Vermögenstiteln auf den Finanzmärkten zugenommen. Nach dieser Untersuchung konzentrierten sich die Unternehmen auf höhere Profitraten und rückten dazu Kostensenkungen in den Vordergrund. Maßnahmen zur Sicherung einer nachhaltigen unternehmerischen Wertschöpfung mit Hilfe von mehr qualifizierten Arbeitsplätzen wurden sträflich vernachlässigt. Deshalb steigen die Eigenmittel im Verhältnis zur Finanzierung von Investitionen. Die Tabelle 6 und Graphik 3 zur Entwicklung der Finanzierungsverhältnisse bei den produzierenden Kapitalgesellschaften in Deutschland zwischen 1991 und 2003 bestätigen diesen Trend zur Zunahme der Selbstfinanzierungsmittel über die Bruttoanlageinvestitionen hinaus. Die Unternehmen versagen also bei der Transformation ihrer Gewinne in Sachinvestitionen, obwohl sie jedenfalls über genügend Liquidität verfügen, die auch auf die zurückhaltende Lohnpolitik und die sinkende Belastung mit Unternehmenssteuern zurückzuführen ist.

Erforderlich ist ein Steuersystem, das eine solide finanzielle Basis sichert, jedoch auch die Lasten nach dem gerechten Prinzip der ökonomischen Leistungsfähigkeit verteilt: Wer über mehr Einkommen und Vermögen verfügt, soll stärker in die Finanzierung

	1991	1993	1995	1997	1999	2001	2002	2003
Bruttoanlage-investitionen	197,6	192,4	201,6	204,8	221,2	226,6	208,7	201,1
Selbstfinanzierung[1]	140,7	140,1	181,5	180,4	154,6	176,9	209,8	207,7
Quote der Selbstfinanzierung der Investitionen (in v. H.)[2]	71,2	72,8	90,0	88,1	69,9	78,1	1,05	1,03

1 Eigenfinanzierung i. e. S. plus Abschreibungen
2 Selbstfinanzierung bezogen auf Bruttoanlageinvestitionen (v. H.)

Quelle: Deutsche Bundesbank: Die gesamtwirtschaftlichen Finanzierungspositionen im Jahr 2003, in: Monatsberichte der Deutschen Bundesbank 6/2004

Tabelle 6: Investitionen und Finanzierung der produzierenden Kapitalgesellschaften in Deutschland 1991–2003 (in Mrd. €)

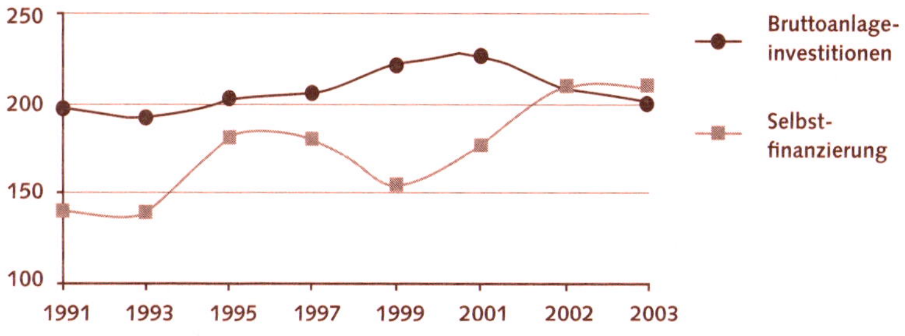

Graphik 3: Investitionen und Selbstfinanzierung der produzierenden Kapitalgesellschaften in Deutschland 1991–2003 (in Mrd. €)

des Staates, der ja auch entsprechende Vorleistungen bringt, eingebunden werden. Deutschland kann hier von anderen Ländern, die zum Beispiel die Vermögensteuer einsetzen und dennoch gleichzeitig ein starkes Wirtschaftswachstum und niedrige Arbeitslosigkeit erreichen, einiges lernen.

Modelle zur Neuordnung der Unternehmenssteuer: Duale Einkommensteuer des SRV und das Vier-Säulen-Modell der «Stiftung Marktwirtschaft»

In Bezug auf das Kernstück des deutschen Steuersystems ist man sich einig: Der derzeit in Deutschland geltenden Unternehmenssteuer werden von den Unternehmen selbst, der Politik und der Wirtschaftswissenschaft gleichermaßen äußerst schlechte Noten erteilt. Die neue Bundesregierung hat sich in ihrem Koalitionsvertrag verpflichtet, das Unternehmenssteuerrecht fortzuentwickeln und international wettbewerbsfähige Steuersätze durchzusetzen. Bis zum 1. Januar 2008 soll ein grundlegend verändertes Modell in Kraft treten, von einem Systemwandel ist die Rede. Als die Bundesregierung Anfang 2006 das Zieldatum 1. Januar 2008 ankündigte, wurde allerdings eine eigene Konzeption nicht einmal ansatzweise mitgeliefert. Die Bundesregierung will vielmehr auf Elemente zweier, allerdings sehr unterschiedlicher Modelle zu einer einheitlichen Unternehmenssteuer zurückgreifen: Das eine kommt vom Sachverständigenrat zur Begutachtung der gesamtwirtschaftlichen Entwicklung, das andere von der «Kommission Steuergesetzbuch» der «Stiftung Marktwirtschaft». Möglicherweise wird versucht, die Vorteile der beiden Vorschläge zu kombinieren und die jeweiligen Nachteile zu vermeiden. Allerdings bleibt es ein Rätsel, wie das gelingen soll, denn es gibt grundlegende Unterschiede zwischen den beiden Konzepten.

Schauen wir sie uns also einmal kritisch an, und prüfen wir sie auf ihre ökonomische Effizienz, die Verteilung der Steuerlast sowie die Finanzierbarkeit des Staates. Und prüfen wir weiter die Frage, ob eine neue, gigantische Steuersenkungsrunde für Unternehmen notwendig ist und welche Umverteilung zu Lasten der Masseneinkommen induziert werden soll. Grundlage und Stoßrichtung beider Modelle sind: (1) die Behauptung, die Steuersätze auf die Unternehmensgewinne seien zu hoch und müssten deshalb gesenkt werden; (2) die Kritik an der unterschiedlichen Besteuerung durch das Nebeneinander der Einkommensteuer, welcher Personengesellschaften und Einzelunternehmen unterliegen, sowie der für die Kapitalgesellschaften geltenden Körperschaftsteuer zusammen mit der kommunalen Gewerbesteuer.

Eines erkennt man auf den ersten Blick: Der Systemwechsel ist kein Positionswechsel. Die meisten Modelle, die zur Überwindung dieser unterschiedlichen Besteuerung konzipiert werden, verfolgen am Ende nur das Ziel, die Unternehmensgewinne aus der bisherigen Besteuerung herauszubrechen, um einen einheitlichen, definitiven Niedrigsteuersatz sicherzustellen. Hingegen soll die ergiebigste Steuer, jene auf die Arbeitnehmereinkommen (auszunehmen ist der Vorschlag von Paul Kirchhof), weiter nach dem derzeit geltenden (linear-progressiven) Einkommensteuertarif mit dem Spitzensteuersatz erhoben werden. Der Systemwechsel soll also nicht für alle gelten – warum, das macht der «Sachverständigenrat zur Begutachtung der gesamtwirtschaftlichen Entwicklung» in schöner Offenheit klar: «Die unterschiedliche Besteuerung von Kapitaleinkommen und übrigen Einkünften trägt dem Sachverhalt Rechnung, dass der Faktor Kapital international wesentlich mobiler ist als andere Einkunftsarten und deshalb der nationalen Besteuerung leichter ausweichen kann. Aus Gründen der ökonomischen Effizienz sollten Kapitaleinkommen deshalb steuerlich schonender behandelt werden».[35]

Wer nicht weg kann, muss halt zahlen – und das ist der Arbeitnehmer. Damit das Progressionsprinzip die Schonung der Kapitalseite nicht erschwert, empfiehlt der Rat, die Besteuerung aller Kapitaleinkünfte aus der dann nur noch für die Arbeitseinkünfte geltenden Einkommensteuer herauszunehmen. Wichtige Prinzipien der Besteuerung wie etwa Finanzierbarkeit des öffentlichen Sektors und die gerechte Verteilung der Steuerlast, sollen also dem Ziel geopfert werden, unter dem Regime internationaler Kapitalmobilität den Standort Deutschland attraktiv zu halten.

Auch die «Kommission Steuergesetzbuch» der Stiftung Soziale Marktwirtschaft sieht sich der Aufgabe verpflichtet, mit der Einführung einer «Allgemeinen Unternehmenssteuer» eine deutliche Senkung des Steuersatzes auf Gewinne für alle Unternehmen zu bewirken; und auch hier ist das Argument die internationale Konkurrenz vor allem durch die Niedrigsteuerländer in Osteuropa. Die Basis bildet die Dauerklage über die mangelnde Wettbewerbsfähigkeit des Standorts Deutschland. Der angesehene Steuerwissenschaftler Norbert Herzig verteidigt zusammen mit Andreas Bohn die Anpassung der deutschen Unternehmensbesteuerung an die Niedriglohnsteuerländer: «Im Zuge der Globalisierung ist es nur folgerichtig, dass die Wiedererlangung der internationalen Wettbewerbsfähigkeit als unabweisbare Forderung neben die klassischen Anforderungen an eine Unternehmensbesteuerung – Gleichmäßigkeit, Entscheidungsneutralität und Einfachheit – tritt. Insbesondere mit der Osterweiterung der EU ist der internationale Steuerwettbewerb in eine neue Phase getreten, da Beitrittsländer außerordentlich interessante Steuerbedingungen bieten, die bereits in vielen Industriestaaten zu Reaktionen geführt und den internationalen Steuerwettbewerb intensiviert haben.»[36]

Der Steuersenkungswettbewerb wird zum unentrinnbaren Schicksal hochstilisiert, ja sogar – welche Logik! – zum Gestaltungsprinzip für Steuern. Einerseits kapituliert die Steuerwissenschaft damit vor der Aufgabe, die Besteuerungspraxis innerhalb der EU auf einem Mindestniveau zu harmonisieren. Die Idee der Vorgabe von Regeln zur Mindestbesteuerung innerhalb der EU, die ein für alle beteiligten Länder am Ende schädliches Steuerdumping beenden sollen, wird nicht einmal erwähnt. Andererseits werden die Widersprüchlichkeiten und technischen Probleme bei der Umsetzung einer Niedrigbesteuerung der Unternehmen zur Verletzung der beschworenen Prinzipien «Gleichmäßigkeit, Entscheidungsneutralität und Einfachheit» führen.

Dass die Unternehmenssteuersätze zu hoch seien, wird mit oberflächlichen Gegenüberstellungen zu belegen versucht. Bei den Vergleichen mit den Niedrigsteuerländern stehen die *nominalen* Steuersätze im Mittelpunkt. Bei unternehmerischen Entscheidungen kommt es jedoch, wie bereits gezeigt, auf die *effektive* Grenz- bzw. Durchschnittsbelastung an. Effektiv heißt, dass bei der Steuerbelastung nicht nur die formalen Steuersätze, sondern auch die in den Ländern sehr unterschiedliche Gestaltung der Bemessungsgrundlage berücksichtigt wird. Zweifellos sind die Steuersätze in Osteuropa günstiger. Spitzenreiter ist Estland mit gar keiner Steuer auf einbehaltene Gewinne. Ganz vorne stehen auch Lettland, Litauen und Zypern mit einem Steuersatz von 15 %, gefolgt von Ungarn mit 16–18 % sowie Polen und der Slowakei mit 19 %. Einige alte EU-Länder haben sich mittlerweile dem Steuersenkungswettbewerb unterworfen. Österreich liegt wie Deutschland jetzt bei der Besteuerung der Gewinne der Kapitalgesellschaften mit 25 % günstig, während Irland seit längerer Zeit den Körperschaftsteuersatz auf 12,5 % reduziert hat.

Indessen: Stimmt denn das neoliberale Motto, «je niedriger die Unternehmenssteuer ausfällt, umso besser ist es» überhaupt? Haben Steuern also im ökonomischen Prozess grundsätzlich eine negative Wirkung im Ländervergleich? Halten wir einmal fest:

➔ Länder mit hohen Unternehmenssteuersätzen verfügen durchaus über eine hohe internationale Konkurrenzfähigkeit: Japan bei 40,9 %, in den USA im Staat New York bei 39 % und in Kanada in der Provinz Ontario bei 36,1 %.

➔ Beim Vergleich der effektiven Besteuerung bietet Deutschland den Unternehmen gute Bedingungen. Während sich der Normalsteuersatz für Kapitalgesellschaften aus der Körperschaft- und der Gewerbesteuer zusammen mit dem Solidarzuschlag auf nominell 38,7 % addiert, belegen, wie bereits erwähnt, Berechnungen unter

Berücksichtigung der Bemessensgrundlage lediglich eine effektive Steuerbelastung von 15 bis 20 %.

➔ In oberflächlichen Vergleichen werden die unternehmerischen Standortentscheidungen ausschließlich auf Steuern als Kostenfaktor reduziert. Diese typisch neoliberale Blickverengung, die den Staat nur als abzuspeckenden Kostgänger begreift, hat einen hohen Preis. Denn Steuereinnahmen dienen der Finanzierung der materiellen und sozialen Infrastruktur, die ihrerseits über die Qualität des Standorts entscheidet. Im Rahmen einer seriösen Bewertung der Unternehmensbesteuerung muss also die Gesamtwirkung aus Steuerkosten und Standortvorteilen durch eine starke öffentliche Infrastruktur bilanziert werden.

➔ Nominale Steuersätze haben bei weitem nicht das psychologische Gewicht, das ihnen für Standortentscheidungen zugerechnet wird. Auch die Lohnvorteile in Niedriglohnländern erklären nicht maßgeblich die Wahl des Produktionsstandortes. Entscheidend sind die Marktbedingungen, die materielle und soziale Infrastruktur sowie die Sicherung der rechtlichen und ökonomischen Ordnung und das Vorhandensein qualifizierter Arbeitskräfte. Etliche Unternehmen sind aus Ländern mit niedriger Normalbesteuerung, ja selbst aus Niedriglohnländern wegen vielfältiger Standortnachteile nach Deutschland zurückgekehrt.

➔ In vielen osteuropäischen Ländern stehen den niedrigen Steuersätzen auf die Unternehmensgewinne hohe Belastungen des privaten Konsums durch die Umsatzsteuer gegenüber. Dadurch lassen sich zwar unter ökonomisch normalen Bedingungen Anreize für Auslandsinvestitionen setzen. Die Binnenwirtschaft wird jedoch belastet.

➔ Schließlich sprengt das Steuerdumping zwischen den Mitgliedsländern den ökonomischen, sozialen und vor allem fiskalischen Zusammenhalt in der EU. Länder, die maßgeblich zur Finanzierung des EU-Gemeinschaftshaushalts beitragen, verlieren durch den Steuersenkungswettbewerb finanziellen Spielraum. Besonders ärgerlich ist die Tatsache, dass Ansiedlungsanreize für

Unternehmen in osteuropäischen Ländern durch Investitionszulagen und Infrastrukturmaßnahmen gesetzt werden, die im Rahmen der EU-Regionalfonds finanziert werden. Diese Regionalpolitik aus den Mitteln des EU-Gemeinschaftshaushalts für die neuen Beitrittsländer ist grundsätzlich zwar dringend erforderlich. Wird jedoch auf dieser Basis gleichzeitig ein Steuerdumping dieser Länder zugelassen, so gerät der Zusammenhalt der EU in Gefahr. Auch deshalb ist eine Mindestbesteuerung der Unternehmen in der EU unbedingt nötig.

Der neoliberale Systemumbau der Unternehmensbesteuerung

Auch aus steuersystematischen und -technischen Gründen ist die derzeitige Dualität der Unternehmensbesteuerung heftig umstritten: Die Gewinne der Kapitalgesellschaften unterliegen einheitlich dem definitiven Steuersatz von 25 %. Zusammen mit dem Solidaritätszuschlag auf die Steuerschuld ergeben sich 26,4 %. Hinzu kommt die kommunale Gewerbesteuer. Der nominale Gesamtsteuersatz addiert sich bei Kapitalgesellschaften auf die oft zitierten, jedoch unmittelbar nicht international vergleichbaren 38,7 %. Personengesellschaften und Einzelunternehmen unterliegen dagegen der Einkommensteuer mit dem Spitzensteuersatz von 42 % plus dem Solidaritätszuschlag von 5,5 % auf die Einkommensteuerschuld.

Da über 90 Prozent aller Unternehmen Personengesellschaften und Einzelunternehmen sind, kommt der Einkommensteuer im Rahmen der Unternehmensbesteuerung große Bedeutung zu. Soweit es sich um gewerbesteuerpflichtige Unternehmen handelt, würde sich die Belastung durch die Steuer der Kommunen ohne Verrechnungsmöglichkeiten entsprechend erhöhen. Diese von der Höhe der Steuersätze her völlig ungleiche Behandlung innerhalb der Unternehmenswirtschaft hat Wissenschaft und Politik immer wieder auf den Plan gerufen. So hat die rot-grüne Bundesregierung im Vorfeld zur Unternehmenssteuerreform von 2001 den Versuch unternommen, eine Optionsklausel einzuführen. Bisher einkommensteuerpflichtigen Unternehmen sollte das Recht eingeräumt werden, sich entsprechend der Körperschaftsteuer mit einem Satz von 25 % besteuern zu lassen. Diese Optionsklausel ist aus vielen, auch steuertechnischen Gründen gescheitert. Sie war und ist nicht umsetzbar. Deshalb wurde mit der rot-grünen Unternehmenssteuerreform die Anrechnung der Gewerbesteuer auf die Einkommensteuerschuld (im Ausmaß des 1,8fachen der Steuermesszahl) zugelassen. Zusammen mit der Verrechnung der Gewerbesteuer als Betriebsausgabe führt diese Regelung dazu, dass die einkommensteuerpflichtigen Unternehmen die Gewerbesteuer effektiv nicht mehr bezahlen.

Die Anrechnungsformel erweist sich jedoch als zu gering. Unter bestimmten Modellannahmen lässt sich zeigen, dass die Gewerbesteuer nur bei einem Hebesatz von 341 % vollständig kompensiert wird. Unterhalb dieses kritischen Hebesatzes kommt es zu einem Überschuss, während bei einer Abweichung nach oben mit wachsendem Hebesatz die verbleibende Belastung wächst. Und vor allem in Großstädten liegen die Hebesätze meistens über 450 %. Wenn die Gewerbesteuer beibehalten wird, müsste der Anrechnungsfaktor also deutlich angehoben werden. Dann wäre diese Regelung durchaus auch in den künftigen Jahren nutzbar. Dies wäre eine pragmatische Lösung, um zwischen gewerbesteuerpflichtigen Personenunternehmen und Kapitalgesellschaften einigermaßen Belastungsgerechtigkeit herzustellen.

Bei der Gewerbesteuer gilt für alle betroffenen Unternehmen seit 2005 die bereits erwähnte Mindestbesteuerung. Die Kommunen, die die Höhe der Steuer autonom festlegen, dürfen nicht mehr unter einen Hebesatz von 200 % gehen. Dadurch ist der Praxis einiger kleiner Gemeinden, durch den Verzicht auf die Gewerbesteuer Steueroasen – etwa für Briefkastenfirmen – zu schaffen, ein Riegel vorgeschoben worden. Durch diese Begrenzung der Konkurrenz zwischen den Kommunen sind übrigens die Einnahmen aus der Gewerbesteuer gestiegen.

Komplettiert wird das derzeitige Unternehmenssteuerrecht durch die Regelung für ausgeschüttete Gewinne (Dividenden) der Kapitalgesellschaften. Anders als früher wird heute nur die Hälfte der ausgeschütteten Gewinne im Rahmen der jeweiligen Veranlagung zur Einkommensteuer nachversteuert (Shareholder-Relief-Modell in Form des «Halbeinkünfteverfahrens»). Begründet wird dieses Verfahren mit der Schwierigkeit, Doppelbesteuerungen von Auslandsdividenden auszugleichen. Es bewirkt gegenüber der Vollanrechnung eine Entlastung der Besteuerung der Dividenden vor allem für Steuerpflichtige im Umfeld des Spitzensteuersatzes von 42 %. Die Rechtfertigung mit der Europatauglichkeit hält einer kritischen Überprüfung kaum stand. Zwar lässt sich derzeit nicht bei den Auslandsdividenden, sondern nur bei Inlandsdividenden das Körperschaftsteuer-Guthaben nutzen. Eine Regelung für Auslandsdividenden wäre möglich. Die Steuergerechtigkeit verlangt es.

Diese kurze Beschreibung der derzeit geltenden Unternehmensbesteuerung macht deutlich, wie groß der angestrebte Systemwechsel ist. Im Einzelnen geht es um folgende Punkte:

➔ Die Dualität der Unternehmensbesteuerung, die maßgeblich durch die Überzahl der einkommensteuerpflichtigen Unternehmen bestimmt wird, soll überwunden werden, um eine für alle Unternehmen gleiche Besteuerung an ihre Stelle zu setzen. Die gehandelten Modelle fallen jedoch sehr unterschiedlich aus.

➔ Die Gewerbesteuer, welche für die Kommunen die wichtigste selbstbestimmte Einnahmenquelle ist, gilt im neoliberalen Gesamtkonzept einer steuerlichen Entlastung als Fremdkörper und größtes Hindernis. Deshalb wird im Prinzip ihre Abschaffung und eine Neugestaltung der kommunalen Finanzbasis propagiert.

➔ Die Steuervorteile durch die Sonderregelung der Versteuerung von Dividenden innerhalb der Einkommensteuer sollen im

Prinzip beibehalten werden. Während die Stiftung Soziale Marktwirtschaft an einer moderaten Nachbesteuerung der Dividenden innerhalb der Einkommensteuer festhält, will der «Sachverständigenrat zur Begutachtung der gesamtwirtschaftlichen Entwicklung» die Dividenden zusammen mit allen Kapitaleinkünften nur noch mit einem Abgeltungssatz von 25 % (gegenüber dem Spitzensteuersatz von 42 %) belasten.

Wenden wir uns nun den Details der beiden Systemwechselmodelle zu. Ein drittes Modell, die Flattax nach Paul Kirchhof, soll zumindest kurz skizziert sein:

Die Flattax nach Kirchhof – ein Flop

Das Modell des Verfassungsrechtlers Paul Kirchhof ist radikal: Es gibt nur noch eine einheitliche Einkommensteuer, der alle Unternehmen sowie die weiteren Einkunftsarten ohne Unterschied unterliegen. Die rechtsformneutrale Besteuerung erfolgt durch die Integration der Körperschaftsteuer in die Einkommensteuer. Zur Gleichbehandlung mit den natürlichen Personen wird für die Kapitalgesellschaften von Kirchhof das Institut der «steuerjuristischen Person» eingeführt. Bei den «steuerjuristischen Personen» erfolgt die Besteuerung auf der Basis von Gewinnermittlungsvorschriften im Rahmen der Steuerbilanz. Die Gewerbesteuer wird ersatzlos gestrichen. In diesem System bleiben Dividenden beim Anteilseigner steuerfrei, die Einkünfte aus der Veräußerung durch «steuerjuristische Personen» sind steuerpflichtig. Die bisher sieben Einkunftsarten der Einkommensteuer werden auf eine einzige Einkunft reduziert: «Besteuert werden die Einkünfte aus dem Erwerbshandeln, verstanden als die Nutzung von Erwerbsgrundlagen oder von Arbeitskräften zur Erzielung von Einkünften am Markt.»[37]

Im Mittelpunkt des auf die Markteinkünfte bezogenen Einkommensteuertarifs steht eine einheitliche Steuerrate («flattax»): 25 % ab einem zu versteuernden Einkommen von 18000 Euro (Alleinstehende, 36000 € Verheiratete). Nach einem Grundfreibetrag von 8000 Euro sind zwei Zwischenstufen mit Steuersätzen von 15 bzw. 20 % vorgesehen. Ziel der Einkommensbesteuerung ist es, den nominalen Tarif so weit wie möglich auch zum Maßstab der effektiven Belastung zu machen. Dazu ist die Abschaffung nahezu aller Möglichkeiten zur Reduktion der Bemessungsgrundlage vorgesehen. Die Streichung von Steuervorteilen bezieht sich auf die Gewinneinkünfte (beispielsweise Abschreibungsvorteile) ebenso wie auf die Arbeitseinkünfte (beispielsweise Lohnzuschläge bei Nachtschichten, Sonn- und Feiertagsarbeit). Die Sicherung des Existenzminimums von Kindern wird durch spezifische Freibeträge geregelt.

Kirchhofs Vorschlag ist auf scharfe Kritik gestoßen. Durch die Aufnahme von Paul Kirchhof in das CDU-«Kompetenzteam» der Bundestagswahl 2005 durch Angela Merkel ist die Idee der «Einfachsteuer» politisiert worden. Wie auch immer seine theoretische Wertung ausfällt, die «Flattax» ist mit einem Mehrheitsvotum bei der Bundestagswahl abgelehnt worden. Diese Idee von der einfachen Steuerwelt hat wohl keine Chance, jemals Gesetzeskraft zu erhalten. Und zwar zu Recht, denn dafür gibt es wichtige Gründe:

➔ Der Steuersatz von 25 % – vor allem für Spitzenverdiener – ist viel zu niedrig. Das Prinzip der direkten, linearen Progression, mit dem die ökonomische Leistungsfähigkeit die Höhe der Steuerlast definiert, würde dadurch abgeschafft (in der Zone linearer Progression wächst mit zunehmendem, zu versteuerndem Einkommen der Grenzsteuersatz). Übrig bliebe nur noch die indirekte Progression.

➔ Alle Steuervorteile abschaffen zu wollen, macht die Steuererhebung zwar einfach, jedoch unspezifisch und ungerecht. Bevor sie mit einem Federstrich wegfallen, müsste genau überprüft werden, welche ökonomischen, sozialen und ökologischen Gründe es für einzelne Maßnahmen gibt. Schließlich wird mit dem Steuerrecht auch politisch gesteuert. So lassen sich die Entfernungspauschale oder die niedrigere Besteuerung von Zuschlägen durchaus begründen.

➔ Eine empirische Überprüfung zeigt, dass die Steuerverluste infolge der Tarifsenkung durch die Mehreinnahmen wegen der Ausweitung der Bemessungsgrundlage nicht kompensieren würde; der Staat müsste massiv auf Steuereinnahmen verzichten. Dieses Steuermodell forcierte das weitere Schrumpfen des öffentlichen Sektors, falls nicht auf eine wachsende Neuverschuldung gesetzt wird.

➔ Die Vorstellungen zur Steuerbilanz und die dazu gehörenden Gewinnermittlungsvorschriften nach der Integration der Kapitalgesellschaften in die Einkommensteuer sind bisher noch viel zu vage. Einen brauchbaren Vorschlag haben Paul Kirchhof und seine Arbeitsgruppe dazu nicht vorgelegt.

➔ Die (scheinbare) Vereinfachung wird durch neue Ungerechtigkeiten bei der Steuerlastverteilung erkauft. Formale Gleichheit erweist sich als faktische Ungleichheit nach dem Motto: Wird es verboten, unter den Brücken der Seine in Paris zu nächtigen, dann trifft das den wohlhabenden Hotelbesucher nicht, während der Clochard nicht weiß, wo er die Nacht verbringen soll. Das Schwören auf Einfachheit erweist sich als dysfunktional. Denn wir leben in einer komplexen Welt mit vielfältigen ökonomischen, sozialen und ökologischen Herausforderungen.

➔ Kirchhofs Modell ist in sich widersprüchlich. Zwar wird bereits ab dem «Spitzensteuersatz» von 25 % für darüber hinausgehende Einkommen auf das Prinzip der Besteuerung nach der ökonomischen Leistungsfähigkeit verzichtet. Allerdings reklamiert Kirchhof zumindest für die Begründung der beiden davor liegenden Steuerstufen mit 15 % und 20 % eine Mischung aus Leistungsfähigkeit und Äquivalenz für staatliche Leistungen. Zur Begründung heißt es: «Wer auf dem Markt erfolgreich ist und Einkommen erzielt, verdankt dies neben eigener Leistung auch der Rechtsgemeinschaft, die ihm Rechtsordnung und Gerichtsschutz,

Währungs- und Bankwesen, ausgebildete Arbeitskräfte und vor allem die inländische Nachfragekraft zur Verfügung stellt.»[38] Warum aber begrenzt Kirchhof dann die äquivalenztheoretische Begründung der durch den Staat unterstützten, steigenden ökonomischen Leistungsfähigkeitskraft auf 20 %? Auf der Basis dieser weitsichtigen Argumentation für eine wachsende Steuerbelastung mit zunehmendem Einkommen, dessen Erzielung maßgeblich von staatlichem Einsatz abhängig ist, lässt sich durchaus ein Spitzensteuersatz von 42 % und mehr rechtfertigen. Es gibt keine Antwort auf die Frage nach der niedrigen Fixierung des «Spitzensteuersatzes» auf 25 %: Kirchhof verzichtet auf eine steuersystematische Begründung. Am Ende geht es um die Anpassung an die Konkurrenz durch Niedrigsteuerländer. Von den hehren steuerpolitischen Zielen bleibt bei Lichte besehen nicht viel übrig. Kirchhof wagt das Eingeständnis dieses steuerpolitischen Opportunismus indessen nicht. Dies macht sein Konzept suspekt, ja unakzeptabel.

Die duale Einkommensteuer des Sachverständigenrates – eine riskante Konstruktion

Der Sachverständigenrat (SVR) hat erstmals in seinem Jahresgutachten 2004/05 seine Vorschläge zu einer einheitlichen Besteuerung der Unternehmen unterbreitet, im Jahresgutachten 2005/06 hat er sie konkretisiert. Nachdem der SRV einen Auftrag durch das Bundesministerium der Finanzen und für Wirtschaft und Arbeit erhalten hat, wurde im April 2006 zusammen mit dem «Zentrum für Europäische Wirtschaftsforschung» und dem «Max-Planck-Institut für Geistiges Eigentum, Wettbewerbs- und Steuerrecht» ein umfassendes Dokument unter dem Titel «Reform der Einkommen- und Unternehmensbesteuerung durch die die Duale Einkommensteuer» vorgelegt.[39] Nach diesem Vorschlag soll die gegenwärtige Dualität der Besteuerung von Kapitalgesellschaften nach Körperschaft und den meisten Personengesellschaften/Einzelunternehmen nach Einkommen durch eine einheitliche Besteuerung überwunden werden. Der SVR beschränkt sich jedoch nicht auf eine allgemeine Unternehmenssteuer mit einem insgesamt niedrigen Steuersatz im Lichte der internationalen Konkurrenz: Alle Kapitaleinkünfte sollen aus der bisherigen Tarifstruktur der Einkommensteuer herausgebrochen und auf einen einheitlichen Abgeltungssatz von 25 % heruntergeschraubt werden. Wie bereits zitiert: Einkommen aus Kapital sollen schonender behandelt werden, weil Kapital – im Verhältnis zur Arbeit – international mobiler sei. Diesem Abschied von einer gerechten Gleichbesteuerung wird dann noch der Segen des Etiketts «ökonomische Effizienz» gegeben. Diese basiert auf einer angebotsorientierten Spekulation: Kostensenkung durch niedrige Steuern, also höhere Nettogewinne, steigerten die Bereitschaft, zu investieren und dadurch Arbeitsplätze zu schaffen. Wir haben uns mit dieser Fiktion bereits beschäftigt.

Zu den durch dieses Modell begünstigten Kapitaleinkommen zählen die normierten Unternehmensgewinne, Zinsen, Ausschüttungen (Dividenden) sowie Gewinne aus der Veräußerung von Kapitalanteilen. Auch die Einkünfte aus Vermietung und Verpachtung sollen nur mit 25 % besteuert werden. Dagegen sollen die Arbeitseinkommen weiter der Besteuerung nach dem Muster des derzeitigen Einkommensteuertarifs mit dem Spitzensteuersatz von 42 % unterliegen. Eine zusätzliche Belastung der Arbeitseinkommen ist durch den geplanten Abbau steuerlicher Sonderregelungen geplant.

Damit wird die synthetische Einkommensbesteuerung endgültig gekippt, denn für die Kapitaleinkünfte ist eine proportionale Steuer, eine so genannte Schedulensteuer (Einzelsteuer), vorgesehen. Die damit angestrebte Polarisierung der Einkommensteuer hat nachhaltig negative Konsequenzen: Die Verteilung der Steuerlast zwischen Kapital und Arbeit wird grundlegend zu Lasten der Arbeitseinkommen verschoben. Es entstehen allokative und verteilungsbezogene Effizienzverluste. Es wird ein ökonomischer Anreiz geschaffen, aus der vergleichsweise hoch besteuerten Arbeit in den

Bezug von steuergünstigen Kapitaleinkünften zu flüchten. Die Beschäftigten, die dies mangels Kapitalbesitz nicht können, haben allerdings das Nachsehen. Durch die relativ hohe Besteuerung der Arbeitseinkünfte sinkt die Arbeitsmotivation und mit ihr die Effizienz in den Betrieben.

Schließlich führt die Entlastung der Kapitaleinkünfte zu hohen Einnahmeausfällen im öffentlichen Sektor. Dadurch wird der Staat zur Erhöhung der Steuern an anderer Stelle oder zu riesigen Einsparungen gezwungen. Oder er muss weitere Schulden machen – mit entsprechend wachsenden Zinslasten. Eine solche Steuerpolitik stärkt am Ende nicht den Standort, sondern schwächt ihn, indem sie die öffentliche Finanzbasis für Investitionen in die soziale und materielle Infrastruktur untergräbt.

Der SVR verbindet den Vorschlag der Abgeltung aller Kapitaleinkünfte mit einem Konzept zur Überwindung der dualen Unternehmensbesteuerung. Die wichtigsten Ebenen sind:

1. Der gesamte Gewinn der Kapitalgesellschaften unterliegt dem bisher bereits geltenden, definitiven Einheitssteuersatz von 25 %.

2. Zur Besteuerung von Dividenden an die privaten Haushalte wird eine dubiose Spaltung dieser Gewinne vorgeschlagen. Der SVR unterscheidet zwischen Normal- und Übergewinnen. Normalgewinne entsprechen einer Verzinsung des eingesetzten Kapitals im Unternehmen mit dem so genannten Normalzinssatz, der derzeit mit 5 bis 7 % beziffert wird. Demnach ist der an die privaten Haushalte ausgeschüttete Gewinn, die Dividende, definitiv mit 25 % belastet. Ausgeschüttete Gewinne, die über diesen Normalgewinn hinausgehen, werden nochmals mit 25 % versteuert. Der maximal erreichbare Steuersatz auf die ausgeschütteten Gewinne beträgt dann 43,75 % (25 % definitive Besteuerung plus Restbesteuerung). Somit liegt die Gesamtbelastung in der Nähe des Spitzensteuersatzes der Einkommensteuer (44,31 % zusammen mit dem Solizuschlag). Mit der zusätzlichen Besteuerung der «Übergewinne» soll dem Anreiz zur Verlagerung von Einkunfts-

arten (etwa durch verdeckte Einlagen bzw. Gewinnausschüttungen) in die Unternehmen entgegengewirkt werden.

3. Für Personengesellschaften und Einzelunternehmen gilt weiterhin die Einkommensteuer. Jedoch werden ihre Tarife durch einen einheitlichen Satz von 25 % für Unternehmensgewinne ergänzt. Diesem festen Satz unterliegt allerdings nur der Teil des Gewinns, der sich aus der normalen Verzinsung des Kapitaleinsatzes zwischen 5–7 % ergibt. Auch hier sollen so genannte Übergewinne mit 25 % zusätzlich versteuert werden. Dabei wird davon ausgegangen, dass normalerweise die Übergewinne ausgeschüttet bzw. entnommen werden. Auch für die Personengesellschaften und Einzelunternehmen liegt der maximal erreichbare Steuersatz bei 43,75 %. Im Vergleich zu den Kapitalgesellschaften werden damit die der Einkommensteuer unterliegenden Unternehmen benachteiligt.

Das Konzept des SVR orientiert sich nicht am Produktionsfaktor Kapital, sondern an der Höhe der Eigenkapitalbeteiligung der natürlichen Personen.

4. Diese Spaltung zwischen Normal- und Übergewinnen wirft die Frage auf, was unter einer angemessenen Verzinsung des Eigenkapitals zu verstehen ist. Ob dies der normale Kapitalmarktzins mit 5–7 % ist, bleibt ökonomisch strittig. Zudem müsste dieser Normalzins je nach den Verhältnissen auf dem Kapitalmarkt immer wieder angepasst werden. Knappheiten bzw. Überschüsse am Kapitalmarkt erhalten somit Einfluss auf die für die Besteuerung ermittelte «normale» Eigenkapitalrendite.

Das Modell des Sachverständigenrates, das letztlich auch nur dem Ziel dient, Kapitaleinkünfte deutlich niedriger zu besteuern, ist aus mehreren Gründen kritisch zu bewerten:

➔ Die Abtrennung aller Kapitaleinkünfte (Schedule) mit einem Abgeltungssteuersatz von 25 % von der normalen Einkommensbesteuerung verschiebt die relative Steuerbelastung hin zu den Arbeitseinkommen mit einem Spitzensteuersatz von 42 %. Die

Zweifel sind groß, ob diese deutlich unterschiedliche steuerliche Belastung verfassungsrechtlich überhaupt zulässig wäre.

➔ Die Schedulensteuer auf die Kapitaleinkommen und damit die Ungleichbehandlung der Einkunftsarten schafft Anreize, Einkünfte aus der Höherbesteuerung in den Bereich des Niedrigsteuersatzes zu lenken. Um dies zu verhindern, wären Kontrollen durch die Finanzämter erforderlich.

➔ Das eigentliche Ziel einer einheitlichen Besteuerung von Kapitalgesellschaften und Personenunternehmen wird nicht erreicht.

➔ Die Rechtsform- und Finanzierungsneutralität des Steuersystems wird um den Preis hohen steuerbürokratischen Aufwands und steuermindernder Gestaltungsanfälligkeit erkauft.

➔ Ökonomisch ist die Vorstellung eines Normalzinssatzes von 5 bis 7 % auf den Einsatz von Eigenkapital als Basis für den Normalgewinn problematisch.

Insgesamt sind die Risiken dieses Modells sehr groß. Die relative Verteilung der Steuerlast verschiebt sich, der Staat verliert Steuereinnahmen, der Regulierungs- und Kontrollaufwand nimmt zu. Vor allem durch die Fiktion von Normal- und Übergewinnen entsteht ein neues Feld steuerlicher Manipulation.

Die allgemeine Unternehmenssteuer der «Stiftung Marktwirtschaft» – ein radikaler Systemwechsel

Von einigem Einfluss auf die Überlegungen der Bundesregierung zum Systemwechsel bei der Unternehmensbesteuerung ist die Arbeit der «Kommission Steuergesetzbuch» der «Stiftung Marktwirtschaft/Frankfurter Institut». Sie schlägt eine einheitliche Unternehmenssteuer sowie den Ersatz der Gewerbesteuer durch vier neue Einnahmenarten vor. Die Kommission besteht aus über 70 Experten, die unter dem Vorsitz des Kölner Steuerrechtlers Joachim Lang an einem Modell zur radikalen Vereinfachung der künftigen Unternehmensbesteuerung arbeiten. Wer und was aber verbirgt sich hinter dieser «Stiftung Marktwirtschaft», die aus dem 1982 gegründeten «Frankfurter Institut» hervorgegangen ist? Diese Stiftung versteht sich als ein «marktwirtschaftlicher Thinktank». Unter dem Stichwort «Visionen» heißt es auf der Homepage: «Wir arbeiten für die Renaissance ordnungspolitischen Denkens in Deutschland und Europa – geleitet von der Überzeugung, dass der Markt für die Gesellschaft mehr Freiheit und Wohlstand hervorbringen kann als staatliches Handeln.» (www.stiftung-marktwirtschaft.de) Die Stiftung finanziert sich nach leider wenig aussagefähigen Hinweisen innerhalb der Selbstdarstellung durch eigene Publikationen, zahlreiche Spender und Mitglieder. Die ordnungspolitische Mission für «Mehr Markt» in Wirtschaft und Gesellschaft steht sicherlich massiver finanzieller Unterstützung durch die Wirtschaft nicht im Wege. Wenn auch «politische Unabhängigkeit» reklamiert wird, so zeigt die Mitarbeit von Politikern wie Friedrich Merz an entscheidender Stelle sowie von FDP-Politikern, wohin die Reise gehen soll.

Die Vorschläge dieser der «marktwirtschaftlichen Vernunft» und damit dem Vorrang von Unternehmen verpflichteten «Kommission Steuergesetzbuch» der «Stiftung Marktwirtschaft/Frankfurter Institut» wurden erstmals auf einem Symposion am 22.9.2005 präsentiert. Da an dem Konzept noch gearbeitet wird, sind seither immer wieder Ergänzungen und Präzisierungen vorgelegt worden.[40] Ziel der allgemeinen Unternehmenssteuer ist eine von der Rechtsform unabhängige Besteuerung der Unternehmen. Im Unterschied zum Vorschlag der «dualen Einkommensteuer» des SVR unterliegen hier alle Unternehmen ein und derselben Steuer. Subjekte der Besteuerung sollen in einer weiten Definition die Unternehmensträger sein. Der weit gefasste Begriff der Unternehmenseinkünfte bezieht sich auf Einkünfte aus Gewerbebetrieben, Land- und Forstwirtschaft, selbständiger Arbeit (Freiberufler und Selbständige), Vermietung und Verpachtung. Entscheidend für dieses Steuermodell ist eine strenge Unterscheidung zwischen der Unternehmens- und

Unternehmerebene. Anders als beim Vorschlag des SVR muss nach diesem Konzept das geltende Steuerrecht grundlegend verändert werden. Körperschaft- und Einkommensteuer lösen sich in der allgemeinen Unternehmenssteuer auf. Die zudem vorgeschlagene Abschaffung der immer wieder als «Hemmschuh» diskreditierten Gewerbesteuer für die Kommunen und ihr Ersatz durch ein neues Vier-Säulen-Modell wird nachfolgend genauer betrachtet werden. Eine dieser Säulen besteht in einer kommunalen Unternehmenssteuer, die mit der allgemeinen Unternehmenssteuer völlig identisch sein soll. Beide sehen auf der Unternehmensebene einen proportionalen Steuersatz vor. Zusammen mit der kommunalen Unternehmenssteuer, deren Satz in einer Bandbreite zwischen 6 bis 8 % vorgeschlagen wird, liegt demnach der gesamte Steuersatz für die Gewinne auf Unternehmensebene zwischen 25 und 30 %. Der Vorteil gegenüber dem Vorschlag einer dualen Einkommensteuer durch den SVR ist klar: Wird der Steuersatz verändert, so ist eine entsprechende Neufassung des Einkommensteuerrechts nicht mehr erforderlich.

Auf der *Unternehmensebene* findet die Besteuerung der Gewinne, die entweder durch einen Bestandsvergleich oder eine Einnahmeüberschussrechnung ermittelt werden, endgültig statt. In der Regel vermindern Entnahmen und Ausschüttung die Besteuerungsbasis nicht. Die Kommission schlägt jedoch zur Erleichterung und zur Vereinfachung eine transparente Entnahmebesteuerung vor. Bis zu 120000 Euro wäre eine Gewinnentnahme bzw. -ausschüttung an natürliche Personen zulässig. Die Entnahme wird als Betriebsausgabe auf der Unternehmensebene geltend gemacht. Die Besteuerung erfolgt bei den *Unternehmern* als natürliche Personen im Rahmen des Einkommensteuerrechts sowie durch die vorgesehene kommunale Bürgersteuer. Die «Stiftung Marktwirtschaft» schlägt weiter eine Sonderregelung für Unternehmen mit geringfügigen Einkünften vor. Bei diesen so genannten Kleinunternehmen, nebenberuflich, schriftstellerisch oder freiberuflich Tätige, aber auch

Handwerker, wird auf die Trennung von Unternehmens- und Unternehmerebene verzichtet. Bis zu 120 000 Euro können Einkünfte aus der Unternehmenssteuer herausgenommen werden. Darauf wird ersatzweise die Einkommensteuer zusammen mit der erwähnten Bürgersteuer angewendet.

Auf der Unternehmerebene (natürliche Personen) gilt nach diesem Modell das Einkommensteuergesetz; im Unterschied zum SVR sollen die sieben Einkunftsarten der Einkommensteuer, die nach denselben Regeln besteuert werden (synthetische Steuer), beibehalten werden. Gewinnausschüttungen (Dividenden) sowie Gewinnentnahmen über die auf der Unternehmensebene vorgenommene Definitivbesteuerung von 25 % hinaus sollen im Rahmen der Einkommen- und Bürgersteuer gemäßigt nachbelastet werden. Vorgeschlagen wird die Fortführung und Weiterentwicklung des derzeit für Dividenden bereits geltenden Halbeinkünfteverfahrens. Demnach würden die ausgeschütteten Gewinne am Ende maximal nur mit 17 % nachversteuert werden (Spitzensteuersatz von 42 % minus der Definitivbesteuerung mit 25 %). Aus dem Verhältnis von 17 % zu 42 % ergibt sich für die Nachbesteuerung der Dividenden im Rahmen der Einkommensteuer eine (gemäßigte) Bemessungsgrundlage von 40,48 Euro. Bei einem darauf bezogenen Spitzensteuersatz von 42 % beträgt die Steuer 17 Euro. Die beim Unternehmen einbehaltenen 25 Euro führen zusammen mit der Nachbelastung zu einer gesamten Steuerlast von 42 Euro. Diese sanfte Nachbesteuerung verträgt sich nicht mit dem Prinzip der ökonomischen Leistungsfähigkeit.

Schließlich wendet sich die «Kommission Steuergesetzbuch» auch einer dringend erforderlichen Neuregelung der Gewinnermittlung zu. Die sich aus dem Gläubigerschutz nach dem Handelsgesetzbuch ergebenden Steuervorteile sollen durch die Ausrichtung an den aktuellen Vermögenswerten abgebaut werden. Insbesondere Gewinne aus der Wertsteigerung des Grundeigentums, der Wertpapiere und Anteile werden nach dem derzeitigen Steuerrecht erst im Zuge einer Veräußerung steuerlich relevant. Dagegen können Wertminderungen sofort mit Gewinnen verrechnet werden. Diese Ungleichbehandlung soll durch die Anpassung an international gültige Bilanzregeln abgebaut werden. Wertveränderungen insgesamt zeitnah zu erfassen, ist sicher ein notwendiger Schritt. Allerdings will die Kommission die Möglichkeiten steuermindernder Verlustverrechnungen mit Gewinnen noch ausweiten, was wiederum zu nicht akzeptablen Steuervorteilen führt. Auch droht durch die darüber hinaus vorgeschlagene, großzügige Gruppenbesteuerung, die die steuermindernde Verrechnung von ausländischen Verlusten ermöglichen soll, ein Aderlass bei den Steuereinnahmen des deutschen Fiskus.

Unter dem Strich schafft auch dieses Modell unter der Zielsetzung, die Unternehmenssteuerlast zu senken, neue Probleme, vor allem – wie die übrigen Modelle auch – eine inakzeptable Verschiebung der relativen Steuerlast auf die Arbeitseinkommen.

Zusammenfassend lässt sich festhalten:

➔ Das Konzept einer allgemeinen Unternehmenssteuer zielt am Ende auf Steuerentlastungen nicht nur durch die Senkung des Tarifs, sondern durch die Akzeptanz von Steuervorteilen, die die Bemessungsgrundlage verkürzen.

➔ Die Einheitlichkeit wird zudem durch viele Ausnahmeregelungen erkauft (bei Liquidation, Anlaufverlusten, Anrechenbarkeit privater Verluste). Zur Vereinfachung des Verfahrens werden bei der Ausschüttung sowie den Kleinunternehmen Sonderregelungen bis 120 000 Euro pro Jahr erforderlich, weil die Steuer ohne diese Ausnahme zu kompliziert würde.

➔ Im Unterschied zum SVR ist eine Totalreform der Einkommensteuer nicht erforderlich. Hervorzuheben ist, dass die synthetische Einkommensteuer beibehalten wird. Dafür setzt das Konzept aber auf die Beseitigung der Gewerbesteuer; die dadurch notwendigen Neuregelungen der kommunalen Finanzen würden zu vielen Nachteilen führen, wie wir im Anschluss sehen werden.

➔ Die scharfe Trennung zwischen Unternehmer- und Unternehmensebene schafft im Unterschied zum SVR große Anreize, Einkunftsquellen aus der (höheren) Einkommensbesteuerung in die allgemeine Unternehmenssteuer zu verlagern. Der steuermindernden Gestaltung steht Tür und Tor offen. Beispielsweise droht die Gefahr, dass Arbeitseinkommen von Geschäftsführern einer Personengesellschaft in die Besteuerung des Unternehmenssektors verlagert werden, um damit Steuern zu sparen. Auch dieses Modell erhöht am Ende den Regulierungs- und Kontrollbedarf durch die Finanzämter. Und die in dieses System eingebaute Suche nach steuermindemdem Verhalten eröffnet der Steuerberatung ein lukratives Geschäftsfeld.

Das Vier-Säulen-Modell zur Neuordnung der kommunalen Finanzen

Als Ausgleich für die Abschaffung der Gewerbesteuer schlägt die «Kommission Steuergesetzbuch» wie bereits erwähnt auf der Basis der allgemeinen Unternehmenssteuer und Einkommensteuer vier Einnahmesäulen vor; sie sollen den Kommunen eine weitgehend selbstbestimmte Finanzierung sichern. In der Tabelle 7 auf den Seiten 140/141 werden die vier Säulen mit Stichworten und kritischen Hinweisen erläutert. Dazu hier in Kürze einige ergänzende Anmerkungen:

1. Die **Grundsteuer** muss in der Tat dringend reformiert werden (vor allem wegen der veralteten Einheitswerte, auf deren Basis die Immobilien in der Regel besteuert werden). Präferiert wird das Reformmodell der Länder Bayern und Rheinland-Pfalz. Die Eckwerte sind: Wegfall der Grundsteuer A und Erweiterung der Grundsteuer B sowie die Schaffung einer neuen Bemessungsgrundlage (Bewertung von Grund und Boden nach Bodenrichtwerten). Die Länder sollen die Option erhalten, die Grundsteuer per Landesgesetz zu erheben. Berechnungen zeigen, dass Geschäftsgrundstücke in Städten nach diesem Vorschlag im Vergleich zur derzeitigen Regel bevorteilt würden und daher dort mit Einnahmeverlusten zu rechnen sein wird.

2. Die **Bürgersteuer** mit einem proportionalen Tarif von 3 % für die Kommunen soll mit einer entsprechenden Absenkung des Einkommensteuertarifs verbunden sein. Dafür würde der derzeitige Anteil der Kommunen am Gesamtaufkommen der Einkommensteuer von 15 % gestrichen. Für die Bürgersteuer sollen die Kommunen, wie jetzt bei der Gewerbesteuer, einen Hebesatz selbst festlegen können. Diese Idee ist eine echte Kopfgeburt von «Experten», die von der spezifischen fiskalischen Konkurrenzsituation zwischen den Großstädten und den Kommunen im Umland nichts verstehen. Das fiskalische Gefälle zwischen Großstädten und Umlandgemeinden würde verschärft. Großstädte müssen aber wegen des teureren Leistungsangebots höhere Hebesätze im Vergleich zu den Umlandgemeinden durchsetzen. Dies befördert die Flucht in die Umlandgemeinden, die Suburbanisierung verstärkt sich. Gleichzeitig nutzen die Bewohner in den Umlandgemeinden als so genannte Trittbrettfahrer das Leistungsangebot der Großstädte. Außerdem führt die Bürgersteuer zu einer Verschiebung der Steuerlast von den bisher gewerbesteuerpflichtigen Unternehmen zu breiten Schichten, die auf der Basis der Einkommensteuer die Bürgersteuer bezahlen. Noch stärker fällt die Mehrbelastung der Einkommensteuerpflichtigen in der Großstadt aus. Denn zur Finanzierung des größeren Leistungsangebots muss und wird ein vergleichsweise höherer Hebesatz von ihnen verlangt werden.

3. Die **kommunale Unternehmenssteuer**, 6 bis 8 %, soll wie erwähnt eine spezielle Anwendung der allgemeinen Unternehmenssteuer sein. Die Kommunen, die auch bei dieser Steuer ein Hebesatzrecht erhalten, verlieren dafür die bisherige Gewerbesteuer. Der gesamte Steuersatz aus allgemeiner und kommunaler Unternehmenssteuer, der zwischen 25 und 30 % liegen soll, wäre deutlich niedriger als heute die Summe der nominalen Steuersätze bei Kapitalgesellschaften mit 38,7 %. Positiv hervorzuheben ist die Absicht, den Kreis der Steuerpflichtigen im Vergleich zur Gewerbesteuer auszuweiten. Besteuert werden sollen gewerbliche Einkünfte, Einkünfte aus selbständiger Arbeit (Freiberufler und Selb-

ständige), Vermietung und Verpachtung. Bei der Ermittlung der Bemessungsgrundlage ist gegenüber der Gewerbesteuer allerdings ein Manko zu kritisieren: Durch den Wegfall der Teilanrechnung von Schuldzinsen, Mieten und Pachten fällt die Bemessungsgrundlage deutlich niedriger aus.

Statt ihrer bisherigen Beteiligung an der Umsatzsteuer (ca. 2%) soll den Kommunen ein Anteil von 2% am betrieblichen Lohnsteueraufkommen zufließen. Es handelt sich also um einen vorgezogenen Finanzausgleich, der zu Lasten des Bundes und der Länder geht. Da es sich hier also nicht wirklich um eine eigene Steuer handelt, sondern es nur um eine Umverteilung im föderalen Steuersystem geht, macht ein Hebesatzrecht der Kommunen keinen Sinn. Steuern auf die Lohnsumme zu beziehen, ist zudem wirtschaftsstrukturell problematisch. Denn kapitalintensive Betriebe tragen wegen einer vergleichsweise geringeren Lohnsumme dann auch zu einem schwächeren Aufkommen aus der Lohnsteuer bei. Die derzeitige Gewerbesteuer, so reformbedürftig sie auch sein mag, bezieht sich dagegen zumindest auf die Gewinne, die durch den Einsatz von Arbeit *und* Kapital entstehen.

Fazit: Das Vier-Säulen-Modell enthält interessante Ansätze, die zu diskutieren sich lohnt. Insgesamt jedoch würden die «vier Säulen» statt der derzeitigen Defizite der Gewerbesteuer erhebliche neue Mängel schaffen. Sinnvoller wäre es daher, die Gewerbesteuer auf breiter Basis zu einer Gemeindewirtschaftsteuer auszubauen.

---

1. Säule: Grundsteuer (nach Vorschlag Bayern/Rheinland-Pfalz)

➔ Transparenz für die Bürger

➔ aufkommensneutrale Reform

Kritik: Belastungsverschiebungen zwischen verschiedenen Gruppen (stärkere Entlastung von Geschäftsgrundstücken)

2. Säule: Bürgersteuer

➔ proportionaler Tarif auf Einkommen (geplant 3 %)

➔ Absenkung des Eingangs- und Spitzensteuersatzes um den Gemeindeanteil auf 12 bzw. 39 % statt 15 bzw. 42 %

➔ Hebesatzrecht der Kommunen zur Festsetzung des Steuersatzes

➔ Wohngemeinde als Steuergläubiger

➔ Abschaffung des heute 15-prozentigen Anteils an der Einkommensteuer (zu Lasten des Bundes und der Länder)

Kritik: Hebesatzgefälle, Nutznießer sind Umlandgemeinden, Prämie für «Stadtflüchtlinge»

3. Säule: Kommunale Unternehmenssteuer

➔ Wirtschaftskraftbezogene Steuerquelle

➔ Bemessungsgrundlage: allgemeine Unternehmenssteuer

➔ Betriebsstättengemeinde (bei mehreren Standorten Aufteilung)

➔ kommunales Hebesatzrecht

➔ vorgeschlagener Steuersatz: 6 %

➔ dafür Abschaffung der Gewerbesteuer

Kritik: (1) Der gesamte Steuersatz auf Gewinne für Kapitalgesellschaften sinkt (gegenüber derzeit ca. 39 % bei einer allgemeinen Unternehmenssteuer zwischen 19–24 % + 6 % ergeben sich 25–30 %).

(2) Die Bemessungsgrundlage ist geringer als bei der Gewerbesteuer (wegen Wegfall der Teilanrechnung von Schuldzinsen, Mieten und Pachten), dadurch höhere Schwankungs- und Gestaltungsanfälligkeit.

4. Säule: Lohnsteueranteil

➔ 2 % der Lohnsteuersumme aller Arbeitnehmer (auch beim Staat) fließt den Kommunen zu (nicht zu verwechseln mit der früheren, eigenständigen Lohnsummensteuer)

➔ Kommunen sind am Anteil der Wertschöpfung durch die Beschäftigten der Betriebsstätte eines Unternehmens beteiligt

Kritik: Kommunale Einnahmen durch eine reine Umverteilung der Steuereinnahmen im föderalen Bundesstaat zu Lasten des Bundes sowie der Länder bei einer insgesamt niedrigeren Besteuerung der Unternehmen.

Tabelle 7: Übersicht · Das Vier-Säulen-Modell der «Stiftung Marktwirtschaft»

Die Alternative: Wie eine gerechte Steuerpolitik für einen leistungsfähigen Staat aussehen kann

Wir haben gesehen: Mit dem von der Wirtschaft, der Wissenschaft und großen Teilen der Politik geforderten Systemwechsel bei der Unternehmensbesteuerung ist stets zugleich das Ziel verbunden, die Steuern auf Unternehmensgewinne deutlich zu senken. Steuern werden ausschließlich als Kosten gesehen, die unter dem Druck der internationalen Konkurrenz durch die Niedrigsteuerländer reduziert werden müssten. Die Folgen dieser neoliberalen Blindheit sind katastrophal:

1. Die relative Verteilung der Steuerlast verschiebt sich weiter auf Lohn- und Einkommensbezieher sowie auf den privaten Konsum durch eine höhere Mehrwertsteuer. Durch diese Kaufkraftverluste wird die ohnehin in den letzten Jahren stagnierende Binnenwirtschaft belastet.

2. Die Verlagerung oder Neugründung von Produktionsstätten in kostengünstigeren Ländern wird selbst durch erheblich niedrigere nominale Steuersätze nicht verhindert. Denn nicht sie, sondern vielmehr die Kundennähe, eine ausreichende öffentliche Infrastruktur sowie die Verfügbarkeit qualifizierter und motivierter Arbeitskräfte sind für Investitionen entscheidend.

3. Reduzierte Steuersätze auf die Gewinne lösen im Inland kaum Sachinvestitionen für neue Arbeitsplätze aus. Die Unternehmenssteuerreform von 2001 liefert den empirischen Beleg. Dass die Reduzierung der Steuern auf Gewinne mit einem gigantischen Verfall der Sachinvestitionen einherging, lag an der fehlenden inländischen Nachfrage, die bis heute die Wachstumspotenziale blockiert.

4. Insgesamt wird mit einer solchen Politik unternehmerischer

Steuerentlastung die Finanzierbarkeit öffentlicher Aufgaben deutlich reduziert. Der Druck, Ausgaben auch im Bereich der materiellen und sozialen Infrastruktur einzudampfen, ist groß. Gleichzeitig droht die Staatsverschuldung anzusteigen.

5. Die neoliberale Reduktion der Unternehmenssteuern stärkt am Ende den Produktionsstandort Deutschland keineswegs. Steuern sind eben nicht nur Kosten, sondern die wichtigste Quelle zur Finanzierung von Staatsaufgaben. Werden öffentliche Investitionen in den Bereichen der sozialen und materiellen Infrastruktur sowie zum ökologischen Umbau unterlassen, so gehen wichtige Standortvorteile verloren – auch den Unternehmen. Wegen der Finanzklemme, in welcher der Staat steckt, werden heute auch schon ökologisch dringliche Ersatzinvestitionen, etwa in der Kanalisation, unterlassen. Deutschland muss mit dieser fortgesetzten Schrumpfstrategie im Standort-Ranking absinken.

Ein Vorschlag zur effektiven Unternehmensbesteuerung

Niemand kann ernsthaft die Probleme durch extrem niedrige Steuersätze für Unternehmensgewinne vor allem in den osteuropäischen EU-Ländern bezweifeln. Die blinde Anpassung an die Konkurrenz extrem niedriger Tarife ist jedoch falsch und perspektivlos. Indem der teils mit Dumpingmethoden betriebene Steuersenkungswettbewerb den Zusammenhalt der EU zu sprengen droht, wird am Ende die dringende Entwicklung moderner Wirtschaftsstrukturen in den neuen EU-Ländern blockiert werden. Trotz aller Schwierigkeiten muss eine Harmonisierung der Unternehmensbesteuerung auf einer Mindestbasis durchgesetzt werden. Schließlich kann der EU-Binnenmarkt nur gelingen, wenn er in einen wettbewerbsordnenden, sozialen, ökologischen und auch steuerlichen Rahmen eingebettet wird.

Es ist durchaus möglich, eine alternative Unternehmensbesteuerung zu konzipieren, welche die Finanzierbarkeit öffentlicher

Aufgaben mit einer gerechten Lastverteilung verbindet – und zwar ohne grundsätzliche Verletzung der Rechtsform- und Finanzierungsneutralität. Allerdings mit dem Ziel, die Unternehmenslast wieder ins rechte Lot zu bringen, knüpft sie an das bestehende System mit den folgenden Eckwerten an:

➔ Die definite Besteuerung der Gewinne der Kapitalgesellschaften erfolgt über die *Körperschaftsteuer*. Der Steuersatz wird jedoch von derzeit 25 auf 30 % angehoben, um eine angemessene Beteiligung der Unternehmen an der Finanzierung öffentlicher Leistungen zu sichern.

➔ Die Gewerbesteuer wird durch eine *Gemeindewirtschaftsteuer* ersetzt, die von allen Unternehmen in ihrer Kommune aufzubringen ist (vergleiche die nachfolgende ausführliche Beschreibung).

➔ Personengesellschaften und Einzelunternehmen unterliegen wie bisher der Einkommensteuer. Der Verlauf des Einkommensteuertarifs, der auf vier statt sieben Einkunftsarten gleichermaßen anzuwenden ist (synthetische Besteuerung), wird wie folgt reformiert: (steuerfreier) Grundfreibetrag von 8000 Euro (Alleinstehende), Eingangssteuersatz von 15 %, Spitzensteuersatz statt derzeit 42 % bei 45 %, Anstieg des Grenzsteuersatzes von 15 % bis 45 % linear (Zuwachs der Besteuerung wächst konstant).

➔ Während die Kapitalgesellschaften mit der Körperschaftsteuer (30 %) und der durchschnittlichen Gemeindewirtschaftsteuer auf eine Gesamtbelastung von ca. 45 % kommen, wird den der Einkommensteuer unterliegenden Unternehmen mit einem Spitzensteuersatz von 45 % weiterhin das Recht eingeräumt, die Gemeindewirtschaftsteuer mit der Einkommensteuer zu verrechnen. Dadurch wird zumindest kein Anreiz zur Steuerersparnis bei der Wahl der Rechtsform des Unternehmens gesetzt.

➔ Zur Versteuerung der ausgeschütteten Gewinne (Dividenden) wird wieder das Vollanrechnungsverfahren eingeführt. Die auf der Unternehmensebene bereits einbehaltene Steuer von 30 % wird bei der Veranlagung der Dividenden zur individuellen Einkommensbesteuerung abgezogen. Eine annähernde Gleichbehandlung von Dividenden aus dem Ausland, bei denen die deutsche Kapitalgutschrift meistens nicht anfällt, ist durch den Abzug einer auf die Herkunftsländer bezogenen Mindeststeuer auf der Unternehmensebene durchaus lösbar.

Periodennahe Mindestbesteuerung der Unternehmensgewinne

Bei der Reform der Unternehmensbesteuerung geht es nicht nur um die angemessene Festlegung der Steuersätze, sondern auch um die derzeit vorteilhaften Regeln der Gewinnermittlung: also um die Bemessungsgrundlage, auf die der Steuersatz bezogen wird. Hier bietet das Steuerrecht trotz wichtiger Korrekturen in den vergangenen Jahren immer noch reiche Möglichkeiten zur Reduzierung der Steuerlast. Große steuerliche Vorteile ergeben sich aus der bereits angesprochenen Orientierung der Steuerbilanz an der Handelsbilanz, die Gläubigerschutzinteressen in den Vordergrund rückt. Während derzeit Wertminderungen sofort gewinnsteuermindernd verrechnet werden können, werden etwa die Gewinne aus der Wertsteigerung von Immobilien erst im Zuge einer Veräußerung oder Auflösung des Unternehmens steuerlich relevant. Aus der Diskrepanz zwischen dem Wertansatz in der Bilanz und dem tatsächlichen Marktwert ergeben sich riesige «stille Reserven». Indessen beginnt sich infolge der internationalen Harmonisierung von Bilanzrecht- und Gewinnermittlungs-Standards (IAS, IFRS) auch in Deutschland der Gedanke einer periodennahen Gewinn- und Verlustermittlung durchzusetzen. Die wichtigsten Reformvorschläge vor allem zur Gewinnermittlung, auch auf dem Hintergrund der internationalen Harmonisierung der Bilanz- und Gewinnermittlung, sind[41]:

➔ Die unterschiedlichen Gewinnermittlungsvorschriften bei der Körperschaft- und Einkommensteuer werden durch eine weitgehend einheitliche Steuerbilanz zur Gewinnermittlung abgelöst.

Bisher geltende Erleichterungen für Kleinstunternehmen, z. B. die vereinfachte Einnahmeüberschussrechnung zur Gewinnermittlung, bleiben davon unberührt.

➔ Eine scharfe Trennung der Ausgaben zwischen Unternehmens- und Unternehmerebene ist erforderlich. Sie ist mit dem hier vorgeschlagenen Modell der Unternehmensbesteuerung auf der Basis der Körperschaft- und Einkommensteuer durchaus machbar. Der Abzug privat veranlasster Ausgaben (etwa der Teppich in der Privatwohnung oder Bewirtungskosten) als steuermindernde Betriebsausgaben wäre zu verhindern; Ausnahmen müssten jedenfalls klar definiert und kontrolliert werden. Die Finanzämter müssen für ihre Kontrollaufgaben so gestärkt werden, dass massenhafter Missbrauch nicht mehr möglich ist. Nötig ist eine erweiterte Dokumentationspflicht aller gemeinsamen Kosten, zum Beispiel von Bewirtungskosten, Verpflegungsmehraufwendungen oder Repräsentativaufgaben. Leider wird es auch in Zukunft an Personal bei den Finanzämtern fehlen, um die Privataufwendungen und Betriebsausgaben flächendeckend zu trennen. Als Ausgleich für diesen verbleibenden Gestaltungsspielraum der Geschäftsleute sowie zur Vereinfachung ist für Lohnsteuerpflichtige ein großzügiger Arbeitnehmerfreibetrag vorzusehen.

➔ Durch strenge Kriterien bei der Bildung von Rückstellungen sowie zur Aktivierung von Vermögensgegenständen müssen Möglichkeiten der Manipulation zur Senkung der Gewinnbesteuerung verhindert werden. Dies trifft etwa die Energiewirtschaft, die immer noch für ihre Kernkraftwerke völlig überhöhte Rückstellungen für die Zwischen- und Endlagerung ihrer Atomkraftwerke sowie deren Demontage einstellt. Es ist ja bekannt, dass der Aufbau des Mobilfunks aus den Gewinnvorteilen durch diese gigantischen Rückstellungen finanziert worden ist.

➔ Die Besteuerung der Gewinne muss im Prinzip in dem Jahr erfolgen, in dem sie auch entstanden sind. Zeitgrenzen und maximale Abzugsbeiträge sind auch vor dem Hintergrund internationaler Erfahrungen grundsätzlich zu überprüfen.

➔ Verlustvorträge sind auch weiter sinnvoll. Sie müssen jedoch im Rahmen einer Mindestbesteuerung begrenzt werden. Die derzeitige Regelung der Verrechenbarkeit von Verlusten mit maximal 60 % ab einer Million Euro Gewinn sollte durch eine Absenkung auf maximal 50 % ersetzt werden. Allerdings sollten für Unternehmen in einer ökonomischen Krisensituation sowie für neu gegründete Firmen, die in den ersten Jahren erst einmal Verluste erzeugen, entlastende Regelungen getroffen werden.

➔ Die steuermindernde Nutzung von Abschreibungen sollte an dem echten und dauerhaften Werteverzehr ausgerichtet werden. Dadurch würden erhöhte degressive Abschreibungen, die den Wertverzehr nicht abbilden, nicht zugelassen.

➔ Die Besteuerung aller Gewinne ergibt sich aus dem Prinzip der ökonomischen Leistungsfähigkeit. Dazu gehören auch Gewinne aus Veräußerungen inländischer Kapitalbeteiligungen durch Aktiengesellschaften. Die mit dem Unternehmenssteuergesetz vorgenommene Befreiung der Veräußerungsgewinne von Steuern durch die rot-grüne Bundesregierung war in vielerlei Hinsicht ein schwerer Fehler. Der großteils ohnehin vorgesehene Verkauf von Kapitalbeteiligungen wurde forciert, ohne dass der Staat Einnahmen erzielte. Das Rechtfertigungsmuster nach der Art, durch diese milliardenschweren Steuergeschenke würde die Monopolstruktur der Deutschland AG geknackt, war schlicht albern. Im Gegenteil konnten die Konzerne die erzielten, nicht besteuerten Gewinne zum Ausbau ihrer ökonomischen Macht durch den Kauf neuer Beteiligungen im In- und vor allem im Ausland nutzen. Auch verfängt das Argument nicht, die Veräußerungsgewinne seien ja schon einmal besteuert worden. Sie stellen einen eigenständigen, auch von den (exogenen) Marktverhältnissen abhängigen Wert dar, der nach dem Prinzip der ökonomischen Leistungsfähigkeit gesondert zu versteuern ist. Bei der Verrechnung von Verlusten aus Veräußerungen hat die Regel zu gelten: Mit den Veräußerungsgewinnen dürfen nur «echte» anhaltende Verluste verrechnet werden, also nicht die Verluste, die kurzfristig manipuliert worden sind. Als ein

Beispiel für vermutlich manipulierte Verluste gilt die Art der Übernahme der Mannesmann AG durch Vodafone.

➔ Nach dem Prinzip, selbständige Unternehmen auch eigenständig zu besteuern, müssen die Möglichkeiten der Gewinn- und Verlustverrechnung zwischen rechtlich selbständigen Unternehmen eingeschränkt werden.

➔ Die Privilegierung der Konzerne gegenüber mittelständischen Unternehmen durch die steuerlich vorteilhafte Zusammenfassung rechtlich selbständiger Unternehmen zu Organschaften muss abgebaut werden. Die bisherige Praxis hat zu drastischen Verschiebungen der Steuereinnahmen vor allem zwischen den Kommunen geführt. Als Paradebeispiel gilt die Bausparkasse Schwäbisch Hall, die die Gewinne am Firmensitz durch Verlustzuweisungen von Tochtergesellschaften verrechnet hat, die in anderen Kommunen angesiedelt sind. Gewinne dürfen steuerwirksam nur mit Verlusten verrechnet werden, wenn die selbständigen Unternehmen auch eine wirtschaftliche Einheit bilden.

➔ Als Antwort auf die Internationalisierung der Produktion sollten Gewinne deutscher Unternehmen im Ausland nach den Regeln des Inlands besteuert werden. Die derzeit beliebte Verschiebung von Scheingewinnen in ausländische Gebiete mit niedrigerer Steuerlast sollte gestoppt werden. Dazu ist eine Harmonisierung des EU-Steuerrechts dringend erforderlich. So sollten die bisher freigestellten Dividenden und Betriebsstättengewinne aus dem Ausland in Deutschland besteuert werden. Natürlich müssen im Ausland gezahlte Steuern angerechnet werden.

EU-Harmonisierung statt Steuerdumping

Mit der Osterweiterung hat sich die Konkurrenz um die Ansiedelung von Produktionen in Länder mit Niedrigsteuersätzen dramatisch ausgeweitet. Auf die im Verhältnis zu Deutschland extrem niedrigen Steuersätze auf einbehaltene Gewinne, darunter die

Nullbesteuerung in Estland, ist bereits eingegangen worden. Zu der wichtigen Frage, wie mit diesem starken Gefälle der Steuersätze auf Unternehmensgewinne umzugehen ist, gibt es im Prinzip zwei sich diametral gegenüberstehende Positionen:

1. Getreu der Devise: die billigste Lösung ist auch die beste, werden die niedrigen Steuersätze in der EU zur Zielgröße der Besteuerungspolitik in Deutschland erhoben. Sowohl der «Sachverständigenrat zur Begutachtung der gesamtwirtschaftlichen Entwicklung» als auch die «Kommission Steuergesetzbuch» setzen auf diese Anpassung an den niedrigsten Steuersatz. Im Prinzip soll unabhängig von der Rechtsform für alle Unternehmen die Steuerbelastung des einbehaltenen Gewinns auf maximal 25 % heruntergeschleust werden. Das Prinzip gerechter Steuerlastverteilung wird zu Lasten der Arbeitnehmereinkommen der Anpassung an Niedrigsteuerländer geopfert.

Diese Politik der Steuersenkung geht am Ende auch zu Lasten der angemessenen Mitfinanzierung öffentlicher Aufgaben durch die Unternehmenswirtschaft.

2. Dagegen steht die Forderung nach einer Mindestharmonisierung der Unternehmensbesteuerung innerhalb der EU. Die Sorge ist nicht von der Hand zu weisen, dass ohne eine deutliche Einschränkung des Steuerdumpings ein Erosionsprozess bei der Besteuerung droht, der den öffentlichen Sektor in den sich nach unten anpassenden Ländern belastet und am Ende auch die Finanzierung des Gemeinschaftshaushalts der EU in Frage stellt.

Eine solche Steuersenkungspolitik muss Gegenreaktionen auslösen. Was generell für den Binnenmarkt gilt, trifft auch auf die Unternehmensbesteuerung zu: Die völlige Freigabe der Anpassung an die niedrigsten Steuersätze zerstört den Zusammenhalt in der EU. Bei der angemessenen Harmonisierung zur Sicherung von öffentlichen Einnahmen geht es jedoch nicht nur um Steuersätze. Es müssen auch Regeln für multinational tätige Unternehmen aufgestellt werden, um die Verlagerung von Kosten in die Länder mit den höchsten Steuersätzen und von Gewinnen in die Niedrigsteuerländer zu verhindern. In diesen Zusammenhang gehört auch die Gestaltung der Verrechnungspreise innerhalb von Unternehmen mit Standorten in mehreren EU-Mitgliedsländern.

Eine Reihe von positiven Ansätzen auf EU-Ebene gibt es bereits. Auf der Basis von Art. 94 des EG-Vertrages ist ein in nationales Recht umzusetzendes Richtlinienpaket mit folgenden Elementen beschlossen worden: einer Mutter-Tochter-Richtlinie (gemeinsames Steuersystem der Mutter- und Tochtergesellschaften verschiedener Mitgliedsstaaten); einer Fusionsrichtlinie (gemeinsames Steuersystem für Fusionen, Spaltungen, Austausch von Anteilen, die Gesellschaften verschiedener Staaten betreffen) und einer Schiedsverfahrenkonvention (Beseitigung der Doppelbesteuerung im Fall von Gewinnberichtigungen zwischen verbundenen Unternehmen). Allerdings bleibt das vom Rat 1997 verabschiedete Steuerpaket so lange eine Kleinstlösung, wie die Sätze der Körperschaftsteuer nicht enttabuisiert und angemessen harmonisiert werden.

Der europäisch verabredete «Code of Conduct» zur Unternehmensbesteuerung verpflichtet mittlerweile auch die Mitgliedsstaaten in Osteuropa, keine neuen schädlichen Maßnahmen einzuführen («standstill») und alle als schädlich eingestuften Rechtsvorschriften und Praktiken zu beenden («rollback»). Mit mäßigem Erfolg: Zwar werden die schädlichen Maßnahmen im Rahmen der Steuersatzkonkurrenz aufgelistet, jedoch nicht ausreichend abgestellt.

Schließlich hat die Rechtsprechung des Europäischen Gerichtshofs (EuGH) maßgeblichen Einfluss auf die Unternehmensbesteuerung der EU-Mitgliedsländer. Früher hat seine Rechtsprechung den Steuersenkungswettbewerb eher akzeptiert und Regierungen gemaßregelt, wenn sie die Unternehmen bei ihrer skrupellosen Nutzung von Steuervorteilen zwischen den Mitgliedsländern beschränken wollten. Dies ist inzwischen anders. Dafür steht der berühmt gewordene Fall der britischen Einzelhandelskette Marks & Spencer; in einem Urteilsspruch vom Dezember

2005 hat der EuGH die Freizügigkeit, mit der die Kette Verluste ausländischer Töchter im Land des Mutterkonzerns verrechnen wollte, deutlich eingeschränkt. Marks & Spencer hatte gegen den britischen Fiskus geklagt, als dieser die Verluste der ausländischen Töchter (auch aus Deutschland) nicht als gewinnschmälernd im Heimatland akzeptierte. Zwar, so das Gericht, müssten die Konzerne weiter die Möglichkeit haben, Verluste von ausländischen Töchtern mit Gewinnen zu verrechnen. Vorrangig aber treffe dies auf die Töchter im eigenen Land zu. Die Richter erklärten es im Prinzip für zulässig, wenn Einzelstaaten Konzernen einen Verlustabzug verwehren, um die Besteuerungsbefugnisse zwischen den betroffenen Ländern ausgewogen zu verteilen. Zudem müsse die Gefahr einer «doppelten Verlustberücksichtigung» – zum einen bei der Mutter-, zum anderen bei der Tochtergesellschaft – unterbunden werden. Schließlich dürften die EU-Staaten auch der Steuerflucht vorbeugen, also dem Versuch, fremde Verluste in das Land mit den höchsten Steuersätzen zu übertragen. Allerdings darf ein Land mit seinen Gegenmaßnahmen nicht den Grundsatz der Verhältnismäßigkeit verletzen. Aus diesem Gebot lässt sich die Grenzziehung ableiten: Eine Muttergesellschaft darf Verluste einer ausländischen Tochterfirma insoweit geltend machen, wie sie im Land ihrer Tochterfirma weder für vergangene noch für künftige Veranlagungszeiträume realisiert werden können.

Das Fazit ist eindeutig: Die Steuersenkungskonkurrenz muss nach unten durch einen Mindeststeuersatz begrenzt werden. Zugleich sind die Möglichkeiten der Steuergestaltung durch Gewinn- bzw. Verlustverlagerungen zwischen Standorten eines Unternehmens in unterschiedlichen EU-Ländern zu verhindern. Die Europäische Union benötigt eine klare Rahmensetzung für die ökonomischen Freiheiten auf dem Binnenmarkt. Dazu gehört die Mindestharmonisierung der Besteuerung innerhalb der EU.

Weitere Eckwerte einer fiskalisch ergiebigen, gerechten Steuerpolitik

➔ Die **allgemeine Umsatzsteuer (Mehrwertsteuer)** spielt in der künftigen Steuerpolitik eine große Rolle. Ihre Erhöhung wird zum Teil mit irreführenden Rechtfertigungen angepriesen. Dabei hat diese indirekte, «heimliche» Steuer ohnehin schon an Bedeutung gewonnen. Heute liegt das Gewicht der Mehrwertsteuer mit einem Anteil von über 32 % am Gesamtsteueraufkommen vor dem früheren Spitzenreiter, der Lohnsteuer (Anteil 2005: 26,7 %). Die Mehrwertsteuer treibt zusammen mit der Ökosteuer (eine spezielle Verbrauchsteuer) den Anteil der indirekten Besteuerung nach oben. Im Jahr 2005 lag das Gewicht der *indirekten Steuern* an allen Steuereinnahmen bei über 54 %. Der Bedeutungsverlust der *direkten Steuern* ist die Folge. Hört man auf das, was in der Finanzwissenschaft gefordert wird, so müsste er noch zunehmen. Plädiert wird für einen grundlegenden Umbau des Steuersystems mit dem Schwerpunkt auf indirekte Steuern.

Wie ist dieser Trend zu bewerten? Zur Beantwortung dieser Frage hilft abermals der Blick auf die unterschiedlichen Grundlagen der Besteuerung. So setzt die wichtigste direkte Steuer, die Einkommensteuer, bei der Einkommenserzielung an, die die Besteuerung nach dem Prinzip der ökonomischen Leistungsfähigkeit betont. Bei der Mehrwertsteuer gilt dagegen nicht die Leistungsfähigkeit, sondern die Verwendung vor allem niedriger Einkommen für Konsumausgaben. Niemand kann ernsthaft behaupten, dass eine hohe konsumtive Verwendung vor allem niedriger Einkommen ein Zeichen ökonomischer Stärke ist. Daher fallen die Verteilungswirkungen auf die Einkommensgruppen völlig unterschiedlich aus. Die Last der Besteuerung durch indirekte Steuern wird maßgeblich durch das Konsumverhalten bestimmt. Generell gilt: Je höher die Konsumausgaben bezogen auf das verfügbare Einkommen ausfallen, umso höher ist die zu tragende Last. Umgekehrt sinkt die relative Belastung mit der Mehrwertsteuer, wenn mehr von dem verfügbaren Einkommen gespart werden kann. Entscheidend ist also die von der Höhe des Einkommens abhängige Konsum- bzw. Sparquote. Die unteren Einkommensbezieher sind gezwungen, ihr gesamtes verfügbares Einkommen für den Konsum auszugeben, vielleicht sogar Schulden zu machen, um ihren Konsum zu finanzieren.

Die bereits zitierte Untersuchung von Stefan Bach auf der Basis der «Einkommens- und Verbrauchsstichprobe» von 2003 belegt, dass das einkommenschwache untere Zehntel der privaten Haushalte eine negative Sparquote (–10,9 %) aufweist, also Schulden hat.[42] Dagegen verfügt das obere Zehntel der Spitzenverdiener über eine Sparquote von 22,6 %. Wegen der mit steigendem Einkommen zunehmenden Sparquote unterliegt die auf das verfügbare Einkommen bezogene Mehrwertsteuer also einem regressiven Verlauf der Lastverteilung. Diese regressive Wirkung lässt sich durch eine sozial-ökonomisch begründete Differenzierung der Steuersätze nach gesetzlich definierten Konsumausgabengruppen zwar reduzieren, jedoch nicht insgesamt beseitigen. In Deutschland gibt es immerhin eine solche Differenzierung bei den Steuersätzen. Während der Normalsteuersatz derzeit noch bei 16 % und ab 2007 bei 19 % liegt, werden vor allem existenznotwendige Güter und Dienstleistungen nur mit dem ermäßigten Steuersatz von 7 % besteuert (beispielsweise Nahrungsmittel, Bücher und Zeitungen oder die Beförderung im öffentlichen Personenverkehr unter 50 km). Bestimmte Ausgaben – wie für medizinische Dienstleistungen und Altenpflege, für Finanzdienstleistungen, für Vermietung und Verpachtung, aber auch der Luftverkehr – werden ganz von der Umsatzsteuer (ohne Vorsteuerabzug) befreit. Von dieser Differenzierung profitieren im Prinzip die untersten und unteren Einkommensbezieher: Wenn dort das gesamte Einkommen für den Konsum ausgegeben wird, ist der Anteil der Güter und Dienstleistungen, die nur mit 7 % belastet werden, vergleichsweise viel höher als in einem einkommensstarken Haushalt. Die Wirkung des Prinzips der Besteuerung nach der ökonomischen Leistungsfähigkeit wird aber damit keinesfalls erreicht.

Die geplante Erhöhung des Normalsatzes bei der Mehrwertsteuer erlegt auch der Wirtschaft unterschiedlich verteilte Lasten auf. Die Mehrwertsteuer ist so konzipiert, dass die Steuer im Prinzip von jeder Produktionsstufe einer Ware bis zum Endverbrauch durch den privaten Haushalt durchgewälzt wird. Dazu dient der Vorsteuerabzug. Ein Unternehmen bekommt auf seiner Produktionsstufe die im Lieferpreis enthaltene Vorsteuer vom Finanzamt erstattet. Ob die Überwälzung gelingt, hängt jedoch von der ökonomischen Macht der belieferten Unternehmen ab. Berechnungen zeigen, dass kurzfristig nur zwei Drittel der Mehrwertsteuererhöhung überwälzt werden können. Betroffen sind vor allem Zulieferbetriebe, die von machtvollen Unternehmen abhängig sind und dadurch mit Kostensteigerungen zu kämpfen haben. Auf der Endstufe werden Handwerker und kleine Einzelhändler benachteiligt. Denn Handwerker sind oftmals nicht in der Lage, den gesetzlich gewollten Aufschlag an die Privatkunden weiterzuwälzen. Die Folge ist eine Zunahme von Schwarzarbeit. Im Handel beschleunigt dieser Mehrwertsteuersprung den Konzentrationsprozess zugunsten der Giganten. So haben großflächige Anbieter viele Möglichkeiten, die Mehrwertsteuererhöhung so zu manipulieren, dass die Kunden am Ende auch noch glauben, der Anbieter übernähme die Kosten. Da wird schon mal vor dem gesetzlichen Start der Steueranhebung der Preis erhöht, um beim förmlichen Eintritt der Steuererhöhung zu erklären, die Lasten übernehme der Anbieter.

Aber auch gesamtwirtschaftlich ist die Mehrwertsteuererhöhung Gift. Die Preise steigen, und die Kaufkraft wird dadurch abgewertet. Schließlich führt die höhere Mehrwertsteuer zum Anstieg der Inflationsrate, die wegen der Bedeutung Deutschlands im Euroland zu geldpolitischen Gegenreaktionen führen kann. Die geplante Mehrwertsteuer ist ökonomisch, sozial und fiskalisch nicht sinnvoll. Vielmehr muss die Besteuerung stärker über die direkten Steuern an der ökonomischen Leistungsfähigkeit ansetzen. Die Basis bilden hier nicht nur die Einkommen, sondern auch

Vermögen, die Einfluss auf die ökonomische Leistungsfähigkeit haben.

➔ Dringender Reformbedarf besteht bei der **Gewerbesteuer**. Die derzeit geltende Gewerbesteuer sollte zu einer Gemeindewirtschaftsteuer umgebaut werden: zu einer eigenständigen Steuer der Kommunen, die an dem engen Band zwischen der Wirtschaft einerseits und den Kommunen mit ihrem öffentlichen Leistungsangebot andererseits ansetzt.[43]

Der hier unterbreitete Vorschlag einer Gemeindewirtschaftsteuer lehnt sich an die Vorstellungen der «Bundesvereinigung der kommunalen Spitzenverbände» an. Auf der Basis eines allgemeinen Gesetzes zur Gemeindewirtschaftsteuer wird den Kommunen, wie bei der Gewerbesteuer, fiskalische Autonomie durch das Recht eingeräumt, den Hebesatz (auf den Steuermessbetrag) zu gestalten. Dabei ist verbindlich ein minimaler Hebesatz von 200 % vorzusehen. Diese Mindestbesteuerung hat die rot-grüne Koalition schon eingeführt. Der Gemeindewirtschaftsteuer würden alle Unternehmen unterliegen, also auch die Freiberufler und Selbständigen. Damit wird die bisherige, fiktive Abgrenzung der Gewerbebetriebe von anderen Unternehmen sowie Freiberuflern überwunden. Steuerbasis ist der Gewinn aller Unternehmen, die ja auch von der kommunalen Infrastruktur profitieren. Besteuert wird der gesamte Ertrag. Dem in der Einkommen- und Körperschaftsteuer entsprechenden Gewinn werden Ertragsteile hinzugerechnet, die als Entgelte für betrieblich genutztes Kapital abgeflossen sind. Das sind im Wesentlichen Fremdkapitalzinsen sowie anteilig Mieten, Pachten und Leasingraten. Gewinnverlagerungen über manipulierte Finanzierungsvorgänge – etwa von einer Kommune mit einem hohen Hebesatz in die mit einem niedrigen – wird ein Riegel vorgeschoben. Die Steuer beträgt 3 % des Betriebsertrags, multipliziert mit dem von der Kommune festgelegten Hebesatz (mindestens 200 %). Der bisherige Staffeltarif für Personenunternehmen wird gestrichen. Ein Freibetrag von 30 000 Euro, der bis zu einem Ertrag von 60 000 Euro wieder abgeschmolzen wird, ist vorzusehen. Die Gemeindewirtschaftsteuer bleibt weiterhin als Betriebsausgabe abzugsfähig.

Nach dem oben vorgeschlagenen Konzept einer einigermaßen konsistenten Unternehmensbesteuerung wird für Unternehmen, die der Einkommensteuer unterliegen, darüber hinaus noch ein pauschalierter Abzug der Gemeindewirtschaftsteuer von der Einkommensteuerschuld ermöglicht. Der derzeitige Anrechnungsfaktor beträgt das 1,8fache des Steuermessbetrags. Da dadurch eine komplette Neutralisierung der Gewerbesteuer unter bestimmten Annahmen nur bei einem Hebesatz von 341 % erfolgt, es also bei darüber hinausgehenden Hebesätzen zu Belastungen kommt, sollte entsprechend den Vorschlägen der rot-grünen Bundesregierung vom Februar 2003 eine Anhebung auf das 3,8fache stattfinden. Die derzeitige, jeweils hälftige Beteiligung der Länder und des Bundes an der Gewerbesteuer über die so genannte Gewerbesteuerumlage wird abgeschafft. Die Gemeindewirtschaftsteuer sichert den Kommunen eine von der Konjunktur vergleichsweise unabhängige, stabile und breite Einnahmenquelle, über deren Höhe vor Ort entschieden wird.

➔ Da neben den Einkommen die Höhe des Vermögensbesitzes über die ökonomische Leistungsfähigkeit entscheidet, ist dessen eigenständige Besteuerung notwendig. Die **Vermögensteuer** orientiert sich an der in Deutschland starken Ungleichverteilung der Vermögen. Während nach den Daten der Einkommens- und Verbraucher-Stichprobe zwischen 1998 bis 2003 das Nettovermögen nominal um 17 % auf 5 Billionen Euro gestiegen ist, ist der Anteil der vermögendsten 10 % der privaten Haushalte um 2 Prozentpunkte auf knapp 47 % geklettert. Dagegen sind die unteren 50 % nur mit weniger als 4 % am Nettovermögen beteiligt.

Die Vermögensteuer ist also keine Neidsteuer. Eher entsteht der Eindruck, ihre Ablehnung ist die Folge eines satten Geizes. Wer über ein hohes Vermögen verfügt, hat beste Chancen der ökonomischen und individuellen Lebensentfaltung. Die Vermögensteuer ist in vielen Ländern eine Selbstverständlichkeit (beispielsweise in Frankreich, Spanien, Schweiz, USA). So wurden im Jahr 2000 die Vermögen, gemessen am Bruttoinlandsprodukt, in Deutschland mit 0,9 %, in der Schweiz mit 2,9 % und in Frankreich mit 3,2 % belastet. Deutschland weist im EU-Vergleich eine sehr niedrige Besteuerung des Kapitals auf, vor allem, weil die Vermögensteuer seit 1997 außer Kraft gesetzt worden ist.

Dringend erforderlich ist also die Wiederbelebung einer verfassungskonformen Vermögensteuer – allerdings nur für private Haushalte. In seinem Urteil vom 22. Juni 1995 hat das Bundesverfassungsgericht die damalige Vermögensteuer aus zwei Gründen als grundgesetzwidrig identifiziert. Zum einen wurde völlig zu Recht die Ungleichbehandlung des voll erfassten Geldvermögens gegenüber dem nur zu ca. 50 % berücksichtigten Marktwert der Immobilienvermögen gerügt. Die geforderte Angleichung der Immobilienbewertung an die Marktwerte bei der künftigen Vermögensteuer muss eine Selbstverständlichkeit sein. Zum anderen wurde der dubiose Grundsatz einer maximal «hälftigen Teilung zwischen privater und öffentlicher Hand» («Halbteilungsgrundsatz») gegen die Vermögensteuer angeführt. Danach darf maximal die Hälfte des so genannten «Sollertrags» per Steuern durch den Staat beansprucht werden. Diesen Grundsatz hat das Bundesverfassungsgericht mit seinem Urteil vom 18. Januar 2006 jedoch selbst als verfassungsrechtlich nicht geboten revidiert. Festgestellt wird, dass die ökonomische Leistungsfähigkeit des Steuerzahlers den Zugriff auf das Eigentum rechtfertigt (Vorgang 2 BvR 2194/99).

Manche kritisieren, mit der Vermögensteuer würde eine doppelte Besteuerung vorgenommen – zuerst das Einkommen und dann das daraus gebildete Vermögen. Aber das ist ein schwaches Argument. Schließlich steigert der Vermögensbesitz die ökonomische Leistungsfähigkeit. Die Mehrfachbesteuerung unterschiedlicher ökonomischer Tatbestände kann durchaus sinnvoll sein. Jedenfalls ist sie bei der Umsatzbesteuerung selbstverständlich. Zuerst werden die Einkommen mit der Einkommensteuer belastet, um dann deren konsumtive Verwendung nochmals mit (indirekten) Verbrauchsteuern zu belegen.

Aller interessengeleiteten Anti-Propaganda zum Trotz wird hier in Anlehnung an die Vorschläge der «Arbeitsgruppe Alternative Wirtschaftspolitik» die Wiederbelebung der 1997 ausgesetzten Vermögensteuer mit folgenden Eckwerten gefordert: Besteuert werden nur die privaten Haushalte, nicht die Betriebsvermögen, deren Besteuerung maßgeblich auf der Basis der natürlichen Eigentümer erfolgt. Der Steuersatz beträgt 1 % jenseits des Freibetrags. Für eine Familie mit 4 Personen wird ein Freibetrag von über 500 000 Euro eingeräumt (ausgenommen das selbst genutzte Wohneigentum, Ehepaar 300 000 €, je Kind 100 000 €). Die Einnahmen aus der Vermögensteuer werden mit 14 Milliarden Euro geschätzt. Die Sorge, die Erhebungskosten würden die Einnahmen extrem reduzieren, ist angesichts dieses Volumens nicht ernst zu nehmen; und es gibt eine Erhebungstechnik, die die Kosten für die Finanzämter niedrig halten kann. Die Einnahmen aus der Vermögensteuer sollten auf die Finanzierung von Bildungsinvestitionen konzentriert werden. Die Verletzung des so genannten Nonaffektationsprinzips, das eine spezifische Verwendung einzelner Steuern prinzipiell ausschließt, ist hier durchaus hinnehmbar, ähnlich wie beim Solidaritätsbeitrag für den «Aufbau Ost».

➔ Dringender Reformbedarf besteht bei der **Erbschaft- und Schenkungsteuer**. Da diese Vermögenswechsel ohne eigenes Zutun die ökonomische Leistungsfähigkeit der Begünstigten erhöhen, ist die Besteuerung dieses Vorgangs wichtig. Das Bundesverfassungsgericht hat die Bundesregierung inzwischen mehrfach aufgefordert, die Bewertung von Immobilien mit der von Geldvermögen gleichzustellen. Derzeit sind die Freibeträge sowie die Steuersätze nach Verwandtschaftsgrad und der Höhe des Vermögenswertes gestaffelt (steigender Steuersatz mit zunehmendem Vermögenswert sowie abnehmendem Verwandtschaftsgrad).

Nach einer Schätzung wird derzeit das jährliche Erbschaftsvolumen mit durchschnittlich 65 000 Euro für rund 1,5 % aller Privathaushalte angegeben. Daran gemessen ist das gegenwärtige Steueraufkommen von 3 Milliarden Euro – das sind 1 % aller Steuereinnahmen – recht niedrig. Dies ist die Folge vergleichsweise niedriger Steuersätze und hoher Freibeträge. Während 2001 der Anteil an Einnahmen an der Vermögensteuer in Deutschland nur 0,15 % betrug, fällt in anderen wichtigen Ländern die relative Belastung deutlich höher aus (Frankreich 0,56 %, USA 0,36 %, Niederlande 0,31 %, Schweiz 0,28 % und Großbritannien 0,24 %). Die Eckwerte der notwendigen Reform der Erbschaft- und Schenkungsteuer sind: marktnahe Bewertung der Immobilien mindestens bis zu 80 % des Verkehrswertes; Senkung der derzeit viel zu hohen Freibeträge vor allem in der Steuerklasse I (unmittelbar Verwandte); Anhebung des Spitzensteuersatzes bei den unmittelbaren Verwandten mit derzeit nur 30 %, der erst ab einem zu versteuernden Erbe von 25 Millionen Euro einsetzt.

➔ Während üblicherweise Steuern ohne spezielle Verwendung zur allgemeinen Finanzierung öffentlicher Aufgaben eingesetzt werden, steht bei der Ökosteuer der Lenkungszweck im Mittelpunkt. Mit **Ökosteuern** wird versucht, die ansonsten aus dem privatwirtschaftlichen Kalkül ausgelagerten (externalisierten) Kosten den einzelnen Verursachern zuzurechnen (zu internalisieren). Dadurch soll ein Anreiz für ökologisch rationales Verhalten gesetzt werden. Wer auf das Gaspedal in seinem Auto tritt, der erzeugt über die privaten Kosten hinaus durch die Umweltverschmutzung ökologische Kosten, die der Gesellschaft angelastet werden. Nur der Staat ist in der Lage, diese Kosten zuzurechnen und Anreize zu setzen, um ihr Entstehen zu verhindern. Neben Ge- und Verboten dient dazu die Ökosteuer. Sie stellt einen politisch entschiedenen Preisaufschlag auf Benzin dar. Diese politisch gewollte Verteuerung zielt auf die Reduktion des Benzinverbrauchs. Deutschland hat sich unter dem wachsenden Druck durch die Erderwärmung und die Vereinbarungen nach dem Kyoto-Protokoll zur Reduzierung der CO_2-Emissionen dazu durchgerungen, zum 1. April 1999 mit der ersten Stufe einer ökologischen Steuerreform zu starten. Das Protestgeschrei vor allem der Industrielobby war damals groß. Heute ist eine gewisse Gewöhnung an die Ökopreisaufschläge zu beobachten, obwohl die Ölpreise aus ganz anderen Gründen stark gestiegen sind. Nach diesem Einstieg sind bisher insgesamt fünf Stufen gezündet worden (die letzte zum 1.3.2003).[44] Neben den politischen Preisaufschlägen auf die Kraftstoffe, das Heizöl, das Erdgas (zum Verheizen) sowie das Flüssiggas ist auch eine Stromsteuer eingeführt worden, die seit 2003 bei 2,05 Cent je kW/h liegt.

Die stufenweise Durchsetzung der Ökosteuer ist wegen ihres Grundgedankens, die Externalisierung von ökologischen Folgekosten so weit wie möglich zu vermeiden, von großer historischer Bedeutung. Allerdings sind, im Konflikt zwischen dem ökologischen Ziel der Dämpfung einer ansonsten steigenden Umweltbelastung einerseits und dem ökonomischen Widerstand dagegen wegen des größeren Kostendrucks andererseits, Ausnahmen eingebaut worden, die die ökologische Wirkung abschwächen. Die in fünf Stufen realisierten Zuschläge auf die Preise sind sehr gering ausgefallen. Die Nachfrage nach diesen Energieträgern ist kaum zurückgegangen. Das hat aus Sicht des Staates die Finanzierungswirkung verstärkt. Derzeit beläuft sich das Volumen auf ca. 23 Milliarden Euro. Steuerliche Vergünstigungen für Unternehmen – gerade des Verarbeitenden Gewerbes –, die nur mit 60 % des Ökosteuersatzes auf Heizstoffe und Strom belastet werden, sowie Sonderregelungen für energieintensive Betriebe stehen im Widerspruch zu einer nachhaltigen Umweltpolitik. Auch die überwiegende Verwendung der Einnahmen aus der Ökosteuer zur Stabilisierung der Beiträge zur gesetzlichen Rentenversicherung verschenkt die ökologische Wirkung. Hätte man diese Einnahmen stattdessen zur Finanzierung von Infrastruktur des ökologischen Umbaus verwendet – etwa zum Ausbau eines attraktiven öffentlichen Nah- und Fernverkehrssystems –, so wäre die nachhaltige Wirkung auch für künftige Generationen größer gewesen.

Diese ökologische Steuerreform muss endlich beherzter fortgesetzt werden. Dabei müssen zur Erhöhung ihrer Wirksamkeit die beschriebenen Defizite abgebaut werden. Ökologischer Umbau ist die beste Voraussetzung für eine erfolgreiche Langzeitökonomie. Die Ökosteuer ist hier nur ein, allerdings wichtiges Instrument. Ein anderes ist zum Beispiel der institutionalisierte Handel mit Emissionen zur Reduktion der Treibhausgase nach dem Kyoto-Protokoll vom Dezember 1997. Die Politik definiert die maximal zulässige Menge an Emissionen von Kohlendioxid, während innerhalb der Industrie auf dieser Basis mit Zertifikaten (Rechten auf Umweltverschmutzung) an einer speziellen Börse gehandelt wird: Ein Unternehmen mit einer Anlage, die die Umwelt stärker belastet als erlaubt, muss sich das Recht dazu von einem anderen Unternehmen erwerben, das mit moderneren Anlagen unter dem Grenzwert bleibt. Auf der Basis der entsprechenden EU-Richtlinie ist der Einstieg in den CO_2-Handel in Deutschland bereits erfolgt. Die zulässige Gesamthöhe an CO_2-Ausstoß, die die Wirtschaft so weit wie möglich öffnen wollte, ist derzeit allerdings hoch, und die vielen Ausnahmeregelungen stehen zum ökologischen Ziel im Widerspruch.

Zu einer konsequenten Politik für eine nachhaltige Entwicklung gehören darüber hinaus explizite Verbote, wenn bestimmte Belastungen sofort unterbunden werden müssen. Nötig sind weiter öffentliche Investitionen in den ökologischen Umbau sowie die Stärkung regenerativer Energien. Heute wird intensiv über das Ausmaß und die Folgen der ökonomischen Globalisierung im Sinne wachsenden, grenzüberschreitenden Wirtschaftens geredet. Gewiss ist, dass die heraufziehende Klimakatastrophe jedenfalls schon einen hohen Grad an Globalisierung erreicht hat. Sie kennt keinerlei Grenzen. Dagegen ist das umweltpolitische Handeln noch peinlich gering ausgeprägt. Dabei erzwingt der ökologische Umbau der Wirtschaft neue Produkte und Arbeitsplätze. Dass eine prosperierende Langzeitökonomie nur auf der Basis umweltschonenden Wirtschaftens möglich ist, sollten endlich auch die so genannten Fiskalisten erkennen, die den Lenkungszweck der Steuern für eine bessere Umwelt bisher ablehnen.

Wer hat die Macht? – Mythen über den Arbeitsmarkt

Die scheinbare Allmacht neoliberaler Deregulierung

Die Arbeitslosigkeit in Deutschland wird auch in den nächsten Jahren steigen. Denn derzeit ist nicht erkennbar, dass sich die Große Koalition zu einer gestaltenden Beschäftigungspolitik durchringen wird, die sich auf die Unternehmenswirtschaft als Verursachungszentrum der unzureichenden Nachfrage nach Arbeitskräften konzentriert. Vielmehr folgt die Politik der vorherrschenden Ideologie, die sich bei der Deutung der Ursachen von Arbeitslosigkeit nur auf die Suche nach marktinkonformem Fehlverhalten der Beschäftigten sowie der Arbeitslosen begibt.* In diesem neoliberalen Krisenszenario wird den Gewerkschaften die Macht zugesprochen, hohe Lohnsätze durchzusetzen, die die

* Dieses marktoptimistische Paradigma wird, wie gesehen, mit unterschiedlichen Adjektiven belegt: neoliberal, neoklassisch, monetaristisch und angebotsorientiert. Diesen Charakterisierungen ist die Grundauffassung gemeinsam, dass sich selbst überlassene Märkte zum optimalen Gleichgewicht finden. Gegenüber dieser Basis weisen die Adjektive auf unterschiedliche politische und ökonomische Aspekte hin. Neoliberal bezieht sich stärker auf das Gesellschaftsmodell einer Marktökonomie; neoklassisch ergibt sich aus der ökonomischen Theorie des allgemeinen Gleichgewichts; monetaristisch konzentriert sich auf die geldpolitischen Folgen einer aus eigener Kraft stabilisierungsfähigen Marktwirtschaft; angebotsorientiert betont stärker die Senkung der Kosten, also die Angebotsseite («supply-side-economics»). Es handelt sich also nur um Varianten ein und desselben Regelsystems zur optimalen Marktallokation.

Unternehmen zum Abbau von Arbeitsplätzen zwingen. Schließlich wird der Sozialstaat zum Mitschuldigen für die Arbeitslosigkeit erklärt, weil er mit seinen Sozialleistungen den Druck auf Arbeitslose entschärfe, zu niedrigen Löhnen zu arbeiten. Damit wird deutlich: Die Suche nach den Ursachen der Arbeitslosigkeit konzentriert sich ausschließlich auf das «machtvolle» Fehlverhalten vor allem der als «außermarktmäßig» angesehenen Kräfte. Die Macht der Unternehmen, die mit ihrem Investitionsmonopol letztlich über den Einsatz von Arbeitskräften entscheiden, wird in diesem Szenario überhaupt nicht beachtet. Die Tatsache, dass die Unternehmen ihre Arbeitskräftenachfrage nicht auf den abgeschotteten Arbeitsmärkten entscheiden, sondern ihre Gewinnstrategien an den Güter- und Kapitalmärkten ausrichten, wird dabei ebenfalls völlig ausgeblendet.

Logisch konsequent ist die Therapie, die aus dieser neoliberalen Sichtweise folgt. Die Funktionsweise der Arbeitsmärkte soll an den Regeln allgemeiner Produktmärkte ausgerichtet werden, sie haben wie Bananen- oder PC-Märkte zu funktionieren. Unter dem Ziel der Flexibilisierung des Lohnes – das ist der Preis der Ware Arbeitskraft – wird dessen Anpassung an den (markträumenden) Gleichgewichtspreis durch folgende Maßnahmen angestrebt:

– Abschaffung des verbindlichen Flächentarifvertrags zugunsten einer Verlagerung der Lohnfindung auf die Betriebe (Verbetrieblichung der Tarifpolitik),

– mit der Auflösung des Flächentarifvertrags eine starke Reduzierung der Gestaltungskraft der Gewerkschaften in den Betrieben und der Gesellschaft,

– Abbau sozialstaatlicher Leistungen für Arbeitslose, um den existenziellen Zwang zur Arbeitsaufnahme zu erhöhen.

Insgesamt zielt diese Marktflexibilisierung darauf, jene Regulierungsinstrumente nicht mehr zu nutzen, mit denen ein sozialer Mindestschutz der existenziell von der Erwerbsarbeit Abhängigen hergestellt werden muss. Daraus folgt gleichsam spiegelbildlich der neoliberale Kampfbegriff: Deregulierung.

Der völlige Freispruch der Unternehmen von der Verursachung der Arbeitslosigkeit erübrigt Vorschläge zur Einbindung der Arbeitsplatzanbieter in eine aktive Beschäftigungspolitik. Während die Macht der Gewerkschaften völlig übertrieben wird, reden sich die Unternehmen trotz ihres Investitionsmonopols zu machtlosen Erfüllungsgehilfen der Marktgesetze klein. Das stellt die wirkliche Verteilung der ökonomischen Macht auf den Kopf, aber die damit verbundene Absicht liegt auf der Hand. Die Deregulierung, die eine «Entfesselung der Marktkräfte» auf den Arbeitsmärkten anstrebt, dient einer gigantischen Umverteilung. Auf der Ebene der monetären Verteilung werden die Gewinneinkommen gegenüber den Arbeitseinkommen erhöht, die insgesamt ungerechte Einkommensverteilung wird also vertieft.

Auch auf der Ebene des Rechts wird eine Umverteilung angestrebt. Unternehmensrechte und damit deren Entscheidungsfreiheit werden ausgeweitet, während die Rechte der Beschäftigten eingeschränkt werden. Dabei lässt sich empirisch und theoretisch zeigen, dass eine solche Umverteilung der Einkommen und Rechte auf den Arbeitsmärkten kaum geeignet ist, die Nachfrage nach Arbeitskräften zu erhöhen und somit die Arbeitslosigkeit zu senken.

Trotz seiner erkennbaren theoretischen Defizite und empirischen Probleme wirkt das neoliberale Paradigma nicht nur in Deutschland geradezu übermächtig. Es wird der Eindruck einer alternativlosen Sachgesetzlichkeit erzeugt. Wer von der Verkündigung dieses zur zweiten Natur verklärten Radikalkapitalismus abweicht, ja gar Widerspruch erhebt, wird diskriminiert.

Die überwiegende Strömung in der Wirtschaftswissenschaft, die so genannten «mainstream economics», verkündet – in unterschiedliche, teils hochkomplexe Modelle verpackt – die einheitliche Lehre von der Lohnschrumpfung als Ausweg aus der Arbeitslosigkeit. Seit Mitte der 80er Jahre hat der «Sachverständigenrat zur Begutachtung der gesamtwirtschaftlichen Entwicklung» dieses Beratungskonzept entwickelt und ausgebaut. Jahr für Jahr wird diese Botschaft wiederholt, nur die unterschiedlichen Formulierungen und empirischen Verweise bringen ein wenig Abwechslung.

Es lohnt sich nicht einmal mehr, vor der jeweiligen Vorlage des Jahresgutachtens Wetten auf die Analyse der Ursachen der Arbeitslosigkeit und ihrer Therapierung abzuschließen, denn das Ergebnis der Mehrheitsmeinung steht immer schon vorher fest. Für die Vierermehrheit des «Rats der fünf Weisen» ist das Ende der Wirtschaftsgeschichte längst hereingebrochen; Jahr für Jahr verkünden sie die immer gleiche Botschaft: Entfesselt die reinen Marktkräfte und beseitigt alles, was sie stören könnte, denn sie werden es schon richten. Es gibt nur noch diese eine, als überhistorisch verstandene Wahrheit. Dass trotz einer moderaten Lohnpolitik und dem bereits praktizierten Abbau von Regulierungen auf den Arbeitsmärkten in den vergangenen Jahren Vollzeitarbeitsplätze abgebaut worden sind, kann die Vierermehrheit dieses «Rats der Weisen» in ihrem marktoptimistischen Glauben nicht erschüttern.

Dabei hat die Ratsmehrheit durch die theoretisch fundierten und empirisch abgesicherten Minderheitsvoten des keynesianisch ausgerichteten Peter Bofinger gleichsam im eigenen Hause die Chance einer kritischen Auseinandersetzung. Bofinger betont in seinen Minderheitenvoten, dass über die Arbeitskräftenachfrage nicht ursächlich auf den Arbeitsmärkten, sondern durch Gewinnstrategien der Unternehmen auf den Güter- und Kapitalmärkten entschieden wird. Es geht Bofinger zu Recht darum, die Tariflöhne gesamtwirtschaftlich auszurichten. Sie müssen, um auch ausreichende Konsumnachfrage zu generieren, an dem Beitrag der Beschäftigten zur (preisbereinigten) Wertschöpfung (Arbeitsproduktivität + Inflationsausgleich) ausgerichtet werden. Diese empirisch und theoretisch begründete Alternativsicht prallt indessen an der festgefahrenen Vierermehrheit ab. Da wird wohl eher auf das Ausscheiden dieses letzten Keynesianers im Rat gesetzt, dem dann ein treuer Neoklassiker folgen soll.

Jeder kann sehen, dass der neoliberale Ansatz falsch ist? Weil die Löhne sinken und die Arbeitsplätze trotzdem nicht mehr werden? Kein Problem! Diese kapitalistisch-optimistische Endzeitökonomie hat auch dafür eine Rechtfertigung parat. Wir kennen sie bereits aus anderem Zusammenhang. Sie ist zwar intellektuell trostlos, wirkt aber, nach dem Motto: Wenn die neoklassische Rezeptur (noch) keine Erfolge zeigt, dann liegt das nicht an einer falschen Diagnose, sondern an der noch unzureichenden Dosierung im Rahmen der marktradikalen Therapie. Es muss noch mehr dereguliert werden, dann wird es irgendwann schon klappen. So lässt sich dann auch erklären, warum dieses Paradigma der «mainstream economics» trotz der unverändert anhaltenden Krise auf den Arbeitsmärkten und trotz international anderer Entwicklungen an Bedeutung gewonnen hat.

Die bedrohliche Verbreitung dieser radikalen Theorie wird jedoch nicht nur von Kräften aus der Wirtschaftswissenschaft betrieben. Dass sie inzwischen die Köpfe erobert hat, liegt maßgeblich an den Medien. Der Großteil der Medien funktioniert als populistischer Verstärker dieser neoliberalen Heilslehre in der Öffentlichkeit. Das gilt für die großen Printmedien ebenso wie für die Fernsehmedien. Auch die öffentlich-rechtlichen Programme propagieren, abgesehen von einigen rühmlichen Ausnahmen, in der Hauptsendezeit die Mär von den zu hohen Löhnen und Sozialleistungen. Allerdings keimt Hoffnung. Mit der schon lange anhaltenden Arbeitsmarktkrise und der unübersehbaren Erfolglosigkeit der neoliberalen Therapie wird in einigen Pioniermedien die Berichterstattung über die real existierende Ökonomie kritischer. Bei der erdrückenden Mehrheit der Medien aber lässt sich so etwas wie eine barometrische «Gleichschaltung» ohne externe Gewalt feststellen, von ZDF bis Vox, von *Spiegel* bis *Focus*. Möglicherweise in der Aufmachung, in der Sache jedenfalls dominiert das marktoptimistische Paradigma, das der Stärkung der ökonomischen Klasse dient. So genannte Denktanks wie die durch den Metallverband finanzierte «Initiative Soziale Marktwirtschaft» versorgen die Medien mit dem ökonomischen Einheitsbrei. Mit missionarischem Eifer werden von ihr gesellschaftliche «Botschafter» für die als sachgesetzlich, alternativlos dargestellte «Entfesselung der Marktkräfte» eingesetzt. Die Botschaft selbst ist beschämend simpel: Arbeitslosigkeit ist das Produkt zu hoher, von den Gewerkschaften durchgepeitschter Löhne. Einzelbeispiele des Fehlverhaltens von Arbeitslosen werden in epischer Breite vorgestellt und per Induktionsschluss generalisiert. Längst werden die eigentlichen Opfer der Beschäftigungskrise als muntere Täter verallgemeinert. Auf die Rolle der Unternehmer in diesem Geschäft wird kaum kritisch eingegangen. Wenn es gerade mal populistisch passt, werden zwar auch Kapitalgesellschaften, die trotz hoher Renditen Arbeitsplätze abbauen, gegeißelt. Die Kritik bleibt jedoch moralisierend oberflächlich und ändert nichts an der Grundbotschaft. Es bleibt dabei: Die Arbeitslosigkeit ist auf zu hohe Löhne, zu starke Gewerkschaften und zu üppige Sozialleistungen zurückzuführen. Die Dauerberieselung der Öffentlichkeit mit dieser Predigt gleicht inzwischen einer Gehirnwäsche.

Schließlich die Politik. Auch und gerade sie hat sich durch den Druck der glühenden Pro-Markt-Wirtschaftswissenschaft und der marktoptimistischen Medien dieser neoliberalen Deutung und Therapierung der Arbeitslosigkeit verschrieben. Interessanterweise war zwar die Kohl-Regierung konzeptionell durchaus am Modell der neoliberalen Stärkung der Unternehmenswirtschaft durch Abbau sozialer Rechte auf den Arbeitsmärkten ausgerichtet. Die eher emotionale Treue zur Sozialen Marktwirtschaft hat jedoch die ideologisch gewollte Radikalität bei der realen Umsetzung gebremst. Die schrittweise Enthemmung dieser Politik blieb der rot-grünen Bundesregierung vorbehalten. Dafür steht die als «Reformpolitik» etikettierte «Agenda 2010». Erstmals wurden die

Sozialleistungen für die meisten Langzeitarbeitslosen verschlechtert; vor allem wurde mit einem äußerst weiten Begriff von «Zumutbarkeit» der Marsch vormals hoch qualifizierter Arbeitskräfte in den Niedriglohnsektor erzwungen.

Dazu passt der Begriff Reform überhaupt nicht. Reform – das meinte einmal den Abbau struktureller, sozial-ökonomischer Abhängigkeiten zugunsten sozialer Absicherung. Im Vergleich zu den großen Reformen auf den Arbeitsmärkten und im Sozialsystem, deren wichtigste Teile in der Willy-Brandt-Ära durchgesetzt wurden, bringt der Neoliberalismus Rückschritt – ja er führt in die Restauration. Nach der spektakulären Auflösung des Deutschen Bundestags im Zuge der von Gerhard Schröder inszenierten Vertrauensfrage kam es zum Wechsel zur schwarz-roten Großkoalition in Berlin. Wird sich etwas ändern? – Nicht wirklich, wie es im Moment aussieht. Wie vor allem der Koalitionsvertrag klar zum Ausdruck bringt, steht auch für sie, jedenfalls mittelfristig, die neoliberale «Entfesselung der Marktwirtschaft» zur Bekämpfung der Massenarbeitslosigkeit im Vordergrund. Allerdings hat sich die neue Bundesregierung im ersten vollen Regierungsjahr 2006 Zurückhaltung auferlegt. Die Radikalforderungen vor allem der CDU/CSU im Wahlkampf werden (noch) nicht eingelöst. Diese Zurückhaltung ist sicherlich auch auf das Wahlergebnis zurückzuführen. Denn die Bundestagswahl hat klar gezeigt, dass über die Hälfte der Wählerinnen und Wähler für den sozialen Ausgleich votieren.

In der Logik der im Regierungsprogramm festgeschriebenen Politik jedoch ist die endgültige Entscheidung für eine marktradikale Politik vorprogrammiert. Die Politik, mit der die schwarz-rote Bundesregierung die Arbeitslosigkeit angehen will, folgt grundsätzlich dem in der ökonomischen Theorie etikettierten neoklassischen Szenario. Im Mittelpunkt steht die Deregulierung der Arbeitsmärkte nach dem Vorbild der kapitalistisch organisierten Warenmärkte:

➔ Die Schlüsselrolle wird der Senkung der Lohn- und Lohnnebenkosten zugewiesen. Der mächtige Einfluss des Unternehmensmanagements beim Abbau von Arbeitsplätzen bleibt tabu. Dazu strebt die CDU/CSU die Deregulierung des derzeitigen Flächentarifvertrags an. Wird die Lohnfindung auf die betriebliche Ebene verlagert, dann würde, wie noch ausgeführt wird, ein zentrales System zur sozialen und ökonomischen Stabilisierung aufgegeben. Vor allem aber würden die Gewerkschaften ihre wesentliche Funktion bei der Gestaltung der Arbeitsbedingungen für die Beschäftigten in den Betrieben und insgesamt in der Wirtschaft verlieren.

➔ Zum Programm der Deregulierung der Beschäftigungsverhältnisse gehört aus Sicht der CDU/CSU eine weitere Einschränkung des Kündigungsschutzes. Vorgesehen ist das Angebot eines Tauschs: Rechtsansprüche auf Weiterführung des Arbeitsverhältnisses werden zugunsten einer einmaligen Abfindung getauscht. Genauer fixiert sind die geplanten Maßnahmen noch nicht. Allerdings ist im Regierungsprogramm bereits die Verlängerung der Probezeit bei Neueinstellungen von 6 auf 24 Monate vorgesehen. Damit wird zum Nachteil Neueingestellter praktisch eine neue Art von zeitlich befristetem Beschäftigungsverhältnis eingeführt. Bereits die rot-grüne Bundesregierung hatte den Kündigungsschutz gelockert. Umfragen belegen, dass im Widerspruch zu den Ankündigungen aus der Wirtschaft damit kaum neue Beschäftigungsverhältnisse geschaffen worden sind.

➔ Nach den Ankündigungen der CDU/CSU im Rahmen der Bundestagswahl drohen empfindliche Einschnitte bei der Mitbestimmung in den Unternehmen. Dadurch würde die Beteiligung der betrieblichen Interessenvertretung an grundlegenden Unternehmensentscheidungen eingeschränkt. Im neoliberalen Weltbild wird die Mitbestimmung als Störfaktor unternehmerischer Rationalität gesehen. Dabei begründen viele Beispiele für Fehlentscheidungen der Vorstände in Kapitalgesellschaften und Personenunternehmen ihre Notwendigkeit; sie ist geradezu eine Produktivitätsressource. Mitbestimmung in den Unternehmen dient im Übrigen der Wirtschaftsdemokratie; sie ist die ständige Aufforderung an die Unternehmensleitungen, ihre Entscheidungen zu hinterfragen.

Derzeit ist diese Politik der Deregulierung zwar im Grundansatz erkennbar, wird aber im konkreten Regierungshandeln nicht mit der entsprechenden Radikalität umgesetzt. Die Fixierung auf diesen Ansatz verhindert aber, die Arbeitslosigkeit mit einem ökologisch ausgerichteten Investitionsprogramm zur Stärkung des Wirtschaftswachstums aktiv zu bekämpfen. Was ist denn zu erwarten, wenn die leichte konjunkturelle Besserung 2006 nicht in einen nachhaltigen Aufschwung mit positiven Wirkungen auf die Arbeitsmärkte mündet? Vieles spricht dafür, dass die stagnative Grundtendenz mittelfristig dominieren wird. Die Bundesregierung wird sich dann mit immer weiteren Schritten in der «Marktentfesselung» verheddern. Dafür spricht der Verzicht auf eine nachhaltige Stärkung der Binnenwirtschaft, der dem geplanten Politikansatz eigen ist. Jedenfalls verweilt die Arbeitslosigkeit auf hohem Niveau. Die marktoptimistische Politik nimmt nicht die Arbeitslosigkeit in den Griff, sondern die Opfer der Krise, die Arbeitslosen.

Lohnzurückhaltung für Jobs: Der Marsch in den Billiglohnsektor

Schauen wir uns die Strategie der Entfesselung der Arbeitsmärkte einmal näher an. Wir wollen sie auf zwei Ebenen einer kritischen Kontrolle unterziehen. *Einerseits* geht es um den empirischen Test der Behauptung, Lohnzurückhaltung würde durch neue Jobs belohnt, also um die Frage, ob die Erfahrung diese These bestätigen kann. *Andererseits* müssen die im neoklassischen Arbeitsmarktmodell unterstellten Verhaltensannahmen und Funktionszusammenhänge grundlegend überprüft werden.

Die erste Frage kann fast jeder beantworten, der arbeitet. Die ideologiefreie Empirie widerlegt einwandfrei die These von der Lohnzurückhaltung als Mittel der Sicherung und Schaffung neuer Jobs. Obwohl nun schon seit mehreren Jahren die Lohnkosten vor allem unter dem Druck der Massenarbeitslosigkeit reduziert worden sind – und dies auch über die Einschränkung des mit dem Tarifvertragssystem angestrebten sozialen Mindestschutzes –, lässt sich die versprochene Zunahme der Beschäftigung nicht nachweisen. Vielmehr ist durch diese Politik im Trend eine tiefe Spaltung der Beschäftigungsentwicklung durchgesetzt worden: Während Vollzeitarbeitsplätze kontinuierlich abgebaut worden sind, hat der Niedriglohnsektor vor allem durch die Expansion geringfügiger Beschäftigungsverhältnisse beängstigend an Bedeutung gewonnen.

Die Zahl der (sozialversicherungspflichtigen) Vollzeitbeschäftigten ist zwischen den Jahren 2000 und 2005 um knapp zwei Millionen auf 23,555 Millionen zurückgegangen. Ein Ende dieser Jobdemontage ist nicht abzusehen. Ernst zu nehmende Prognosen gehen vom anhaltenden Verlust vollwertiger Arbeitsplätze in den kommenden Jahren aus. Der erste Teil des Plans «Gewinnsteigerung durch sinkende Arbeitskosten zugunsten arbeitsplatzschaffender Investitionen» ist voll realisiert worden: Die Arbeitskosten sind gesunken, die Gewinne gestiegen. Die versprochene Belohnung mit neuen Arbeitsplätzen hat dagegen nicht stattgefunden. Mit steigenden Gewinnen ist die Zahl der Arbeitsplätze im Durchschnitt gesunken.

Gleichzeitig wächst die Zahl der geringfügigen Beschäftigungsverhältnisse: Die Teilzeitbeschäftigung hat auf 11,21 Millionen im Jahr 2005 zugenommen. Die Wahl von Teilzeitjobs entspricht häufig dem Wunsch der Beschäftigten. Dies erklärt den Anstieg der Frauen in Teilzeitbeschäftigung. Die Zunahme ist jedoch auch darauf zurückzuführen, dass Unternehmen nur noch Halbtagsjobs anbieten, und dann kann von einer freien Wahl nicht mehr die Rede sein. Geradezu ein «Jobwunder» vollzieht sich im Bereich geringfügiger Beschäftigung. Das schnell heranwachsende Heer an geringfügig Beschäftigten wird durch die Zunahme des Indexwertes um knapp 30 % im Jahr 2006 (100 im Jahr 2000) dokumentiert. Darin spiegelt sich die den Arbeitsmarkt belastende Umschichtung von Vollzeitarbeitsplätzen in den Niedriglohnsektor der geringfügigen Beschäftigung wider.

Die Politik hat diesen Umbau durch eine Reihe von Deregulierungen am Arbeitsmarkt forciert. Den Einstieg bildete das so genannte Beschäftigungsförderungsgesetz von 1985 (heute: Teilzeit- und Befristungsgesetz), das die Befristung von Jobs auf zwei Jahre ohne sachlichen Grund zuließ. Die Unternehmen nutzen diese Möglichkeit einem Drehtüreffekt vergleichbar. Vollzeitbeschäftigte werden entlassen oder Vollzeitstellen nicht wieder besetzt, während die geringfügig Beschäftigten durch die Drehtür in das Unternehmen eintreten. Eine weitere Expansion des Niedriglohnsektors geht von der Einrichtung der für die Beschäftigten abgabenfreien 400-Euro-Jobs aus. Und schließlich hat auch «Hartz IV» einen entscheidenden Schub ausgelöst.

In diesem Umbau des Arbeitsmarkts enthüllt sich die Logik einer Politik, die auf die Sicherung und Schaffung von Vollzeitarbeitsplätzen durch die Stärkung des Wirtschaftswachstums längst verzichtet. Vorangetrieben durch die Restrukturierung in den Unternehmen und die Auslagerung von Arbeitsplätzen in Billiglohnländer steigt die Zahl der Arbeitslosen. Die Politik konzentriert sich darauf, deren Vermittlungswillen auch unter der Bedingung von Billigarbeit zu erzwingen. Bei der zur Beschreibung von «Hartz IV» erfundenen Formel «Fordern und Fördern» umschreibt der Begriff «Fordern» die damit verknüpfte Disziplinierung viel zu vornehm. Das «Fördern» hingegen ist zunehmend bloße Behauptung. Beschäftigungspolitische Maßnahmen mit dem Ziel der Qualifizierung haben an Bedeutung verloren. All dies ist Ausdruck einer Politik, die ausschließlich auf Lohnsenkung setzt und damit die gesamtwirtschaftliche Entwicklung schwächt.

Die neoliberale Heilslehre behauptet im Prinzip, dass die Arbeitslosigkeit sich allein auf dem Arbeitsmarkt beseitigen lässt, und zwar durch Lohnflexibilisierung. Wir werden dies nun näher untersuchen, wollen zuvor aber kurz die Dimension klären, von der die Rede sein muss.

Erwerbspersonenpotenzial	= Erwerbstätige	+ registrierte Arbeitslose	+ stille Reserve[1] insgesamt	Arbeitsplatzlücke[2]
45417	= 38369	4383	2665	7048

1 stille Reserve = stille Reserve im engeren Sinn (West 1374/Ost 419) + stille Reserve in Maßnahmen (West 569/Ost 302)
2 Arbeitsplatzlücke = registrierte Arbeitslose + stille Reserve insgesamt = Erwerbspersonenpotenzial – Erwerbstätige

Quelle: IAB-Kurzbericht Nr. 17/2004, S. 8–9

Tabelle 8: Arbeitsmarktbilanz im Jahr 2005 in Deutschland (in Tsd. Personen)

Werfen wir also zunächst einen Blick auf die Arbeitsmarktbilanz des Jahres 2005. Denn während das neoliberale Arbeitsmarktmodell lediglich das vom Lohnsatz abhängige Angebot an Arbeitskräften in die Analyse einbezieht, steht bei der Arbeitsmarktbilanz das gesamte Angebot, also das so genannte Erwerbspersonenpotenzial, im Mittelpunkt. Hier sind alle Personen erfasst, die aufgrund ihres Alters (Einfluss der Demographie), ihres sozioökonomischen Erwerbsverhaltens (damit ist vor allem der Anstieg der

Frauenerwerbstätigkeit gemeint) sowie im Zuge von Zuwanderung (abzüglich der Abwanderung) auf Erwerbsarbeit angewiesen sind und diese deshalb nachfragen. Nach den vorliegenden Daten für das Jahr 2005 standen dem Arbeitsmarkt rund 45,4 Millionen Menschen zur Verfügung (Tabelle 8). Aus der Differenz zwischen diesem Erwerbspersonenpotenzial auf der einen Seite und den tatsächlich von der Wirtschaft «nachgefragten» Erwerbspersonen andererseits resultiert die Arbeitsplatzlücke in Höhe von knapp 7 Millionen Menschen. Diese Arbeitsplatzlücke setzt sich aus der Zahl der registrierten Arbeitslosen sowie der so genannten stillen Reserve zusammen. Die stille Reserve bilden vor allem Menschen, die keine Chance auf die Vermittlung von Erwerbsarbeit sehen und sich deshalb bei den Arbeitsagenturen nicht (mehr) melden. Hinzurechnen lassen sich weiter jene, die sich in beschäftigungspolitischen Maßnahmen befinden und ohne dieses Angebot arbeitslos wären. Sieben Millionen fehlender Arbeitsplätze im Vergleich zur potenziellen Nachfrage nach Jobs sind also der Prüfstein, an dem Theorien zur Überwindung der Arbeitslosigkeit sich messen lassen müssen. Um es gleich zu konstatieren: Es gibt kein durchgerechnetes neoliberales Modell der Lohnsenkung, mit dem belegt wird, in welchem Ausmaß die Löhne sinken müssten, damit diese Arbeitslosigkeit verschwindet.

Das neoliberale Paradigma scheitert nicht nur an der Empirie. Und es wurde ja sogar gezeigt, dass trotz einer äußerst moderaten Lohnpolitik in den letzten Jahren die Arbeitslosigkeit nicht einmal gesunken ist. Das neoliberale Arbeitsmarktmodell scheitert auch in dem Versuch, die Arbeitslosigkeit zu erklären. Und das liegt unter anderem daran, dass es die Arbeitsmärkte genauso behandelt, als seien sie Märkte für Äpfel, Bananen oder Handys. Dazu gehört, dass es so tut, als ob Anbieter und Nachfrager von Arbeit im gleichen Reich der freien Entscheidung lebten.

Schauen wir also genau hin, was geschieht, wenn man Arbeitsmärkte wie Bananen- oder Äpfelmärkte behandelt. Die Auseinandersetzung lohnt sich. Denn dieses Paradigma bestimmt auch die

Politik, die Medien sowie überhaupt große Teile der Öffentlichkeit. Wenn die CDU/CSU den Abbau des Flächentarifs zugunsten betrieblicher Lohnvereinbarungen fordert, dann orientiert sie sich – vergleichbar der Preisbildung auf Gütermärkten – an der Flexibilisierung des Preises der Ware Arbeitskraft, um den Angebotsüberschuss – hier die Arbeitslosigkeit – abzubauen.

Wie also findet demzufolge die Lohnfindung auf den Arbeitsmärkten statt? Die Nachfrage nach Arbeitskräften wird in Abhängigkeit vom Reallohnsatz (preisbereinigter Nominallohn) gesehen und aus der Maxime der Gewinnoptimierung abgeleitet. Nicht der Nominal-, sondern der Reallohn entscheidet, in welchem Ausmaß Unternehmen Arbeitskräfte einsetzen. Aus Sicht des gewinnoptimierenden Unternehmers muss dieser Reallohn aus dem Beitrag eines Beschäftigten zur Wertschöpfung finanziert werden. Die Nachfrage nach Arbeitskräften ist dann und nur dann gewinnoptimal, wenn der Reallohn (l/P) dem zusätzlichen Beitrag an Wertschöpfung der zuletzt eingesetzten Arbeitskraft entspricht (Grenzproduktivität). Angenommen wird eine Produktionsfunktion, der zufolge diese Grenzproduktivität mit wachsendem Einsatz von Arbeitskräften sinkt. Dann müssen auch die Reallöhne sinken, wenn die Nachfrage nach Arbeitskräften steigen soll (vgl. den Verlauf der Nachfrage nach Arbeit, AN, in Graphik 4). Das ist die Analogie zum Obstmarkt, auf dem die Nachfrage nach Äpfeln bei sinkendem Preis steigt. Dagegen nimmt das Angebot an Äpfeln mit steigenden Preisen zu. Übersteigt das Angebot die Nachfrage, dann gibt es einen Angebotsüberschuss. Der Preis sinkt so lange, bis dieser Überschuss abgebaut ist, d.h. Angebot und Nachfrage übereinstimmen. Gegensätzliche Interessen der Anbieter und Nachfrager finden bei freier Beweglichkeit der Preise unter dem Druck der Konkurrenz einen «harmonischen» Ausgleich. Da ihre jeweiligen Ziele in Erfüllung gehen, ist dieses Gleichgewicht in sich stabil. Was passiert jedoch mit dem Angebot, das wegen des höheren Preises gegenüber dem Gleichgewichtspreis nicht verkauft wird? Mangels längerer Haltbarkeit werden die Äpfel ver-

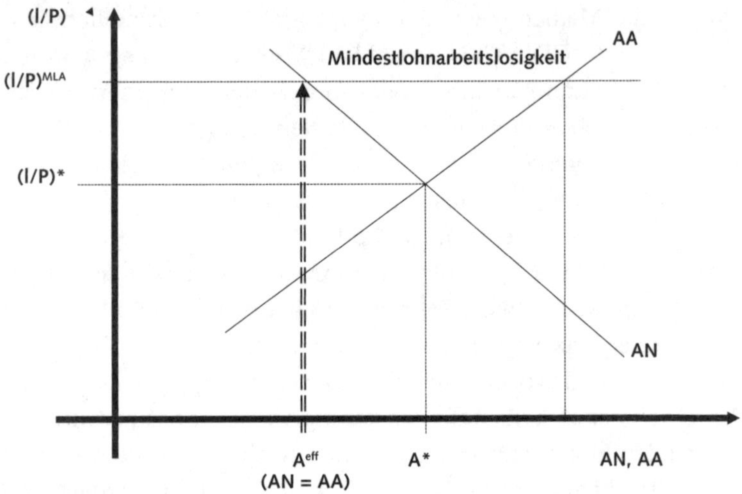

AN = Arbeitsnachfrage, AA = Arbeitsangebot, bei A* gilt A = AN; A^{eff} = effektive Nachfrage nach Arbeit; l = Lohnsatz, P = Preisniveau, l/P Reallohn; (l/P)* = markträumender Reallohn; $(l/P)^{MLA}$ = Mindestlohnarbeitslosigkeit

Graphik 4: Neoklassisches Arbeitsmarktmodell

nichtet. Handelt es sich um haltbare Güter, gehen diese ins Lager. Jedenfalls kommt nur die Nachfrage bei dem Preis zum Zuge, die ein entsprechendes Angebot findet.

Diese preisabhängigen Funktionen des Angebots und der Nachfrage am Äpfelmarkt sowie den Mechanismus zum harmonischen Ausgleich der Interessengegensätze bei markträumenden Preisen ohne Wenn und Aber auf den Arbeitsmarkt zu übertragen, bedeutet Folgendes: Hier ist der Preis der Ware Arbeitskraft der Lohnsatz. Das Angebot an Arbeit (AA) nimmt mit steigendem (nominalem) Lohnsatz zu. Zur Erklärung werden mikroökonomische Modelle bereitgestellt. Die Entscheidung, Arbeit zu einem vom Markt vorgegebenen Lohn anzubieten, basiert auf der Abwägung des monetären Ertrags – durch Arbeitseinkommen – einerseits und den

Opportunitätskosten der Arbeit anderseits. Diese ergeben sich aus der durch Arbeit entgangenen Freizeit. Die so konstruierte Angebotsfunktion basiert auf der freien Entscheidung des Arbeitsanbieters. Ist der Verlust der Freizeit durch Arbeit und damit das Grenzleid größer als das mit der Arbeit erzielte Einkommen, dann sinkt die Bereitschaft, die Arbeitskraft anzubieten. Der Anbieter seiner Ware Arbeit kann sich also den Luxus leisten, im wahrsten Sinne die Lust an der Arbeit zu verlieren. Demnach liegt die Entscheidungssouveränität für das Ausmaß der Arbeit ausschließlich beim Anbieter der Arbeit.

Mit der Wirklichkeit hat das kaum etwas zu tun. Die große Mehrheit der Arbeitsanbieter ist davon abhängig, Beschäftigung zu finden. Sie ist nicht in der komfortablen Lage, sich bei sinkenden Lohnsätzen schmollend vom Arbeitsmarkt zurückziehen zu können. Es dominiert der Zwang, zur bloßen Existenzsicherung auch zu niedrigen Löhnen arbeiten zu müssen. Ja, um Verluste beim Arbeitseinkommen auszugleichen, wird die Nachfrage nach Arbeit bei sinkenden Löhnen ausgeweitet. Die Angebotskurve verläuft im Vergleich zum Äpfelmarkt anomal, ja absurd: Weil die gehandelte Ware Menschen sind, die mit ihrer Arbeit Erwerbseinkommen erzielen (müssen), steigt das Angebot bei sinkenden Preisen. Der politisch dem Liberalismus zuzuordnende Wolfgang Stützel sprach in diesem Zusammenhang vom «Konkurrenzparadoxon». Deshalb lässt sich die «gängige Lehre von den stets segensreichen Wirkungen des freien Spiels alle Einzelpreise nicht … ohne jegliche Modifikation» in Richtung eines «menschenwürdigen Ausgleichs auf den Arbeitsmarkt übertragen».[45]

Die reine Marktlehre hat, wie gesehen, die folgende Lösung für den Fall parat, dass sich ein Preis ergibt, bei dem das Angebot größer ausfällt als die Nachfrage: Bei Preisflexibilität führt der Konkurrenzdruck zu einer Reduktion des Preises, bis schließlich das Angebot seine Nachfrage findet. Diese «Lösung» bei Angebotsüberschuss wird jetzt auf den Arbeitsmarkt übertragen (vgl. Graphik 4): Beim irgendwie vorgegebenen Reallohn (l/P) ist das Angebot größer als die Nachfrage. Der Überschuss an Arbeitskräften, also die Arbeitslosigkeit, löst eine Konkurrenz um Arbeitsplätze mit dem Instrument sinkender Lohnsätze aus. Erst beim Gleichgewichtslohnsatz – (l/P)* – ist der gesamte Angebotsüberschuss verschwunden. Wer zu diesem Lohnsatz seine Arbeit anbietet, dem wird durch die Unternehmen auch ein Arbeitsplatz angeboten. Wie ist jedoch die Lage derer, die nur zu einem höheren Lohn arbeiten wollen (also der Angebotsast rechts vom Gleichgewichtspunkt in der Graphik 4), zu bewerten? Nach diesem Modell handelt es sich – wir deuteten es schon an – um «freiwillige Arbeitslosigkeit». Denn nach dieser Lehre ist das Angebot an Arbeit das Ergebnis eines eigenständigen, individuellen Kosten-Nutzen-Kalküls. Arbeitsanbieter, die zu dem aus ihrer Sicht zu niedrigen Gleichgewichtslohnsatz nicht bereit sind, Arbeit anzubieten, sind dafür persönlich verantwortlich. Weil diese Arbeitslosigkeit freiwillig gewählt worden ist, sind auch sozialstaatliche Leistungen oder gar eine Beschäftigungspolitik völlig sinnlos.

Dieses neoliberale Arbeitsmarktkonstrukt scheint im Widerspruch zur Realität zu stehen. Denn die Massenarbeitslosigkeit ist auch für die Neoklassik unübersehbar. Einerseits darf es nach diesem Modell keine unfreiwillige Arbeitslosigkeit geben, denn diejenigen, die sich wegen des zu niedrigen Gleichgewichtslohns vom Arbeitsmarkt zurückziehen, sind ja freiwillig arbeitslos. Wie ist dann aber andererseits die Arbeitslosigkeit auf hohem Niveau zu erklären? Selbst eingefleischte Neoklassiker behaupten ja nicht, sie basiere ausschließlich auf freiwilligem Jobverzicht. Die Suche nach den Ursachen konzentriert sich indessen maßgeblich auf Kräfte außerhalb der Arbeitsmärkte, die das Regelsystem behindern. Identifiziert werden hier machtvolle Institutionen, die die Erfüllung der Marktgesetze behindern. Wir ahnen es schon: Das sind einerseits die Gewerkschaften, die im Tarifvertragssystem mit Macht zu hohe Löhne durchsetzen. Die Unternehmen sehen sich deshalb gezwungen, weniger Arbeit anzubieten. Die Arbeitslosigkeit wird aber auch durch den Sozialstaat verschlimmert. Denn dieser federt nach dieser Sicht die sozialen Lasten bei Arbeitslosen ab und reduziert damit den Druck, aus existenzieller Not billigere Arbeit anzunehmen. Hinzu tritt die aktive Beschäftigungspolitik, die die aus Unternehmenssicht viel zu hohen Löhne auch noch überdeckt.

Im Zusammenspiel dieser Kräfte sozialstaatlicher Regulierung wird also gegenüber dem markträumenden Lohnsatz ein weit höherer, politisch gewollter Mindestlohn fixiert. Unternehmen können, so die Konklusion, nur mit der Verweigerung von Arbeitsplätzen reagieren. Wie in der Graphik 4 deutlich wird: Beim Reallohn (l/P) kommt es zu einer Differenz zwischen dem Arbeitsangebot und der viel zu niedrigen Arbeitsnachfrage. Diese Arbeitsplatzlücke wird als «Mindestlohnarbeitslosigkeit» bezeichnet. Dieses geradezu übermächtige Paradigma der Erklärung der Arbeitslosigkeit mit zu hohen Löhnen durch die außerhalb der Marktregeln stehenden bösen Mächte Gewerkschaften und Staat gehört seit langem zum Standardrepertoire der Neoliberalen. Dabei ist es in den letzten Jahren empirisch widerlegt worden. Die entscheidungstheoretischen Grundlagen haben kaum etwas mit der Wirklichkeit zu tun.

Rekapitulieren wir: Am Arbeitsmarkt wird ein Anbieter unterstellt, der sich in der komfortablen Situation befinden soll, auf der Basis seines eigenständigen Kosten-Nutzen-Kalküls zu entscheiden, in welchem Ausmaß er Arbeit anbietet. Diese Entscheidungsmöglichkeit kann es aber nur geben, wenn der «freiwillige Arbeitslose», der den gebotenen Lohn als zu gering empfindet, zur Sicherung seiner Existenz auf andere Einkünfte außerhalb der Erwerbsarbeit zurückgreifen kann. Wenn also auf Arbeitseinkommen verzichtet wird, dann muss der Arbeitsanbieter über Einkünfte aus Vermögen verfügen. Gemessen am Ausmaß der Arbeitslosigkeit müsste eine Heerschar freiwilliger Arbeitsloser existieren, die über ausreichende Vermögenseinkünfte verfügen. Diese Fiktion steht im Widerspruch zur realen Lage der Beschäftigten in der Arbeitswelt. Die große Mehrheit ist existenziell von Einkommen aus

Erwerbsarbeit abhängig. Sicherlich haben manche über die Jahre eigenes Vermögen gebildet. Kommt es jedoch zum Verlust des Arbeitsplatzes, dann reicht für die meisten Betroffenen ihr Vermögen ebensowenig wie die Abfindung zur weiteren Existenzsicherung bei weitem nicht aus. Die harte Wirklichkeit ist: Die existenziell von der Erwerbsarbeit Abhängigen bieten ihre Arbeit zu jedem Lohnsatz an. Die Nachfrage nach Arbeit ist gegenüber Lohnveränderungen unelastisch. Werden die Löhne im Betrieb gesenkt, dann können sich die Beschäftigten nicht zurückziehen.

Übrigens spricht auch die aktuelle Vermögensverteilung gegen den Rückzug vieler Arbeitsloser auf ihre Vermögenseinkünfte. Denn dann müssten sich die Vermögen vorrangig auf die Masse der Beschäftigten verteilen. Die Wirklichkeit – wir sahen es bereits – sieht anders aus. Und die große Menge der Jobs wird ja schließlich nicht von den Arbeitnehmern gekündigt, wie die Massenentlassungen in vielen Betrieben in Deutschland deutlich machen. Arbeitslosigkeit ist nicht das komfortable Produkt freiwilliger Wahl, sondern im Gegenteil eine der schlimmsten Formen erlebter Abhängigkeit.

Lohnbildung durch unternehmerische Preisbildungsmacht und Arbeitslosigkeit: Das Blanchard-Modell

Bei der Kritik an den sozialen und ökonomischen Grundlagen der heute dominanten neoliberalen Arbeitsmarkttheorie ist bereits deutlich geworden: Im Widerspruch zur Theorie von individuell selbst verantworteten, freiwilligen Entscheidungen für die Arbeitslosigkeit geht die Macht auf den Arbeitsmärkten von den Unternehmen mit ihrem Investitionsmonopol aus. Diese Macht wird durch die drohende Arbeitslosigkeit gestärkt. Die Anbieter von Arbeit müssen sich mit ihren Lohnsätzen der aus der Profitoptimierung abgeleiteten Nachfrage durch die Unternehmen anpassen. Verweigern sie diese Gefolgschaft, dann werden auch sie mit Arbeitslosigkeit bestraft. Die Wirklichkeit am Arbeitsmarkt ist durch eine ungleiche Verteilung der Macht gekennzeichnet. Der auf sich gestellte Anbieter von Arbeit ist von der Unternehmensmacht abhängig. Erst kollektive Tarifverträge auf der Basis gewerkschaftlicher Interessenvertretung schaffen ein Gegengewicht, das die Unternehmensmacht beschränkt.

Die asymmetrische Machtverteilung in der Wirtschaft zugunsten der Unternehmen zeigt sich bei der Konstruktion der Angebots- und Nachfragekurve. Die konstruierte Bereitschaft, Arbeit anzubieten, hängt von der Höhe der *Nominal*löhne ab. Dagegen ist die unternehmerische Nachfrage von den *realen*, also preisbereinigten Löhnen abhängig. Arbeitsanbieter, wie auch die Gewerkschaften in den Tarifverhandlungen, haben nicht die Macht, sich an der Sicherung von Reallöhnen zu orientieren. Die Preissetzungsmacht liegt vielmehr bei den Unternehmen. Je nach Wettbewerbssituation können Lohnerhöhungen auf die Preise überwälzt und damit Verluste bei den (nominalen) Gewinnen vermieden werden. Steigt etwa der Nominallohnsatz um 3 % und wächst im

Zuge der Überwälzung auf die Preise die Geldentwertung um 2 %, dann reduziert sich der Reallohnanstieg auf 1 %. Nicht der Nominal-, sondern der Reallohnanstieg ist jedoch für die Kaufkraft der Beschäftigten entscheidend.

Längst ist diese Gefahr einer Geldillusion durch die Konzentration auf Nominalgrößen nach dem Motto gebannt: Nominal ist weniger als real. Deshalb wird bei der Lohnfindung in den Tarifverhandlungen neben der Teilhabe an der gewachsenen Wertschöpfung ein Ausgleich für die erwartete Inflationsrate verlangt. Am Ende bietet jedoch die Lohnfindung durch das Tarifvertragssystem keine Garantie für angemessene Reallöhne. Die Unternehmen reagieren auf Lohnforderungen nicht selten mit der Drohung, die nominale Lohnerhöhung auf die Preise zu überwälzen. Gegen den daraus folgenden Anstieg der Inflation müsste dann die Notenbank mit einer restriktiven Geldpolitik vorgehen. Die Folge wäre eine Stabilisierungskrise mit steigender Arbeitslosigkeit. Dieser Unterschied zwischen dem Arbeitsangebot in Abhängigkeit von den Nominallöhnen und der am Reallohn ausgerichteten Arbeitsnachfrage wird in der die neoklassische Arbeitsmarkttheorie propagierenden Literatur durch die Annahme der Konstanz des Preisniveaus wegdefiniert. Dadurch wird die auf der Hand liegende Preissetzungsmacht der Unternehmen tabuisiert.

Aber auch mit der Behauptung, die Entscheidung über die Höhe der Beschäftigung und dazu spiegelbildlich der Arbeitslosigkeit würde ausschließlich auf den Arbeitsmärkten entschieden, wird das dominante strategische Verhalten der Unternehmenswirtschaft ausgeblendet. Denn Unternehmen treffen ihre Entscheidungen über das Ausmaß der Beschäftigung in Abhängigkeit von den Profitstrategien auf den Güter- und Kapitalmärkten. Es ist der Grundirrtum der Neoklassik, zu unterstellen, über die Höhe der Beschäftigung und spiegelbildlich der Arbeitslosigkeit würde auf den von allen anderen Märkten separierten Arbeitsmärkten entschieden. Sind die Gewinnerwartungen auf den Güter- und Kapitalmärkten mangels Nachfrage schwach, oder lassen sich auf den internationalen Kapitalmärkten höhere Renditen als durch die Produktion erzielen, dann können die Löhne noch so sehr sinken: Eine Zunahme der Beschäftigung ist nicht zu erwarten. Der Arbeitsmarkt spielt keine Rolle, vielmehr wird auf den Güter- und Kapitalmärkten der Bedarf an Arbeitskräften definiert. Auf den Arbeitsmärkten schlägt sich die Nachfrage nach Beschäftigung dann nieder. Diese Hierarchisierung der Märkte ist Ausdruck der Unternehmensmacht. In der Graphik 4 zum neoklassischen Arbeitsmarkt lassen sich die aus der Hierarchie der Märkte folgenden Konsequenzen für den Arbeitsmarkt verdeutlichen: Auf den Güter- und Kapitalmärkten wird über die notwendige, effektive Nachfrage nach Arbeit (AN^{eff}) entschieden. Sie wird dann als Information an den Arbeitsmarkt weitergegeben. Wird unter dieser Konstellation getreu der neoklassischen Doktrin der Lohn gesenkt, dann kann dadurch am Ende wegen des Rückgangs konsumtiver Nachfrage auf den Gütermärkten die Nachfrage nach Arbeit zurückgehen (AN^{eff} verschiebt sich nach links).

Jedenfalls ist diese Arbeitslosigkeit nicht das Ergebnis freiwilliger Entscheidungen der Arbeitsanbieter. Die Arbeitslosigkeit, die sich aus dem Zusammenspiel mit den strategischen Märkten ergibt, ist unfreiwillig. Sie wird durch das von Unternehmen beherrschte ökonomische System erzeugt. Die Betroffenen nehmen sie als eine von außen aufgezwungene Gewalt wahr.

Da die Ursachen für die unzureichende Nachfrage nach Arbeitskräften nicht vorrangig auf den Arbeitsmärkten zu erklären sind, sondern auf den für die Unternehmensstrategien entscheidenden Güter- und Kapitalmärkten zu identifizieren sind, muss dort auch die Bekämpfung der Arbeitslosigkeit ansetzen. Hierzu dient beispielsweise die Finanzpolitik, die in Phasen stagnativer Wirtschaftsentwicklung und Krisen die gesamtwirtschaftliche Nachfrage stärkt. Gegenüber der neoklassischen freiwilligen Arbeitslosigkeit konzentriert sich die Theorie nach John Maynard Keynes auf die Bekämpfung «unfreiwilliger Arbeitslosigkeit» auf den Güter- und Kapitalmärkten.

Die Arbeitslosigkeit ist jedoch nicht nur Resultat der mit den ökonomischen Gesetzen durchgesetzten Unternehmensentscheidungen. Sie selbst wird zum Instrument der Disziplinierung bei der Lohnfindung und zur Stärkung der Unternehmensmacht. Die mit der Massenarbeitslosigkeit verbundenen Ängste haben auch die Verhandlungsposition der Gewerkschaften in Tarifkonflikten geschwächt. So ist die in den letzten Jahren unbestritten moderate Lohnpolitik maßgeblich mit der disziplinierenden Wirkung durch die Rationierung der Ware Arbeit zu erklären. Auf die Stärkung der Unternehmensmacht durch die Arbeitslosigkeit hat auch die englische Ökonomin Joan Robinson hingewiesen, die die Theorie des gesamtwirtschaftlichen Marktversagens zusammen mit John Maynard Keynes maßgeblich geprägt hat. In einem durch den DGB in deutscher Sprache vorgelegten Schulungsheft hat sie gezeigt, wie die Arbeitslosigkeit immer wieder zur Disziplinierung auf den Arbeitsmärkten dient.[46] Gegenüber dieser machttheoretischen Erklärung von Lohn- und Sozialabbau unter dem Regime der Arbeitslosigkeit erscheint die neoklassische Deutung der Lohnfindung als ein Glasperlenspiel, mit dem nur Ideologie erzeugt wird.

Vor einem Irrtum sei freilich gewarnt. Unternehmen und ihre Verbände setzen sich nicht etwa an einen Tisch und verabreden den Arbeitsplatzabbau, um dann mit der Keule der Massenarbeitslosigkeit zu disziplinieren. Eine derartige Vorstellung einer «Verschwörung» in irgendwelchen Hinterzimmern ist nicht nur naiv. Sie widerspricht dem unternehmerischen Verhalten unter den Bedingungen der Konkurrenz. Vielmehr geht es um das Klima, das durch die anhaltend hohe Arbeitslosigkeit geschaffen wird. Durch die damit verbundenen existenziellen Ängste geraten Gewerkschaften unter den Druck von Unternehmen und Politik. Die in den letzten Jahren im Durchschnitt recht moderate Lohnpolitik ist das Resultat.

Die Höhe der Löhne wird also maßgeblich durch das Ausmaß der Massenarbeitslosigkeit bestimmt. Der negative Zusammenhang zwischen diesen beiden Größen wird empirisch durch die Entwicklung der effektiven Löhne gut belegt. Die unter dem Druck der Massenarbeitslosigkeit in den Tarifverhandlungen festgelegten Tariflöhne in Deutschland schöpfen im Durchschnitt nur noch selten den neutralen Verteilungsspielraum aus. Die Zuwachsrate der Löhne ist nämlich nur dann verteilungsneutral, wenn sie im Ausmaß des Anstiegs der Arbeitsproduktivität steigt und den Ausgleich für die Inflation sichert. Liegt der Lohnzuwachs unter dieser verteilungsneutralen Linie, dann verschiebt sich das Gewicht zwischen Arbeit und Kapital zugunsten der Gewinne. Dieser empirisch belegbare Zusammenhang zwischen sinkendem Lohnzuwachs bei steigender Arbeitslosigkeit lässt sich ernsthaft nur machttheoretisch erklären. Die Lohnsetzung ist von der Lage der Arbeitsmärkte abhängig. Ist die Arbeitslosigkeit hoch, dann ist die Verhandlungsmacht der Arbeitnehmer und ihrer Gewerkschaften schwach. Die Unternehmen bestimmen jedoch nicht nur die Lohnsetzung, sondern sie verfügen über die Macht der Preissetzung. Relativ unabhängig von der Nachfrage wird mit den Preisen über die Stückkosten hinaus ein Gewinnaufschlag durchgesetzt.

Olivier Blanchard, derzeit weltweit einer der renommiertesten Ökonomen, der am Massachusetts Institute of Technology (MIT) forscht, stellt im sechsten Kapitel seines anspruchsvollen Lehrbuchs «Makroökonomik» ein gegenüber der neoklassischen Arbeitsmarkttheorie geradezu revolutionäres Modell zum Zusammenhang von «Löhnen, Preisen und Arbeitslosigkeit» vor.[47] Damit finden die durch die vorherrschende Lehre vor allem in Deutschland ignorierten Untersuchungen von Außenseitern wie Michael Kalecki, Joan Robinson, aber auch der «Arbeitsgruppe Alternative Wirtschaftspolitik» Anerkennung. Die nachfolgenden wenigen Formeln sowie die Graphiken mögen auf den ersten Blick abschreckend wirken. Es lohnt sich jedoch, damit die Argumentation nachzuvollziehen. Durch die Einführung der Unternehmensmacht werden völlig im Widerspruch zur neoklassischen Modellierung einer scheinbar herrschaftsfreien Arbeitswelt empirisch belegbare und politisch höchst relevante Erkenntnisse zutage gefördert.

Die Lohnsetzungsgleichung beantwortet die Frage, unter welchen Bedingungen und nach welchen Regeln die Lohnsätze am Arbeitsmarkt festgelegt werden. Arbeitgeber und Arbeitnehmer handeln die Löhne aus. Hier fügt sich auch das Tarifvertragssystem mit den Arbeitgeberverbänden und Gewerkschaften ein. Wesentlichen Einfluss auf die Lohnverhandlung hat die Lage des Arbeitsmarktes. Ist die Arbeitslosigkeit niedrig, dann verfügen die Arbeitnehmer mit ihren Gewerkschaften über eine starke Verhandlungsposition. Die Unternehmen müssen sich mit einer deutlich schwachen Verhandlungsposition zufrieden geben. In dieser Konstellation kann es den Gewerkschaften gelingen, hohe Löhne und Verbesserungen in der Arbeitswelt durchzusetzen. Übrigens lässt sich die Phase expansiver Lohnpolitik Anfang der 1970er Jahre mit dieser Konstellation gut erklären. Die Arbeitsmärkte waren leer gefegt. Hohe Löhne und viele Reformen in der Arbeitswelt wurden durchgesetzt.

Allerdings wurde auch bald deutlich, dass die Unternehmen noch über eine machtvolle Hintertür verfügen. Sie haben die Nominallohnzuwächse auf die Preise überwälzt und dadurch die kaufkraftrelevanten Reallöhne gesenkt. Die hier beschriebenen Machtverhältnisse kehren sich unter dem Regime lang anhaltender Arbeitslosigkeit völlig um. Gewerkschaften werden wegen der mit der Arbeitslosigkeit verbundenen Existenzängste in die Defensive gedrängt *und* verlieren an Verhandlungsmacht. Die Lohnzuwächse schrumpfen, und die Bereitschaft, wenigstens Arbeitsplätze durch Lohnverzicht retten zu wollen, nimmt zu. Diese Konstellation prägt die jüngste Entwicklung. Wegen der anhaltend hohen Arbeitslosigkeit konnten die Unternehmen mit ihren Arbeitgeberverbänden in den vergangenen Jahren eine deutlich moderate Lohnpolitik durchsetzen. Damit ist klar: Die Lohnfindung auf den Arbeitsmärkten wird maßgeblich durch das Ausmaß der Arbeitslosigkeit und ihren Einfluss auf die Verhandlungsposition der Arbeitgeber und der Arbeitnehmer bestimmt.

Diese Erkenntnis lässt sich in eine Lohnfindungsfunktion umsetzen. Die mathematisch einfache Lohnsetzungsgleichung lautet:

$$W = P^e f(u, z)$$

W ist der Nominallohn, P^e das erwartete Preisniveau, f steht für die Art der Funktion, u für die Rate der Arbeitslosigkeit, und z ist die Sammelvariable für weitere relevante Einflüsse auf die Höhe des Nominallohns.

Die nachfolgende Interpretation konzentriert sich auf den Zusammenhang zwischen der Höhe der Arbeitslosenrate und dem Nominallohn. Deshalb sei hier nur am Rande erwähnt, dass die Sammelvariable z weitere wichtige Einflüsse auf die Lohnhöhe berücksichtigt, zum Beispiel den Einfluss der Arbeitslosenversicherung mit ihren Sozialleistungen auf die Lohnfindung. Steigen diese Zahlungen, dann verliert die Arbeitslosigkeit wenigstens etwas an Schrecken. Dadurch wird der Einfluss der Arbeitslosigkeit auf die Höhe der Löhne gemildert. Bei der nachfolgenden Diskussion wird der Einfluss der Sammelvariablen nicht weiter berücksichtigt.

Beachtlichen Einfluss hat neben der Arbeitslosigkeit jedoch das auch bei der Lohnfindung berücksichtigte, erwartete Preisniveau (P^e). Steigt die Geldentwertung, werden durch die Arbeitnehmer mit ihren Gewerkschaften höhere Nominallöhne gefordert. Dadurch wird der Tatsache Rechnung getragen, dass sich die Gewerkschaften schon lange nicht mehr nur mit einer Steigerung der Nominallöhne zufrieden geben. Entscheidend ist ja nicht, wie viel Euro die Arbeitnehmer erhalten, sondern wie viele Güter und Dienstleistungen sie damit kaufen können. Der Einfluss der Überwälzung der Nominallohnzuwächse auf die Preise lässt sich an einem in den letzten Jahren realistischen Beispiel erläutern:

Steigt der Nominallohnsatz um 1,5 %, nimmt jedoch gleichzeitig die Inflationsrate um 2 % zu, dann sinkt mit den Reallöhnen die Kaufkraft der Arbeitseinkommen um 0,5 %. In den Lohnverhandlungen werden also die erwarteten Preissteigerungen unter dem Ziel einer Reallohnsicherung vor allem durch die Gewerkschaften berücksichtigt. Dagegen unterstellt die Neoklassik bei der Ableitung des Arbeitsangebots mit der Fixierung auf Nominallöhne die Unfähigkeit zur Unterscheidung zwischen nominalen und realen Löhnen. Olivier Blanchard hebt zu Recht die arrogante Unterstellung auf, mit der die Arbeitnehmer und ihre Gewerkschaften als lernunfähige, dumme Geldillusionisten nach dem Motto abgetan werden, nominal sei gleich real. Im Unterschied zur Neoklassik gelingt es ihm widerspruchsfrei, das Ziel Reallohnveränderung in die Lohnsetzung zu integrieren.

Zur Vereinfachung der weiteren Argumentation wird angenommen, das tatsächliche (heutige) Preisniveau entspräche dem erwarteten (zukünftigen) Preisniveau P^e.

Daraus folgt: $W = P\,f(u, z)$

Die Lohnsetzungsgleichung für den Reallohn lautet jetzt:

$$W/P = f(u, z)$$

In der Graphik 5 ist diese Lohnsetzungsgleichung dargestellt (die Sammelvariable für andere Einflüsse wird konstant gehalten): Mit wachsender Arbeitslosigkeit nimmt wegen der entsprechend zunehmenden Unternehmensmacht der Reallohn ab.

Die Preissetzungsgleichung

Während die Lohnsetzungsgleichung beschreibt, wie in Abhängigkeit von der Arbeitslosigkeit die Löhne festgelegt werden, beantwortet die Preissetzungsgleichung die Frage, nach welchen Regeln die Unternehmen die Preise festlegen. Bei vollkommener

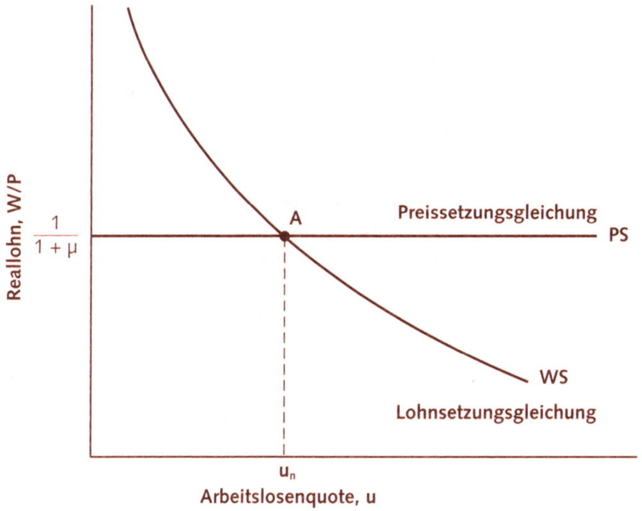

Graphik 5

Konkurrenz sichert die Produktion demzufolge dann das Gewinnoptimum, wenn der Preis der Ware den durch die Arbeit anfallenden Grenzkosten gleich ist. In dieser Wettbewerbsidylle ist der Preis für die Unternehmen eine durch den Wettbewerb vorgegebene, äußere Größe. In Wirklichkeit herrscht jedoch auf den Gütermärkten unvollkommene Konkurrenz. Unternehmen verfügen über Marktmacht, die sie bei der Preissetzung nutzen. Verlangt wird über die Deckung der Lohnkosten ein Gewinnaufschlag auf den Lohnsatz. Reagiert die Nachfrage kaum auf Preisänderungen, dann ist die Marktmacht besonders groß. Obwohl sie mit unterschiedlicher Marktmacht ausgestattet sind, versuchen auf den strategisch wichtigen Märkten nahezu alle Unternehmen, Preise nicht etwa anzunehmen, sondern zu setzen. Diese strategische Preissetzung beschreibt die Gleichung plausibel:

$$P = (1 + \mu)\,W$$

P ist der Preis, W der nominale Lohn; μ definiert den Gewinnaufschlag auf den Lohn.

Der Preis eines Gutes orientiert sich am Lohnsatz pro Stunde, zusammen mit einem Aufschlag auf diesen Lohnsatz (etwa 2,0 %). Damit wird gegenüber der vollkommenen Konkurrenz ein Gewinnaufschlag durchgesetzt. Wird der Preis ins Verhältnis zum Lohnsatz W gesetzt, dann ergibt sich genau 1 + der Gewinnaufschlag ($P/W = 1 + \mu$).

Wird jetzt aus der Gleichung das Verhältnis von Lohnsatz zu Preis (W/P) und damit der Reallohn berücksichtigt, dann gilt:

$$W/P = 1 \,/\, (1 + \mu)$$

Ohne weiter auf die Details einzugehen, ist deutlich: Erhöhen die Unternehmen bei gegebenem Nominallohn ihren Gewinnaufschlag, dann steigen die Preise, und damit gehen die Reallöhne zurück. Dabei wird unterstellt, dass nicht nur ein einzelnes, sondern mehr oder weniger alle Unternehmen den Aufschlag auf die Lohnkosten erhöhen. Hier zeigt sich die bereits angesprochene Crux des Tarifvertragssystems. Ausgehandelte Nominallöhne können per Gewinnaufschlag von Unternehmen auf die Preise überwälzt werden. Am Ende sind die Beschäftigten die Verlierer. Gewerkschaften versuchen diese Reaktion bei der Festsetzung der Nominallöhne einzukalkulieren. Dennoch bleibt den Unternehmen die Chance, die Preise über die tarifvertragliche Definition hinaus zu erhöhen. Es gilt die Regel: Je höher der Gewinnaufschlag, umso niedriger der Reallohn.

Wenn der Reallohn, der sich aus der unternehmerischen Preissetzung ergibt, mit jenem der Lohnsetzung in Abhängigkeit von der Arbeitslosenquote übereinstimmt, dann wird die gleichgewichtige Arbeitslosenquote (u_n) erreicht. Hier entspricht der Reallohn, der von der Arbeitslosenrate abhängig ist, dem Reallohn, den Unternehmen mit ihrer Preissetzung erzielen wollen. Blanchard bezeichnet diese Arbeitslosigkeit im Gleichgewicht als «natürlich». Diese Charakterisierung ist unglücklich, weil missverständlich. Sie erweckt den Eindruck, es sei sie das Ergebnis eines unabänderlichen Sachzwangs. Vielmehr handelt es sich auch hier um ein durch die real existierende Unternehmensmacht erzeugtes Ergebnis. Verantwortlich ist die kapitalistische, mit Macht ausgestattete Unternehmenswirtschaft. Insoweit wirkt mit den kapitalistischen Verhältnissen eine «zweite Natur», die jedoch verändert werden kann. Beschäftigte und ihre Gewerkschaften haben bei hoher Arbeitslosigkeit in diesem Modell kaum eine Chance, sich der Unternehmensmacht zu entziehen. An der Graphik 5 lässt sich ablesen: Sollte durch einen Rückgang der Arbeitslosigkeit die Verhandlungsmacht der Gewerkschaften steigen und damit bei zuerst gegebenem Preis der jetzt durchsetzbare Nominal- der Reallohn wachsen (Bewegung auf der WS-Kurve links des Gleichgewichtspunktes A), dann werden die Unternehmen gemäß ihrer Preissetzungsmacht diesen Reallohn nicht akzeptieren und erfolgreich Druck auf die Senkung des Reallohns ausüben. Am Ende steigt die Arbeitslosenquote so lange, bis die Reallöhne wieder auf den Gleichgewichtspunkt zurückgeführt werden.

Dieses realistische Modell orientiert sich an der Wirklichkeit der Arbeitsmärkte. Dort herrschen Abhängigkeit von Arbeitsplätzen und Unternehmensmacht vor. Es steht im fundamentalen Widerspruch zur neoklassischen Arbeitsmarktverklärung.

Das zeigt bereits der Vergleich der den Gleichgewichtslohn bestimmenden Kurven. Im neoklassischen Modell (Graphik 4, S. 178) sinkt die Nachfrage nach Arbeit durch die Unternehmen mit steigendem Reallohn. Das Angebot an Arbeit steigt mit zunehmendem Nominallohn.

Im Schnittpunkt der beiden Kurven gleichen sich Angebot und Nachfrage aus. Im Modell Blanchards finden die beiden Fiktionen keine Berücksichtigung. Die Preissetzungskurve der Unternehmen ist abhängig von der Macht, einen Gewinnaufschlag durchzusetzen, jedoch unabhängig von der Höhe der Arbeitslosigkeit. Die Abhängigkeit des Arbeitsangebots von der Lohnhöhe auf der Basis einer individuellen Abwägung zwischen den Kosten (auch entgangenem Nutzen aus Freizeit durch Arbeit) und direktem Nutzen wird komplett gestrichen. Diese komfortable Entscheidungsmöglichkeit lässt die Abhängigkeit der Lohnarbeit vom Investitionsmonopol der Unternehmen nicht zu.

Aber auch die neoklassische Erklärung der Unternehmensnachfrage nach Arbeit aus dem Vergleich zwischen dem Reallohn und dem durch die Beschäftigten geleisteten Beitrag zur Wertschöpfung (Grenzproduktivitätsbetrachtung) taugt nicht; Unternehmen planen so nicht, weil sie das Grenzprodukt nicht kennen. Anstelle dieser Annahmen über das Anpassungsverhalten am Arbeitsmarkt wird die ökonomische Realität der Abhängigkeit von Unternehmensmacht gesetzt. Es dominieren die unternehmerische Preissetzungsmacht sowie die Abhängigkeit der Lohnsetzung vom Ausmaß der Arbeitslosigkeit.

Auf dieses machttheoretisch begründete Ergebnis eines Gleichgewichtslohns muss die Politik und Gesellschaft ganz anders reagieren. Die Neoklassik predigt die Verbetrieblichung der Lohnfindung, den Abbau sozialer Leistungen bei Arbeitslosigkeit und den Verzicht auf aktive Beschäftigungspolitik. Aus der durch Blanchard entwickelten Erklärung der Lohndisziplinierung durch Arbeitslosigkeit und Unternehmensstrategien folgt die entgegengesetzte Therapie. Grundsätzlich muss die Unternehmensmacht durch gestaltende Politik und gewerkschaftliche Gegenmacht gebändigt werden. Dazu gehört ein starkes Tarifvertragssystem, mit dem der Spielraum für Unternehmensdisposition zur Sicherung sozialer Mindeststandards begrenzt wird. Voraussetzung dafür sind starke Gewerkschaften. Dazu gehört aber auch ein Sozialstaat, der die sozialen Folgen der Arbeitslosigkeit abfedert. Da kapitalistische Wettbewerbswirtschaften aus eigener Kraft überfordert sind, die wirtschaftlichen und beschäftigungsbezogenen Potenziale auszuschöpfen, ist eine öffentliche, aktive Beschäftigungspolitik erforderlich. Da derzeit die Unternehmenswirtschaft dazu neigt, autoritär nur auf engste Profitziele zu setzen, müssen zur Einbindung der Produktivkraft «Beschäftigte» die Strukturen und Entscheidungsprozesse reformiert werden. Hierzu dient der Ausbau der auf die Unternehmen bezogenen, aber auch übergreifenden Mitbestimmung mit dem Ziel, einer ökonomisch effizienten, innovationsfähigen Wirtschaft und einer sozial stabilen Gesellschaft eine Chance zu geben.

Ein starkes Tarifsystem als Produktivkraft

Den Wirtschaftsmächtigen, ihnen nahe stehenden Politikern und auf simple Botschaften versessenen Medien gelten funktionsfähige Tarifvertragssysteme heute als Gift. Mit wachsender Aggressivität wird seit Jahren ihr grundlegender Abbau gefordert. Die marktorthodoxe Wirtschaftswissenschaft bildet dabei die Speerspitze. Der ViERermehrheit des «Sachverständigenrates zur Begutachtung der gesamtwirtschaftlichen Entwicklung» gebührt das Verdienst, mit geradezu bewundernswerter Sturheit die Expansion des profitwirtschaftlichen Spielraums durch den Abbau von Tarifverträgen zu betreiben. Jedes Gegenargument von Kritikern prallt an diesem Panzer ab. In den rechthaberischen Klageliedern auf den angeblichen Hochlohn-Standort Deutschland wird dem System der Tarifverträge vorgeworfen, ein Unheil erzeugendes Kartell gegen die «freien Marktkräfte» zu bilden.

Allein der Begriff ist bereits irreführend. Im Gegeneinander von Arbeitergeberverband und Gewerkschaft handelt es sich eigentlich um ein bilaterales Monopol, das in der Preistheorie durchaus untersucht wird. In einer völligen Überschätzung der Gewerkschaftsmacht wird unterstellt, dieses Kartell werde von den Gewerkschaften dominiert. Sie verfügten letztlich über die Macht, durch verbindliche Tarifverträge zu hohe Löhne am Arbeitsmarkt durchzusetzen. Dadurch würden die Unternehmen zu Entlassungen gezwungen (was wir im vorigen Abschnitt gerade widerlegt haben). Daraus folgt dann die altbekannte Forderung, die Flächentarifverträge durch die Lohnfindung in den Betrieben abzulösen. Da jedoch der Missbrauch des Tarifkartells den Gewerkschaften zugeschrieben wird, zielt die Verbetrieblichung der Lohnfindung auf die Schwächung der Gewerkschaften. Die die Deregulierung fordernde Politik sowie Wirtschaftswissenschaft versucht, diesen Zusammenhang zu vernebeln. Umso wichtiger ist es, zu erkennen, dass den Gewerkschaften mit der Demontage des Flächentarifs die zentrale Aufgabe entrissen werden soll, um sie bedeutungslos zu machen. Politische Parteien, wie immer schon die FDP, aber auch die CDU/CSU vor allem im letzten Bundestagswahlkampf, haben die Demontage der Tarifverträge und damit die Schwächung der Gewerkschaften zum Programm erhoben. Die Bundesregierung übt (noch) deutliche Zurückhaltung. Die CDU/CSU hat erst einmal ihre Pläne zur Deregulierung des Arbeitsmarktes zurückgestellt. Die SPD bleibt ihrer Linie aus der Zeit der rot-grünen Bundesregierung treu; eine grundlegende Auflösung des Flächentarifvertrags steht nicht auf der Agenda. Diese Politik trotz harter Angriffe durch neoliberale Heißsporne hat einen zentralen Grund. Die Flächentarifverträge sind aus sehr unterschiedlichen Gründen genügend flexibel und schaffen ausreichenden Spielraum zur Anpassung an betriebliche Erfordernisse. Von einem Kartell auf den Arbeitsmärkten kann längst nicht mehr die Rede sein. Dafür spricht allein schon die Zahl von 61 772 Tarifverträgen (im Jahr 2004), zu denen auch die auf Einzelunternehmen bezogenen Haustarifverträge zählen. Vielfältige Öffnungsklauseln, Härtefallregelungen und beschäftigungssichernde Tarifverträge schaffen eine durch die Gewerkschaften aktiv gestaltete Flexibilität für die Betriebe, von denen 75 % diese Instrumente nutzen. Hans-Werner Sinn und die vielen anderen Ökonomen, die das böse Kartell auf den Arbeitsmärkten beschwören, offenbaren nichts als peinliche Unkenntnis der differenzierten, flexiblen Welt der Tarifverträge nach dem Motto: Pech für die Wirklichkeit, wenn sie mit dem harten Vorurteil über die Arbeitswelt nicht übereinstimmt.

Die rot-grüne Bundesregierung hat dem Trommelfeuer von Wirtschaftsverbänden und neoklassischen Ökonomen zur Verbetrieblichung der Lohnfindung widerstanden. Allerdings hat sie indirekt zur Schwächung der Gewerkschaften beigetragen, indem sie auf eine aktive Beschäftigungspolitik verzichtete. So konnte sich die Arbeitslosigkeit auf hohem Niveau etablieren. Arbeitslosigkeit schafft Ängste bei den Nochbeschäftigten um ihren Arbeitsplatz. Dazu hat noch die Hartz-IV-Politik mit dem Zwang zur Aufnahme eines Jobs im Niedriglohnsektor die Ängste vor sozialem Abstieg verstärkt. Unter dem massiven Druck der Arbeitslosigkeit und durch den politisch ermöglichten Abstieg der Dauerarbeitslosen in Billiglohnjobs sind die Gewerkschaften in die Defensive geraten. Sicherlich haben Gewerkschaften in den letzten Jahren notwendige Instrumente der Flexibilisierung zur Stabilisierung des Flächentarifs durchgesetzt. Viele Öffnungen des Tarifvertrags sind jedoch schlicht durch die Krise auf den Arbeitsmärkten erzwungen worden. Auch deshalb konnte die rot-grüne Bundesregierung das geltende, anpassungsfähige Tarifvertragssystem unangetastet lassen. Die neue Bundesregierung sieht ebenfalls erst einmal keinen großen Handlungsbedarf. Allerdings steht, wie erwähnt, die betriebliche Öffnung der Lohnfindung in den Parteiprogrammen von CDU/CSU. Die SPD hat diese Öffnung eindeutig zum Tabu erklärt. Möglicherweise spekuliert die schwarz-rote Regierung – wie die Vorgängerregierung – auf die eigene Dynamik eines zunehmenden Bedeutungsverlustes des Tarifvertragssystems. Die Gefahr ist jedoch groß, dass die absehbar ausbleibenden Erfolge beim Abbau der Arbeitslosigkeit sie letztlich doch zu harten Deregulierungen am Arbeitsmarkt veranlassen. Sollte das schwarz-rote Bündnis platzen und eine schwarz-gelbe Koalition folgen, so ist ein Dammbruch zu erwarten. Denn die FDP steht dafür, mit der Deregulierung der Arbeitsmärkte den Erzfeind, die Gewerkschaften, in die Bedeutungslosigkeit zu katapultieren.

Die Auflösung dieses heute bereits sehr flexiblen Tarifvertragssystems ist unter den Kriterien soziale Mindestsicherung, ökonomische Effizienz und gesamtwirtschaftliche Stabilität unsinnig. Die Entwicklung einer modernen, sozial und ökologisch ausgerichteten Ökonomie würde massiv belastet. Die neoliberale Fiktion von den sich frei entfaltenden Marktkräften leugnet die faktische Abhängigkeit der großen Mehrheit der Beschäftigten vom unternehmerischen Beschäftigungsmonopol. Das neoliberale Modell muss wegen der primitiven Reduktion aller individuellen und gesellschaftlichen Verhältnisse auf Marktprozesse scheitern. Diese Ideologie taugt nicht für die Gestaltung der Zukunft. Gegen neoliberale Blindheit und Verantwortungslosigkeit müssen die Grundlagen und die positiven Wirkungen eines funktionsfähigen Tarifvertrags immer wieder buchstabiert werden. Das gilt auch für diejenigen in den Parteien, aber auch teils in den Gewerkschaften, die nicht müde werden, darauf hinzuweisen, dass das System doch schon so flexibel genug gemacht worden sei. Sicherlich ist eine kontrollierte Flexibilisierung zur Bewahrung der Instrumente des Tarifvertragssystems sinnvoll. Wenn jedoch die unter dem Druck der Massenarbeitslosigkeit hingenommenen gewerkschaftlichen Niederlagen bei der Gestaltung der Arbeitsmärkte zu Erfolgen umgemünzt werden, so ist dies kontraproduktiv.

Den Kritikern einer funktionsfähigen Tarifpolitik mangelt es oftmals an ausreichenden Kenntnissen. Deshalb ist es unvermeidbar, die wichtigsten Regelungen zu nennen. Die Basis des deutschen Tarifvertragssystems bildet das im Art. 9 Abs. 3 des Grundgesetzes fixierte zentrale Recht auf Koalitionsfreiheit, d. h. die Bildung von Vereinigungen zur Wahrung und Förderung der Arbeits- und Wirtschaftsbedingungen. Auf dieser Grundlage fixiert das Tarifvertragsgesetz (TVG) die Tarifbindung, d. h. die Verbindlichkeit der Tarifverträge für tarifgebundene Unternehmen. §4 lässt Abweichungen vom Tarifvertrag zu, jedoch nur zugunsten der Beschäftigten (das so genannte Günstigkeitsprinzip). Von Tariflöhnen darf bei der Bezahlung nicht nach unten, jedoch nach oben abgewichen werden. Darüber hinaus sieht das Tarifvertragsgesetz durch die Tarifparteien zu definierende Öffnungsklauseln vor. Schließlich lässt das TVG im §5 zu, Tarifregeln für eine Branche als allgemein verbindlich zu erklären. In diesem Fall werden auch nicht tarifvertraglich gebundene Unternehmen verpflichtet, den Tarifstandard einzuhalten. Die Allgemeinverbindlichkeit wird vor allem in Branchen mit sehr kleinen Unternehmen und damit der Gefahr der Schmutzkonkurrenz erklärt (beispielsweise im Einzelhandel). Für die Durchsetzung der Tarifverträge in den tarifgebundenen Unternehmen ist § 77 Abs. 3 des Betriebsverfassungsgesetzes entscheidend. Diese gesetzliche Vorgabe verbietet es den Betriebsräten, mit der Geschäftsführung ihres Unternehmens auf betrieblicher Ebene die Unterschreitung von Tarifverträgen zu vereinbaren.

Die Summe der gesetzlichen Regelungen definiert das, was heute unter einem allgemeinen Flächentarifvertrag verstanden wird. Im Prinzip gilt er für Unternehmen in den tarifvertraglich zu regelnden Branchen und ihren Tarifgebieten (Fläche).

Die Kampagne zur Befreiung von diesen Regulierungen konzentriert sich auf die folgenden Änderungen: 1. Während das Günstigkeitsprinzip bisher eine über dem Tarifvertrag liegende Entlohnung zuließ, soll es nun umdefiniert werden. Nach den Vorstellungen der CDU kann ein niedriger Lohn zum Erhalt des Arbeitsplatzes günstiger und daher die Unterschreitung des Tarifvertrags zulässig sein. Damit wird Lohnsenkungen bei angebotenem Erhalt des Arbeitsplatzes Tür und Tor geöffnet. 2. Die derzeit im TVG bereits vorgesehenen Öffnungsklauseln für Not leidende Betriebe sollen der Zustimmungspflicht der Tarifvertragsparteien, also insbesondere den Gewerkschaften, entzogen werden. Dadurch geraten die betrieblichen Interessenvertretungen unter starken Druck, den Vorstellungen von Vorständen bzw. Geschäftsführern zu folgen. 3. Die Erklärung der Allgemeinverbindlichkeit von Tarifverträgen für nicht tarifgebundene Unternehmen soll aufgehoben werden.

Demgegenüber ist und bleibt festzuhalten:

1. Die nach wie vor bedeutende, klassische Funktion eines starken Tarifvertragssystems dient dem Ausgleich der Machtasymmetrie zwischen dem Unternehmen mit dem Investitionsmonopol und den davon abhängig Beschäftigten. Auf sich alleine gestellte Beschäftigte sind bei der Aushandlung der Lohnbedingungen dem über die Arbeitsplätze verfügenden Unternehmen heillos un-

terlegen. Der Überwindung dieser strukturellen Benachteiligung einzelner Beschäftigter dient die Organisierung in Gewerkschaften, die die Aufgabe der Tarifverhandlungen übernehmen. Es geht durchaus um Gegenmacht. Diese verfassungsrechtlich gewollte Institutionalisierung kollektiver Interessenvertretung bietet sozialen Schutz vor Ausbeutung. Sie sichert die Existenzgrundlage für abhängig Beschäftigte, die ohne diesen Schutz gefährdet wäre. Sie schafft die Voraussetzung für persönliche Selbstentfaltung, die eben maßgeblich vom Einkommen abhängig ist. Das Tarifvertragssystem und der Sozialstaat ermöglichen es erst, zu angemessenen Lebensverhältnissen zu gelangen.

2. Unmittelbare Vorteile für Unternehmen bieten Tarifverträge durch die Reduktion von Informations- und Transaktionskosten. Arbeitgeber, die die Tarifverträge mit ihren Beschäftigten einzeln aushandeln müssen, brauchen Informationen über die Löhne in Konkurrenzunternehmen und das Verhalten der Beschäftigten. Dies führt zu Kosten. Mit der Signalwirkung von Tarifverträgen lassen sich diese Kosten deutlich senken. Vor allem wird eine am Ende unternehmensschädliche Konkurrenz über die Höhe der Löhne zur Einwerbung von Beschäftigten abgeschwächt. Die Vorteile dieser Signalfunktion bestätigen viele Unternehmen, die in den letzten Jahren durch ihren Austritt aus dem Arbeitgeberverband die Tarifbindung aufgegeben haben. Sie orientieren sich dennoch wieder an den Tarifabschlüssen, ebenso wie viele von vornherein nicht tarifgebundene Unternehmen. Der Tarifvertrag senkt die Transaktionskosten, die bei der erschwerten Suche nach neuen Beschäftigten wegen der Unsicherheit über deren effektive Arbeitsleistung entstehen. Schließlich sieht sich der Unternehmer, der ohne die Gültigkeit eines Tarifvertrags einen Beschäftigten einstellt, einem asymmetrischen Informationsstand ausgesetzt. Er schließt zwar einen Vertrag, weiß jedoch nicht, wie dieser durch den Vertragspartner, den Beschäftigten, erfüllt wird. Kluge Arbeitgeber wissen die Vorteile des Tarifvertrags durch die Vermeidung von Informations- und Transak-

tionskosten zu schätzen. Deshalb plädieren sie auch für dessen Beibehaltung.

3. Dem Tarifvertragssystem kommt mit der Lohnfindung die Aufgabe zu, gesamtwirtschaftlichen Erfordernissen Rechnung zu tragen. Ein einzelner Unternehmer sieht in den Löhnen ausschließlich Kosten. Gesamtwirtschaftlich positive Rückwirkungen einer expansiven Lohnpolitik sind für ihn viel zu weit weg. Wenn jedoch alle Unternehmen den Kostenfaktor Löhne senken, dann verschlechtert sich die gesamtwirtschaftliche Lage. In der Gesamtwirkung fehlt es dann an privater Konsumnachfrage, was die Bereitschaft, zu investieren, belastet. Löhne bedeuten eben nicht nur Kosten, sondern auch Nachfrage. Fehlende Nachfrage sorgt vor allem durch die zu niedrige Auslastung von Produktionskapazitäten für steigende Kosten. Die einzelwirtschaftliche Rationalität erzeugt also eine gesamtwirtschaftliche Disoptimalität. Zur Überwindung des Widerspruchs von scheinbar einzelwirtschaftlicher Rationalität und gesamtwirtschaftlicher Irrationalität kann eine übergreifende Tarifpolitik beitragen. Den Tarifvertragsparteien kommt gesamtwirtschaftliche Verantwortung zu. Dies zeigt sich an der durch die Gewerkschaften genutzten Tarifformel: Der Anstieg der Nominallöhne richtet sich am Zuwachs von Arbeitsproduktivität und Inflation aus. Der Ausgleich für die Inflation dient der Reallohnsicherung. Der Bezug auf die Arbeitsproduktivität sichert die Teilhabe der Beschäftigten am Produktionszuwachs.

Nach dieser Formel sollten die Nominallöhne übrigens in den kommenden Jahren mindestens um 3 bis 4 % steigen. Dabei wird der mittelfristige Zuwachs der Arbeitsproduktivität mit 1,5 bis 2 % und der der Geldentwertung mit 1,5 bis 2 % angenommen. Diese Lohnpolitik wäre verteilungsneutral. Da jedoch die Lohnbezieher in den letzten Jahren Verteilungsverluste ohne Belohnung durch die Schaffung von Arbeitsplätzen haben hinnehmen müssen, ist ein die Kaufkraft stärkender Nachschlag von etwa 1 % gerechtfertigt. Im Ausmaß dieses Nachschlags ändert sich die Einkommensverteilung zugunsten der Arbeitskostenquote, die in den letzten

Jahren auf 67 % gesunken ist. Mit der Reduktion der Löhne auf den Kostenfaktor aus der Sicht der Einzelunternehmen werden die gesamtwirtschaftlichen Produktionsmöglichkeiten nämlich nicht ausgeschöpft. Die Wirtschaft lebt mit einer restriktiven Lohnpolitik nicht über, sondern unter ihren Verhältnissen. Dem trägt der Tarifabschluss in der Metall- und Elektroindustrie im April 2006 Rechnung, in dem die IG Metall die 3 %-Marke durchsetzen konnte.

4. International vergleichende Studien zeigen, dass Länder mit einem einigermaßen funktionsfähigen System von Flächentarifverträgen eine höhere Innovationsdynamik haben als solche mit stark betrieblich ausgerichteter Lohnfindung. Dafür gibt es einen entscheidenden Grund. Verbindliche Tariflöhne machen es für Unternehmen sinnvoll, anstatt auf einen Wettbewerb um Lohnsenkung zu setzen, die Wertschöpfungsbasis zu stärken. Flächentarifverträge fördern also den Innovationswettbewerb. Die kollektive Lohnfindung hat lange Zeit die Unternehmen in Deutschland auf eine mittelfristige Standortsicherung durch Innovationen gelenkt. Die Tarifpolitik könnte hier noch viel mehr an positiver Wirkung erzeugen, wenn qualifikatorisch-innovative Elemente in die Tarifverträge aufgenommen würden. Vorreiter ist der im Sommer 2001 durch die IG Metall in der Metallindustrie angestoßene Qualifikationstarif. Gemeinsam mit den Arbeitgebern der Metallindustrie wurde die «Agentur zur Förderung der beruflichen Weiterbildung» gegründet. Grundsätzlich soll Weiterbildungszeit wie Arbeitszeit gewertet werden. Darüber hinaus gibt es aber auch tarifvertragliche Vereinbarungen zur Stärkung technologischer wie sozialer Innovationen. Tarifpolitik kann zusammen mit der betrieblichen Interessenvertretung das Unternehmensmanagement bei der Entwicklung neuer Produkte und Modelle unterstützen.

5. Verbindliche Tarifverträge haben einen positiven Einfluss auf die Beschäftigten, sie schaffen einigermaßen soziale Stabilität. Sie stärken die Betriebsbindung, das Engagement und die Motivation. Die Effizienz der Arbeit wird unter Verzicht auf autoritären

Druck gesteigert. Die Folge ist der Anstieg der Produktivität. In den USA wurde der Frage nachgegangen, warum Unternehmen freiwillig Löhne zahlen, die über den erwarteten Marktlöhnen liegen: Höhere Löhne und gute Arbeitsbedingungen nützen dem Ziel, Anreize für die Erhöhung der Effizienz der Beschäftigten zu setzen. Dieser Zusammenhang wird in der Arbeitsmarktliteratur als Lohneffizienz beschrieben. Die Botschaft ist leider bei viel zu wenigen Unternehmen in Deutschland angekommen. Diese Zusammenhänge zwischen Arbeit und Entlohnung vermag der seelenlose Neoliberalismus nicht zu ergründen.

Die hier ausgeführten Argumente machen deutlich: Der Flächentarifvertrag ist eine wesentliche Grundlage zur Beherrschung des rasanten strukturellen Wandels in der Wirtschaft. Umso bedauerlicher ist es, dass der Flächentarifvertrag nicht erst seit einigen Jahren einem Erosionsprozess unterliegt. Dies zeigt vor allem der deutliche Rückgang der Tarifbindung. Während in Westdeutschland 1998 noch für 76 % (Ostdeutschland 63 %) der Beschäftigten ein Tarifvertrag galt, waren es 2004 nur noch 68 % (53 %). Gemessen an den Betrieben ist die Tarifbindung im selben Zeitraum von 52 % auf 43 % (33 % auf 23 % in Ostdeutschland) zurückgegangen. Die Flucht aus der Bindung an den Tarifvertrag ist nicht zu übersehen.

Zwar verliert der Tarifvertrag seine Signalfunktion auch nicht für die Flüchtigen. Sie orientieren sich bei der Entlohnung ihrer Arbeitskräfte häufig am Tarifvertrag. Dennoch: Die weißen Flecken in der Tariflandschaft werden immer größer.

Die Prägekraft des Tarifvertragssystems ist auch infolge der kaum noch überschaubaren Abweichungen durch Öffnungs- und Härtefallklauseln geschmolzen. Drei von vier tarifgebundenen Unternehmen nutzten 2005 Möglichkeiten, vom Flächentarifvertrag abzuweichen. Der Löwenanteil der Abweichungen durch Sonderregelungen konzentriert sich auf variable Arbeitszeiten. Hierzu zählen die zunehmenden Fälle der Arbeitszeitverlängerung ohne Lohnausgleich. Auch wird die Möglichkeit vermehrt genutzt, im Gegenzug zu Arbeitsplatzgarantien zeitweise untertariflich zu entlohnen. Von den durch die Unternehmen erzwungenen Abweichungen vom Tarifvertrag sind die durch die Gewerkschaften gewollten Öffnungsklauseln zu unterscheiden. Dazu gehören vor allem Härtefallklauseln, die erstmals 1994 in der Metallwirtschaft in Ostdeutschland eingeführt worden sind. Aufzulisten sind hier auch die «beschäftigungssichernden Tarifverträge». Diese Flexibilisierungen tragen vor allem Krisenunternehmen Rechnung. Wenn ein Unternehmen ernsthaft in seiner Existenz bedroht ist, jedoch eine Überlebenschance besteht, dann wird die Lohnreduktion zugelassen – allerdings auf der Basis eines allgemeinen Sanierungsprogramms. Derartige Flexibilisierungen stabilisieren das Tarifvertragssystem.

Hat der Flächentarifvertrag indessen unter dem Druck der internationalen Konkurrenz, anhaltend hoher Arbeitslosigkeit, Verbetrieblichung der Lohnfindung und übermächtiger neoliberaler Ideologie noch eine Chance? Wir haben gezeigt: Er braucht eine Zukunft. Allerdings nützt er nicht um jeden Preis. Flächentarifverträge wirken nur prägend, wenn die Festlegungen über Löhne und Arbeitsbedingungen in den Betrieben verankert sind. Schließlich sind es ja die Beschäftigten, die in ihren Betrieben die Basis für die übergreifenden Tarifverträge schaffen. Aus dem betrieblichen Prozess heraus werden auch notwendige Abweichungen begründbar. Wichtig ist jedoch, dass die Entscheidungsgewalt über die Öffnungsklauseln bei den Tarifvertragsparteien liegt. In Tarifverträgen sollten einerseits stärker Vereinbarungen über die Qualifikation von Beschäftigten festgeschrieben werden. Andererseits sollten Tarifverträge Regelungen über die Stärkung der Innovationskraft von Unternehmen aufnehmen. Die Zahl der Unternehmen, die sich der Tarifbindung entziehen, wird in den nächsten Jahren wohl kaum zurückgehen. Deshalb werden in Zukunft mit Orientierung am Flächentarifvertrag hauseigene Tarife zunehmen. Die Gewerkschaften werden sich in Zukunft stärker darauf einstellen müssen. Das Tarifvertragssystem wird in Zukunft noch differenzierter ausfallen und stärker durch betriebliche Abschlüsse geprägt sein. Umso wichtiger wird es, zusammen mit starken Gewerkschaften auf allen Ebenen der Lohnfindung gemeinsame Prinzipien zu definieren, durchzusetzen und einzuhalten. Eine wichtige Aufgabe auch und vor allem aber der Politik.

Zur Notwendigkeit eines gesetzlichen Mindestlohns

Die deutsche Lohnpolitik steht vor einer neuen Herausforderung. Gegenüber der durch die Tarifverträge differenziert geregelten Entlohnung nimmt der Anteil der Beschäftigten im Niedriglohnbereich zu. Es gibt zwei Ursachen für die rasante Zunahme geringfügiger Beschäftigung. Eine der Triebkräfte sind die im Rahmen der Hartz-Gesetzgebung zugelassenen Minijobs mit 400 Euro, bei denen der Arbeitgeber eine Abgabenpauschale von 25 % zu zahlen hat. Seit Anfang 2005 dürfen unter bestimmten Bedingungen so genannte Ein-Euro-Jobs (1 € pro Arbeitsstunde, bei 160 Stunden im Monat 160 €) hinzugefügt werden. Das Hartz-IV-Gesetz führt zur Zunahme des Niedriglohnsektors. Qualifizierten Arbeitskräften, die gegen ihren Willen ihren Arbeitsplatz verloren haben, wird der Abstieg in diesen Bereich geringfügiger, schlecht bezahlter Arbeit zugemutet. Die andere Ursache liegt in den niedrigen Löhnen, die tarifvertraglich gelten. Die Tarifexperten des «Wirtschafts- und Sozialwissenschaftlichen Instituts (WSI)» der gewerkschaftseigenen Hans-Böckler-Stiftung nennen Daten zur Ausbreitung des nicht mehr existenzsichernden Billiglohnsektors.[48] Die Skala der Stundenlöhne erstreckt sich von 2,74 Euro für einen Angestellten im Gartenbau in Sachsen über einen Wachmann mit 3,91 Euro für seine Nachtarbeit in Mecklenburg-Vorpommern und 4,31 Euro für einen kaufmännischen Angestellten im Bereich der Lederwaren bis zu 5,70 Euro für einen Angestellten in der Pinselfertigung in Bayern. Gemessen an der bundesweit geltenden Grenze für die Lohnpfändung von 930 Euro, mit denen das Existenzminimum gesichert werden soll, liegen heute über 2,5 Millionen Beschäftigte mit ihrem Monatseinkommen unter dieser Gesetzesmarke; sie sind arm («working poor»).

Die anhaltend hohe Arbeitslosigkeit raubt den Gewerkschaften die Gestaltungskraft am unteren Ende der Lohnskala. Eine Statistik des Bundesministeriums für Wirtschaft und Arbeit belegt, dass bei mehr als 130 Tarifverträgen für rund 690 Tätigkeiten Stundenlöhne von unter 6 Euro existieren. Entscheidenden Einfluss hat zudem die Tatsache, dass die Zahl der Beschäftigten in Unternehmen ohne Tarifbindung wächst. 2004 arbeiteten 32 % der Beschäftigten in Westdeutschland und 48 % in Ostdeutschland im tariffreien Bereich. Wie gesehen, forciert aber auch die heutige Politik die Expansion der Billigerwerbsarbeit. Aufgeschreckt von den Folgen der durch Hartz IV betriebenen Verbannung in den «Working Poor»-Sektor gewinnt andererseits in politischen Parteien die Forderung nach gesetzlich garantierten Mindestlöhnen an Gewicht.

Zur Festsetzung und Sicherstellung von Mindestlöhnen werden derzeit folgende Vorschläge diskutiert:

1. Der Mindestlohn wird für die gesamte Wirtschaft gesetzlich fixiert. Dagegen richtet sich auch gewerkschaftliche Kritik. Die Tarifautonomie werde relativiert, und möglicherweise könnten zu niedrige Mindestlöhne das bestehende Lohngefüge nach unten verschieben. Dagegen spricht auch die erwähnte Tatsache, dass heute 32 % der Beschäftigten in Westdeutschland und 48 % der Beschäftigten in Ostdeutschland nicht einmal einer Tarifbindung unterliegen. Andererseits entlastet eine solche Grenzziehung die normale Tarifpolitik. Schließlich haben die Gewerkschaften die neue Aufgabe, dafür Sorge zu tragen, dass die Mindestlöhne auch ausreichend hoch zur Existenzsicherung fixiert werden. Wie in Großbritannien müssen die Tarifvertragsparteien beteiligt werden. So sind dort die Gewerkschaften in der «Low Pay Commission» Mitglied, die zusammen mit den Arbeitgebern und der Wissenschaft jeweils die Höhe der Mindestlöhne überprüft und Empfehlungen zu deren Erhöhung ausspricht.

2. Die Festlegung der Mindestlöhne erfolgt in einer Kombination aus der Politik der Tarifparteien zusammen mit einer gesetz-

lichen Mindestregulierung. Diese Art der Doppelstrategie gibt es bereits in anderen Bereichen. So wird beispielsweise die Höchstarbeitszeit gesetzlich festgelegt. Die Tarifparteien vereinbaren die Arbeitszeiten, die deutlich unter der Höchstgrenze liegen.

Eine Variante sieht vor, dass die durch die Tarifvertragsparteien fixierten Stundenlöhne vom Gesetzgeber nach unten begrenzt werden. Diese Regelung gilt bereits für die Bauwirtschaft. Im «Arbeitnehmer-Entsendegesetz» ist seit 1996 ein Mindestlohn gegen die Billigkonkurrenz vor allem aus Osteuropa festgelegt worden. Derzeit gilt als Untergrenze ein Stundenlohn von 10,36 Euro in Westdeutschland und 8,95 Euro in Ostdeutschland. Die Mindestlöhne für Facharbeiter liegen höher (12,47 €/9,65 €). Wächst jedoch der Druck vor allem durch ausländische Billigkonkurrenz, so droht diese Kompromissbildung durch die Arbeitgeberseite schwer belastet zu werden. Es kann durchaus sein, dass mangels tariflicher Übereinkunft am Ende doch durch ein Gesetz die Mindestlöhne fixiert und entsprechend kontrolliert werden müssen. Aus den bisherigen Erfahrungen in der Bauwirtschaft folgt jedenfalls die Notwendigkeit einer Ausweitung der Regelungen auf die Zulieferindustrie, um den vielen illegalen Billiglohn-Ausbeutern das Handwerk zu legen.

Eine von der IG Metall präferierte Variante zielt darauf ab, den untersten Tariflohn einer Branche durch den Gesetzgeber als Mindestlohn fixieren zu lassen. Dazu soll das «Gesetz über die Festsetzung von Mindestarbeitsbedingungen» von 1952 erweitert werden. Dies setzt einerseits voraus, dass die Tarifvertragsparteien in der Lage sind, sich auf einen angemessenen Mindestlohn zu einigen. Andererseits bleiben von dieser Regelung die nicht tariflich gebundenen Beschäftigten ausgeschlossen.

Eine andere von der IG Metall vorgeschlagene Variante konzentriert sich auf eine vereinfachte Allgemeinverbindlichkeit der unteren Tariflöhne als Mindestlöhne, die damit auch für nicht tariflich gebundene Unternehmen verbindlich wären.

Gemessen an dem riesigen Ausmaß von Billiglöhnen einerseits, die zur Existenzsicherung des Beschäftigten nicht mehr ausreichen, und dem Verlust an Gestaltungskraft der Tarifpolitik in diesem Bereich andererseits wird sich auf Dauer eine gesetzliche Fixierung von Mindestlöhnen nicht mehr vermeiden lassen. Zugleich könnte durch diese politische Signalwirkung für alle Beschäftigten im Niedriglohnbereich die «normale» Tarifpolitik entlastet werden.

Mindestlöhne im internationalen Vergleich

Vergleiche mit dem Ausland zeigen durchaus die Machbarkeit einer gesetzlichen Mindestlohnfixierung. In vielen Ländern zählen gesetzlich vereinbarte Mindestlöhne zum Instrument der Regelungen der Lohneinkommen am unteren Ende. Allein in 19 EU-Staaten – darunter Großbritannien, Frankreich, die Niederlande, Lettland und Polen – wird das Instrument der Mindestlöhne zur Begrenzung der Billiglohnkonkurrenz eingesetzt. Die USA kennt Mindestlohnstandards bereits seit 1938 als Folge der Erfahrungen mit der Großen Depression. Der minimal zu gewährleistende nationale Stundenlohn beläuft sich auf 5,15 Dollar. Die Bundesstaaten können davon nach oben abweichen. So beträgt der höchste nationale Stundenlohn in Washington (2004) 7,16 Euro, der niedrigste in Illinois 5,50 Euro. Unter Berücksichtigung des Wechselkurses führt dieser nationale Mindeststundenlohn zu einem Monatseinkommen von 735 Euro. In Großbritannien sind unter dem Druck der Labour Party und der Gewerkschaften 1999 per Gesetz Mindestlöhne eingeführt worden. Für zwei Millionen der Beschäftigten mussten durch die Anwendung dieses Gesetzes die Löhne angehoben werden. Übrigens dient der Mindestlohn bei der in England hart praktizierten Hartz-IV-Variante, dem «Jobseeker Agreement», als letzter Schutz vor dem Absturz in die Billiglohnausbeutung. Zuständig ist die bereits erwähnte «Low Pay Commission», an der die Tarifvertragsparteien beteiligt sind. Derzeit wird in Großbritannien die Frage diskutiert, ob die Mindestlöhne regional differenziert werden sollen. Ab dem 1.10. dieses Jahres wird der minimale Stundenlohn für Beschäftigte ab 22 Jahre auf 5,05 britische Pfund erhöht. Bei einer 40-Stunden-Arbeitswoche führt das zu einem Mindest-Monatseinkommen von ca. 1170 Euro (abhängig vom Wechselkurs).

In Frankreich wird seit 1970 der «minimale, berufsübergreifende, wachstumsangemessene Minimallohn (SMIC)» fixiert. Derzeit gelten 7,61 Euro (bei einer 39-Stunden-Woche) als untere Grenze des Stundenlohns. Das ergibt einen Monatslohn von 1187 Euro. Nach dieser Vorgabe müssten in Deutschland die Löhne am unteren Ende der Skala angehoben werden. Wie erwähnt gibt es auch in Deutschland seit 1952 ein «Gesetz über die Festsetzung von Mindestarbeitsbedingungen». Solange jedoch das Tarifvertragssystem auch im Bereich der unteren Lohnskala gestalten konnte, wurde es nicht gebraucht. Hier haben sich allerdings in den letzten Jahren große Veränderungen ergeben. Im internationalen Vergleich zeigt sich zweierlei: 1. Die Mindestlöhne lösen zwar den oftmals befürchteten Sog in Richtung Minimalhöhe nicht aus. 2. Allerdings wird immer wieder versucht, den Mindeststandard zu unterschreiten. Ohne scharfe Kontrollen der Unternehmenspraxis mit entsprechenden Strafen bei Nichteinhaltung werden Mindestlöhne zu einem Papiertiger.

Zur Höhe der Mindestlöhne

Im Mittelpunkt steht die Frage nach der Höhe angemessener Mindestlöhne. Hier kursieren abenteuerliche Vorstellungen. Michael Burda, Wirtschaftsprofessor an der Humboldt-Universität, sieht den markträumenden Stundenlohn für Niedrigqualifizierte mit 2 bis 3 Euro gegeben. Damit wird unterstellt, ein Arbeitgeber sei nur zu diesem Preis bereit, die Arbeitskraft einzukaufen. Wissenschaftlich ableitbar ist diese für die dortigen Arbeitgeber komfortable

Marke jedenfalls nicht. Dass der sich daraus ergebende Monatslohn nicht zum Leben ausreicht, erkennt auch der Wissenschaftler aus dem neoklassischen Elfenbeinturm. Er geht von einem Mindeststundenlohn von allerdings nur 4 Euro aus. Die Differenz zum so genannten markträumenden Lohnsatz soll dann der Staat übernehmen. Mit dieser Mindestmarke von 4 Euro würde jedoch Erwerbsarbeit in Armut geschaffen.

Die Gesellschaft kommt nicht daran vorbei, einen existenzsichernden Mindestlohn, der Armut trotz Erwerbsarbeit («working poor») verhindert, zu definieren und am Ende auch zu garantieren. Eine Orientierung bietet die bereits angesprochene Pfändungsgrenze eines Monatslohns bei 930 Euro. Bei einem Bruttomonatslohn von 1250 Euro, der netto zu 925 Euro führt, ergibt sich unter der Annahme einer 38,5-Stunden-Woche ein Stundenlohn von 7,50 Euro. Um diesen von ver.di geforderten Mindeststundenlohn bewegen sich die Werte in EU-Ländern mit gesetzlichen Mindestlöhnen (Niederlande bei 37-Stunden-Woche 7,89 €, Großbritannien bei 39-Stunden-Woche 7,13 €, Frankreich 7,61 € bei einer 39-Stunden-Woche). Nach Berechnungen des WSI müssen im Zuge der Realisierung dieses Mindeststundenlohns die Arbeitseinkommen von 2,4 Millionen Beschäftigten angehoben werden.

Die Einführung von gesetzlich garantierten Mindestlöhnen drängt. Die Diskussion muss auf unterschiedliche Varianten und die endgültige Ausgestaltung dieses Instrumentariums konzentriert werden. Vernünftige Vorschläge, die Tarifpolitik mit einer gesetzlichen Mindestsicherung der Beschäftigten zu kombinieren, sind bereits angesprochen worden. Es geht schließlich um die Begrenzung der für die Beschäftigten existenzbedrohlichen Profiterzielung durch Billiglohn-Ausbeutung, die die Tarifpolitik allein schon lange nicht mehr sicherstellen kann. Gesetzliche Mindestlöhne, die am besten in Absprache mit den Tarifvertragsparteien fixiert werden, hebeln das Tarifvertragssystem nicht aus, sondern können es stärken.

In den Fängen des Turbokapitalismus

Die unheimliche Macht von Hedgefonds und Heuschrecken

Kaum haben wir die Fehlentwicklungen vor allem im Zuge der *New Economy* halbwegs verdaut, da droht schon eine neue Gefahr. Ziemlich plötzlich treten milliardenschwere Fonds auf, die durch den Einsatz ihres fungiblen Kapitals schnelle Renditesteigerungen anstreben. Unternehmen, die als unterbewertet gelten, werden aufgekauft, um rentable Teile herauszubrechen und diese entweder unter strengem profitwirtschaftlichem Regiment fortzuführen oder aber weiterzuverkaufen. Das Interesse bei der Anlage dieser von extrem reichen Privatanlegern und Pensionsfonds konzentrierten Finanzmassen gilt nicht dem Unternehmen an sich, sondern der mit dem Kaufobjekt erzielbaren Rendite auf das dazu eingesetzte Kapital. Die Megaakteure setzen auf Intransparenz, Vermeidung von Öffentlichkeit sowie die Ausnutzung von kontrollfreien Zonen des Wirtschaftens. Entgrenzung der Aktivitäten und Beschleunigung des Kapitalismus sind die Folgen. Diese jüngste Phase wird oftmals zu Recht als Turbokapitalismus bezeichnet. Denn tatsächlich wirken, wie nachfolgend gezeigt wird, die weltweit agierenden Fonds der neuen Finanzinvestoren wie Turbos, die die Bewegung der Kapitalismusmaschine beschleunigen.

Diese jüngste Etappe des internationalisierten Kapitalismus ist von zwei Eigenschaften geprägt. *Erstens* wird die ohnehin schon stark ausgebildete Konzentration ökonomischer Macht – neuerdings recht anonymisiert – gesteigert. Diese ökonomische Konzentration entlarvt im Übrigen die in der Marktorthodoxie konstruierten Regeln der Preisbildung in Abhängigkeit von Angebot und Nachfrage abermals als schiere Ideologie. Mit dieser peinlichen Differenz zwischen Modell und Wirklichkeit ließe sich ja noch leben. Gefährlich wird die machtignorante Marktlehre aber dann, wenn der Handlungsbedarf beim Abbau von Marktbeherrschung geleugnet, ja mit albernen Rechtfertigungen verhindert wird. Heute ist die «invisible hand», die «unsichtbare Hand» Adam Smiths, die hinter dem Rücken der Wirtschaftsakteure für optimales Wirtschaften sorgt, längst durch das weltweite «shakehand» der Großunternehmen abgelöst worden. Nicht die Wettbewerbsidylle, sondern strategisches Handeln der Unternehmen bis hin zur ruinösen Konkurrenz dominieren. Die Magna Charta von 1958, das mehrfach reformierte «Gesetz gegen Wettbewerbsbeschränkung», wird nicht ernst genommen. Dabei dominieren, wie das Bundeskartellamt berichtet, Übernahmen und Fusionen («Merger & Aquisition»). Die angemeldeten Fusionen und Zusammenschlüsse lagen nach dem Spitzenwert von 1998 bei 1135 im Jahr 2003 und 1206 im Jahr 2004. Viele Fusionspläne, die das Bundeskartellamt wegen Marktbeherrschung untersagt hatte, sind per «Ministererlass» vor allem durch freidemokratische Wirtschaftsminister doch noch genehmigt worden. Freidemokratischer Liberalismus scheint offensichtlich mit der Marktmachtkonzentration durchaus vereinbar.

Die Tendenz zur unternehmerischen Konzentration wird auch durch die wachsenden Kartellabsprachen belegt. Der Summe der durch das Bundeskartellamt verhängten Bußgelder gegen Preis-, Gebiets- und Quotenkartelle sowie Submissionsabsprachen (2003 mit dem Spitzenwert von 717 Mio. €) ist nur die Spitze des Eisbergs der Vermachtung der Märkte. Die für die Konkurrenzwirtschaft konstitutive Bekämpfung der Marktbeherrschung durch Konzerne wird nur noch bei Sonn- und Festtagsreden auf den Neoliberalismus thematisiert. Im praktischen Alltag wird im Zweifelsfall versucht, die Unternehmenskonzentration mit den Herausforderungen durch die Globalisierung zu rechtfertigen.

Dabei verlangt die wachsende Macht der multi- und transnationalen Konzerne die Durchsetzung einer weltweiten Wettbewerbsordnung gegen ruinöse Konkurrenz. Beleg dafür ist der Weltkonzern «Microsoft». Mit seiner Marktmacht werden technologische Innovationen kleiner Konkurrenten verhindert. Heute wird an der Schraube der Vermachtung der Wirtschaft durch die gobal agierenden, milliardenschweren Finanzinvestoren weitergedreht. Nicht die politische oder gewerkschaftliche Macht bedroht die Wirtschaft. Vielmehr werden die Marktgesetze durch «innere Feinde», die mächtigen Konzerne demontiert. Dass die reine Marktlehre auf diese innerhalb der Wirtschaft produzierte Bedrohung nicht eingeht, ist wissenschaftlich und politisch ein Skandal.

Zweitens verändert die wachsende Bedeutung von Spekulationen auf schnell ansteigende Renditen die Geschäftsgrundlage des heutigen Kapitalismus. Während viele Unternehmen auf den Kapitalzufluss über die Finanzmärkte zur Stärkung der Produktion durch Innovationen angewiesen sind, steht bei den Fonds meistens das kurzfristige Interesse an einem rentierlichen Kapitaleinsatz im Vordergrund. Kurzfristigkeit und Unstetigkeit sind jedoch Gift für die produzierende Unternehmenswirtschaft. Wie die nachfolgend dargelegten Beispiele zum Umgang von Finanzinvestoren mit produzierenden Unternehmen bestätigen, wechseln die Fonds schnell von einem Engagement in das andere. Diese Volatilität erschwert die Kalkulierbarkeit der ökonomischen Interdependenzen und belastet die Gesamtwirtschaft. Produktive Unternehmen geraten unter das Regime von Spekulationsgeschäften. Die zu erzielende Rendite leitet sich dann nicht mehr aus dem ökonomischen Umfeld des Unternehmens ab. Sie wird von den Finanzinvestoren nach den allgemeinen Erwartungen auf den Finanzmärkten vorgegeben. Bestandsgefährdende Kostensenkungen und Arbeitsplatzabbau sind die Folge.

Um nicht missverstanden zu werden: Diese Kritik richtet sich nicht generell gegen Spekulationen. Normalerweise lassen sich Spekulationen als eine Brücke zwischen der Gegenwart und der unsicheren Zukunft nutzen. Sobald sie jedoch zum eigenständigen, aggressiv verfolgten Geschäftszweck erhoben werden, werden sie zur Gefahr für solides Wirtschaften. John Maynard Keynes hat in seiner «Allgemeinen Theorie der Beschäftigung, des Zinses und des Geldes» (1936) diese Unterscheidung zwischen unschädlichen und schädlichen Spekulationen mit einem Bild deutlich gemacht: «Spekulanten mögen unschädlich sein als Seifenblasen auf einem steten Strom der Unternehmenslust. Aber die Lage wird ernsthaft, wenn die Unternehmung die Seifenblase auf einem Strudel der Spekulationen wird. Wenn die Kapitalentwicklung eines Landes das Nebenerzeugnis der Tätigkeiten eines Spielsaales wird, wird die Arbeit voraussichtlich schlecht getan werden.»[49]

Die Lust an produktiven Unternehmensaktivitäten – die «animal spirits» – kann erlahmen. Spekulationen erhöhen die Gefahr, in falsche Produktionsbereiche zu investieren. So wird der «soziale Zweck» (Keynes) der Börse, die ihr zur Verfügung gestellten Finanzmittel den produktiven Unternehmen zur Verfügung zu stellen, bedroht. Den Scharlatanen mit der Lust auf Spekulation an den Spieltischen des Kasinokapitalismus muss das Handwerk durch die Vorgabe von kontrollierbaren Regeln gelegt werden. Mit der heutigen Etappe des vermachteten Spekulationskapitalismus, der sich über die produktiven Unternehmen erhebt, wächst jedenfalls auch ein neues sozial-ökonomisches Krisenpotenzial heran.

Finanzbullen auf dem Vormarsch

Nicht nur Deutschland wird urplötzlich von einer besonders aggressiven Variante des Finanzkapitals heimgesucht. Finanzinvestoren, ausgestattet mit milliardenschweren Fonds, kaufen ganze Unternehmen auf, um schnell hohe Profite auf das eingesetzte Kapital zu erzielen. Die aus der Finanzwelt stammenden, komplizierten Bezeichnungen für sie sind heute in aller Munde: Private-Equity-Fonds, Hedgefonds und auf die Immobilienwirtschaft konzentrierte Real Estate Investment Trusts (REITs).[50] Private-

Equity-Fonds (Beteiligungsgesellschaften) stellen Unternehmen Beteiligungskapital zur Verfügung. Die Hedgefonds, die ursprünglich Geschäfte mit den Aktienkurs-, Zins- und Währungsrisiken erfolgreich betrieben, sind heute nichts anderes als Kapitalsammelstellen. Sie spekulieren vor allem auf unterbewertete Unternehmen, nach dem Motto: «Erlaubt ist, was gefällt.» Real Estate Investment Trusts (REITs) sind börsennotierte Immobiliengesellschaften, die entweder selbst Grundstücke und Gebäude kaufen und bewirtschaften oder den Erwerb finanzieren.

Im Kern handelt es sich bei allen um Kapitalsammelstellen. Zur Teilhabe an den Fonds sind hohe Einzahlungen erforderlich. Vor allem reiche Familien, Milliardäre sowie Pensionsfonds und andere institutionelle Anleger stellen ihr Kapital zur Verfügung. Die dazu aufgekauften Unternehmen stehen nicht mit ihrer Produktion im Mittelpunkt, sondern in der Absicht, mit ihnen hohe Renditen zu erzielen. Ob ein Unternehmen nach dem Verkauf von Teilen weitergeführt wird oder an andere Fonds bzw. Kapitaleigner wieder verkauft wird, hängt ausschließlich von der erwarteten Rendite ab.

Grundsätzlich ist gegen den Einsatz von Kapital in Unternehmen nichts einzuwenden. Dies gilt vor allem für Unternehmen, denen der Zugang zur Börse verschlossen bleibt und die von der anhaltenden restriktiven Politik der Kreditvergabe durch die Banken betroffen sind. Insbesondere im Bereich der Private-Equity-Fonds gibt es positive Beispiele der außerbörslichen Kapitalbeteiligung, mit der Unternehmen saniert werden und sich die Kapitalgeber nach einigen Jahren wieder zurückziehen können. Die Kritik richtet sich gegen die aggressiven Fonds, die auch bisher erfolgreiche Unternehmen zum Spekulationsobjekt machten und in den Ruin getrieben haben. Der damalige SPD-Vorsitzende Franz Müntefering hat Anfang April 2005 eine wichtige Auseinandersetzung mit diesen Praktiken des neuen Finanzkapitalismus ausgelöst, als er die ausländischen Großinvestoren mit Heuschrecken verglich. In einem Interview in der «Bild am Sonntag» hielt er fest: «Ich wehre mich gegen Leute aus der Wirtschaft und den internationalen Finanzmärkten, die sich aufführen, als gäbe es für sie keine Schranken und Regeln mehr. Manche Finanzinvestoren verschwenden keinen Gedanken an die Menschen, deren Arbeitsplatz sie vernichten. Sie bleiben anonym, haben kein Gesicht, fallen wie Heuschreckenschwärme über Unternehmen her, grasen sie ab und ziehen weiter.»[51]

Das Bild der Heuschrecke ist zwar eingängig. Eigentlich handelt es sich aber um eine wachsende Herde von Finanzbullen, die im Unterschied zu den Banken und Versicherungen praktisch keiner staatlichen Aufsicht unterliegen. Im Zusammenhang mit den Hedgefonds hat Edgar Meister, Vorstandsmitglied für Bankenaufsicht bei der Deutschen Bundesbank, unmissverständlich darauf hingewiesen: «Hedgefonds müssen der Aufsicht keine Daten zur Verfügung stellen. Sie bilden somit weiße Flecken auf der Landkarte der Aufsicht. Und diese Flecken weiten sich aus.»[52]

Das Geschäft der Mega-Finanzfonds

In der Kritik stehen vor allem die gigantischen Finanzfonds aus den USA. Sie versuchen, die überschüssige Liquidität, die bei Pensionsfonds und reichen Familien lagert, unter Maximierung der Gewinne auf das eingesetzte Kapital weltweit zu platzieren. Sie nehmen Unternehmen ins Visier, mit deren Kauf das Ziel erreichbar scheint, durch das Herausbrechen rentabler Stücke in kürzester Frist Renditen von deutlich über 25 % zu erreichen.

Auf dieses Geschäft, private Unternehmen zu erwerben bzw. mit Kapital auszustatten, konzentrieren sich die Beteiligungsgesellschaften, die so genannten Private-Equity-Fonds. Drei Typen von Beteiligungsgesellschaften werden unterschieden. *Venture Capital-Fonds* finanzieren Unternehmensgründer und junge Firmen. Nach erfolgreichem Start soll das eingesetzte Kapital mit einem Gewinnaufschlag an die Kapitalgeber zurückfließen.

Turnaround-Fonds zerschlagen Firmen und vernichten damit Arbeitsplätze. Auf diese Geschäfte konzentriert sich vor allem die aktuelle Kritik. Die *Buy-out-Fonds* kaufen Konzernteile oder mittelständische Unternehmen. Die Kapitalgeber restrukturieren und investieren in das in der Regel vier bis sieben Jahre lang gehaltene Engagement. Ziel ist, mit dem Verkauf an andere Unternehmen, aber auch an andere Finanzinvestoren, eine hohe Rendite einzustreichen. Der Einkauf begründet somit lediglich eine «Partnerschaft auf Zeit». Unter dem Eigentum dieser Fonds fortgeführte Unternehmen werden auf kurzatmige Profitabilität getrimmt. Nicht zum Kerngeschäft gehörende, synergetisch jedoch wichtige Produktionsbereiche werden aufgegeben, Arbeitsplätze abgebaut. Maßnahmen der mittelfristigen Stabilisierung, zum Beispiel Ausgaben für die Forschung und Entwicklung, werden der kurzfristigen Renditesteigerung geopfert. Kunden, Lieferanten sowie das örtliche Umfeld werden ignoriert.

In den meisten Fällen geht es um die Filetierung der gekauften Unternehmenskomplexe. Profitable Teile werden dann zu einem gegenüber dem Kaufpreis erheblich höheren Verkaufspreis veräußert. Dazu nutzen diese Finanzfonds nicht nur das ihnen anvertraute Eigenkapital, es wird auch ein großer Anteil an Fremdkapital eingesetzt (sog. *Leveraged Buy-outs*). Die Finanzierung des Kapitaldiensts wird den übernommenen Unternehmen aufgebürdet und belastet deren Gewinne. Die Charakterisierung *private* im Unterschied zu *public* für die Kapitalbesorgung über die Börse erweist sich als Schwindel.

Die Beteiligungsgesellschaften gewinnen für die Zukunft der Unternehmenswirtschaft an enormer Bedeutung. Nach Angaben des Bundesverbands Deutscher Kapitalbeteiligungsgesellschaften (BVK) waren zum Jahresende 2003 deutsche Private-Equity-Gesellschaften mit insgesamt 18 Milliarden Euro an rund 5000 kleinen und mittleren Unternehmen beteiligt. Es gibt Hinweise darauf, dass die Finanzinvestoren 2003 und 2004 sogar mehr als 40 Milliarden Euro in Deutschland investiert haben. Ein Jahr darauf war ein Volumen von über 200 Milliarden geplant.[53] Es geht nicht darum, diese Kapitalbesorgung generell zu verteufeln. Vielmehr muss durch politische Regulierung dafür gesorgt werden, dass die Geschäftspraxis dubioser Profithaie unterbunden wird.

Unter dem Ziel der kurzfristigen Maximierung von Kapitalrenditen operieren neben diesen «Private-Equity-Fonds» auch extrem aggressive «Hedgefonds». Heute mischen sich die Geschäftsfelder dieser Kapitalsammelstellen: Spekulationen auf Kursgewinne durch Aktienhandel gehören genauso dazu wie der Kauf von Unternehmen und Immobilien. Wird auf Kursverluste spekuliert, dann werden Aktien zu einer Gebühr etwa von Banken geliehen und schließlich verkauft, um sich diese nach Rückgang des Kurses zu einem späteren Zeitpunkt billiger zu besorgen. Die Differenz zwischen dem Verkaufs- und Rückkaufkurs bringt den Gewinn. Zum Teil wird versucht, diese Leerverkäufe mit Krediten zu finanzieren. Der Kredit wird dann als «Hebel» (lever) oder besser als Turbo eingesetzt.

Solche Spekulationsgeschäfte sind hoch riskant und können das gesamte Finanzsystem belasten. Weltweit werden ca. 8000 Hedgefonds mit einem Volumen von ca. 1000 Milliarden US-Dollar geschätzt.[54] Bis 2008 wird ein Anstieg der Fonds auf 11650 mit einem verwalteten Vermögen von 1720 Milliarden US-Dollar erwartet (vgl. Graphik 6).

Welche Gefahren für das Finanzsystem ausgelöst werden können, zeigt die Spekulation des «Quantum Fonds» von 1992 gegen das britische Pfund. Großbritannien musste deshalb das Europäische Währungssystem verlassen. Der Fondschef George Soros hatte gegen das an den wirtschaftlichen Verhältnissen gemessen überbewertete Pfund, das von der Notenbank künstlich hochgehalten wurde, auf Abwertung spekuliert. Der Verkauf von 10 Milliarden Pfund, die geliehen wurden, hat den Wechselkurs nach unten gedrückt. Die Notenbank musste die Interventionen zur Stabilisierung des Kurses einstellen. Nachdem der Währungskurs in die Nähe des Marktpreises gefallen war, kaufte der Fonds die

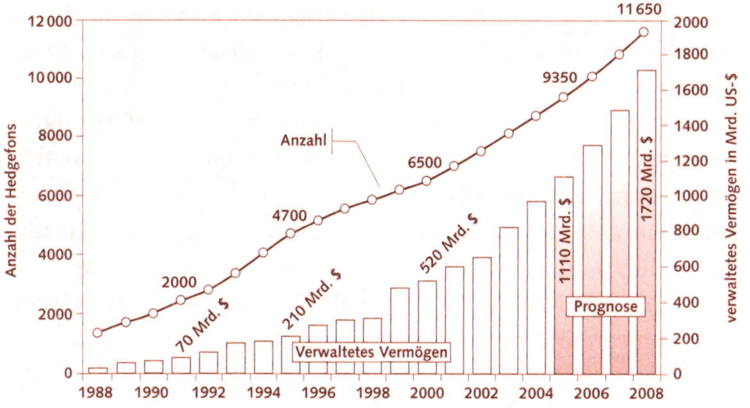

Quelle: Van Hedge Fund Advisor International, Nashville, TN

Graphik 6: Hedgefonds im Aufwind.
Anzahl und verwaltetes Vermögen

Währung zurück. Am Ende war Georg Soros mit seinem Fonds um eine Milliarde Pfund reicher. Dieses Beispiel zeigt, wie ein einziger Fonds in der Lage war, das Europäische Währungssystem in eine Krise zu stürzen.

Ein weiterer Skandal folgte 1998. Der von zwei Nobelpreisträgern der Ökonomie gegründete Fonds «Long Term Capital Management (LTCM)» geriet heftig ins Schlingern und drohte das gesamte Finanzsystem zu erschüttern. Bei einem Eigenkapital von 5 Milliarden Dollar waren 125 Milliarden Dollar Kredite für Spekulationsgeschäfte aufgenommen worden. Als der Fonds zahlungsunfähig wurde, musste die US-Notenbank zusammen mit 14 Banken – darunter auch die Deutsche Bank – Zuschüsse in Milliardenhöhe leisten.

Nicht immer haben aggressive Übernahmeversuche auch Erfolg, wie das Beispiel der TUI zeigte: Mehr oder weniger anonym gebliebene Finanzfonds hatten sich darauf versteift, den TUI-Konzern zu zerschlagen, um im Zuge ihres geplanten Börsengangs im Januar 2004 die lukrative TUI-Tochter Hapag-Lloyd zu ergattern. Dabei spielte des Investmenthaus Goldman Sachs, das auch noch als einer der Konsortialführer beim geplanten Börsengang von Hapag-Lloyd fungierte, eine dubiose Rolle. Dieser unfreundliche Angriff konnte jedoch durch die Geschlossenheit des Vorstands, des Aufsichtsrats, vor allem aber die handelnde Betriebsvertretung, unter Nutzung einer klugen Investmentbank abgewehrt werden. Voraussetzung war und ist die Mitbestimmung, um das Gesamtunternehmen und die damit verbundenen Arbeitsplätze zu retten.

Beispiele aus der Praxis der «Financial raiders»

Die Liste der Versuche von in der angloamerikanischen Wirtschaftspresse als «Financial raiders» («Finanzgangster») titulierten Fonds, die Substanz von Unternehmen auszuschlachten, die durch Restrukturierung stabilisiert werden könnten, ist in Deutschland lang. Die Wirtschaftsprüfgesellschaft Ernst & Young schätzt allein das in Deutschland eingesetzte Spekulationskapital auf mehr als 23 Milliarden Euro in insgesamt 85 Unternehmen. An der Spitze steht das US-Unternehmen KKR (nach den drei Gründern Kohlberg, Kravis, Roberts benannt). Mit dem Ziel schneller Profitabilität ist KKR eingestiegen beim Turbinenhersteller MTU, beim Dualen (Abfall-)System, beim Chemieunternehmen Dynamit Nobel und bei Auto-Teile-Unger (ATU).

Nicht in allen Fällen wurden diese Unternehmen filetiert. Dies zeigt das Beispiel ATU. Der Einstieg der Finanzinvestoren war alles andere als eine geradlinige Erfolgsgeschichte. KKR ist nach einem Kauf von der Beteiligungsgesellschaft Doughty Hanson zu einem Preis von 1,45 Milliarden Euro mit 80 % an ATU beteiligt. In diesem Fall hat sich bisher die Fortführung unter allerdings harten Bedingungen für die ca. 2500 Beschäftigten gelohnt. Jedoch stellen die dadurch entstandenen Firmenschulden eine schwere

Belastung für ATU dar. Denn die Übernahme wurde, wie üblich, zu ca. zwei Drittel durch den Einsatz von Fremdkapital finanziert. Die Beteiligungsgesellschaft reichte die Verschuldung und damit den Kapitaldienst an das erworbene Unternehmen weiter. Laut ATU sind die Finanzschulden gegenüber 490 Millionen Ende 2003 bis Ende 2004 auf 894 Millionen Euro gestiegen.

Am Beispiel der Firma Grohe, dem Hersteller hochwertiger Sanitäranlagen, lässt sich die perfide Strategie der Ausschlachtung eines zuvor gewinnstarken Unternehmens zeigen. Die Familieneigentümer wollten sich in der Schweiz zur Ruhe setzen und haben das florierende Unternehmen 1999 für 900 Millionen Euro an den britischen Fonds «BC-Partners» verkauft. Nur 390 Millionen wurden als Eigenkapital eingebracht. Die große Restsumme ist durch die Aufnahme von Darlehen finanziert worden. Die Zinslasten hat das Unternehmen aufzubringen. Dadurch wird über drei Viertel des Betriebsergebnisses belastet. Dieser hohe Einsatz von Fremdkapital zeigt, dass von «Private Equity» – also der Zuführung von Eigenkapital – nicht ernsthaft die Rede sein kann. Anstatt das Unternehmen an die Börse zu führen, wurde es dann an den Finanzinvestor Texas Pacific Group und die «Credit Suisse First Boston» weitergereicht, die es für schätzungsweise 1,5 bis 1,8 Milliarden Euro übernahmen. Der Fonds BC-Partners kassierte also mehr als das 8fache der ursprünglich eingesetzten Eigenmittel. Das jetzt überschuldete und verlustbringende Unternehmen steht massiv unter Druck und muss Betriebsstätten schließen, also Arbeitsplätze vernichten.

Die Übernahme des Herstellers von Kommunikationsprodukten Tennovois steht als Beispiel für die Fortführung eines Unternehmens. Allerdings wurden die Löhne massiv gesenkt. Dennoch konnte die Vernichtung von Arbeitsplätzen nicht aufgehalten werden. Nach dem Verzicht auf 12,5 % der Arbeitseinkommen sind entgegen der Absprache anschließend die Hälfte der Mitarbeiter entlassen worden.

Die in Deutschland gefürchteten Finanzfonds sind Fortress,

Cerberus und Blackstone aus den USA. Aus England kommen Apax und Permira hinzu. Operiert wird von Deutschland- und Regionalbüros aus; im Einsatz sind teuer eingekaufte deutsche Manager.

Neuerdings konzentrieren sich spezielle «Real Estate Investment Trusts (REITs)», die eine Kombination aus unternehmerisch tätigen, börsennotierten Immobilien AGs und Immobilienfonds darstellen, auf die Ausschlachtung großer Wohnungsgesellschaften in Deutschland. Derzeit wird erheblicher Druck auf die Bundesregierung ausgeübt, die noch existierenden steuerlichen Hindernisse abzubauen (etwa Versteuerung der beim Verkauf gehobenen stillen Reserven).

Die Finanzfonds locken oft mit einem gegenüber dem Marktwert hohen Kaufpreis. So ist die «Gemeinnützige Aktien-Gesellschaft für Angestellten-Heimstätten (GAGFAH)» von der Bundesversicherungsanstalt für Angestellte zugunsten des Bundeshaushalts im Umfang von 80000 Wohnungen an den US-Fonds Fortress übergegangen. Massive Proteste gegen die Ausschlachtung durch den Verkauf lukrativer Einzelwohnungen haben nichts genützt. Jetzt droht der Verkauf lukrativer Eigentumswohnungen und damit die soziale Spaltung in den großen Wohnquartieren. Die bisher größte Transaktion im Immobilienbereich ist der Verkauf der Eon-Immobilientochter Viterra mit 138000 Wohnungen für 7 Milliarden Euro an die Investmentgruppe Terra. Allein dieser nach Expertenmeinung überhöhte Preis zwingt zum schnellen Weiterverkauf einzelner Wohnungen bzw. Wohneinheiten.

Die Macht der neuen Finanzmärkte

Die Aktivitäten dieser Finanzfonds, die an der ernsthaften Fortführung von Unternehmen nicht interessiert sind, verletzen einerseits das Regelwerk der Wettbewerbswirtschaft und beschleunigen andererseits die Arbeitslosigkeit:

➔ Diese Finanzfonds verändern grundlegend die Marktwirtschaft in Richtung wachsender Konzentration. Kapitalmacht regiert anonym. Die Megarisiken vor allem bei der Nutzung des Kreditturbos bedrohen die Stabilität des Finanzsystems. Diese Fonds sind die Feinde funktionierender Finanzmärkte als wesentlicher Bereich der Wettbewerbswirtschaft. Und die neoliberale Politik der Marktöffnung und Ausweitung der Märkte stärkt nicht die Wettbewerbswirtschaft, sondern öffnet diesen Finanzbullen Tür und Tor. Nicht nur Arbeitsplätze fallen dieser Kurzfristprofitlogik zum Opfer. Auch die mittelständische Wirtschaft, deren Zugang zu Krediten ohnehin schon erschwert ist, gerät in das Visier der Private-Equity- und Hedgefonds. Nicht das produktive Wertschöpfungspotenzial, sondern die Spekulation mit ganzen Unternehmen bestimmt völlig überzogene Renditeansprüche.

➔ Durch das Treiben der Finanzfonds wird die neoklassische Deutung der Ursachen von Arbeitslosigkeit schlagartig widerlegt. Nicht auf den Arbeitsmärkten wird durch Lohnsenkungen zu Lasten und Flexibilität der Beschäftigten über Höhe und Struktur der Beschäftigung entschieden. Es sind diese neuen, hoch konzentrierten Finanzmärkte, die maßgeblich die Arbeitslosigkeit mitbestimmen. Die Kapitalfonds spekulieren oftmals auf viel zu hohe Renditeansprüche gegenüber der Produktionswirtschaft. Wenn beispielsweise der Finanzgigant KKR im Zuge der Filetierung von gekauften Unternehmen tausende von Arbeitsplätzen streicht, dann hat das so gut wie nichts mit den Löhnen und Gehältern, den Gewerkschaften und der Mitbestimmung zu tun. Im Gegenteil, viele Beispiele zeigen, dass auch der Verzicht auf Arbeitseinkommen, dass die Bereitschaft zu längeren Arbeitszeiten wegen der kurzfristigen Profitinteressen mit dem Abbau von Arbeitsplätzen, ja der Schließung von Unternehmen quittiert worden ist. Die Neoklassik, die unerschüttert behauptet, die Arbeitslosigkeit müsse durch individuelles und institutionelles (Fehl-)Verhalten auf den Arbeitsmärkten erklärt werden, übersieht den machtvollen Einfluss dieser Finanzgiganten.

Die jüngste, von Müntefering erfasste Kapitalismusentwicklung bestätigt das Grundmodell der postkeynesianischen Makroökonomie. Entscheidend ist und bleibt die machtspezifisch differenzierte Hierarchie der Märkte. Nicht die Arbeitsmärkte, sondern die Güter- und Finanzmärkte sind für die Höhe und Struktur der Beschäftigung maßgebend. Unternehmen entscheiden über Investitionen und damit auch über Arbeitsplätze durch den Vergleich der Renditen auf den Güter- und Finanzmärkten. Erst nachgelagert werden auf den Arbeitsmärkten die Bedingungen definiert, zu denen die durch die Entscheidungen auf den Güter- und Finanzmärkten erzeugte Arbeitslosigkeit zu verarbeiten ist. Dazu gehört die Forderung nach Lohnverzicht und Flexibilisierung.

Ansätze einer Politik zur Bullenzähmung

Die Finanzbullen sind eine potenzielle Gefahr für das Finanzsystem und belasten durch spekulativ überhöhte Renditeansprüche die Entwicklungschancen der Produktionswirtschaft. Arbeitsplätze werden gestrichen. Es stellt sich die Frage nach Strategien zur Ausgrenzung, zumindest Bändigung dieser in die private Wertschöpfung einfallenden Finanzbullen. Schließlich hat eine Politik für Wirtschaftswachstum und Beschäftigung nur dann Sinn, wenn sie auf die Investitionsentscheidungen im Zusammenspiel von Güter- und Finanzmärkten Einfluss nimmt. Im Namen der «sozialen Marktwirtschaft» bedarf es einer Kampfansage gegen die wettbewerbsgefährdende Monopolmacht dieser Finanzfonds. Es wird der politische Mut gebraucht, innerhalb und außerhalb der Unternehmen, mit angemessenen Instrumenten zwischen den «Rettern und Raubrittern» *(ManagerMagazin)* zu unterscheiden.

Dies soll nicht auf ein generelles Verbot von solchen Finanzfonds hinauslaufen. Es gibt Beispiele für gelungene Sanierungen durch den Einsatz dieses konzentrierten Finanzkapitals. Die schlimmsten Auswüchse aber müssen vermieden und das normale Geschäft zielorientiert reguliert werden. Franz Müntefering hat Recht, wenn er unter diesem Ziel eine stärkere Internationalisierung der Politik gegenüber der rasant voranschreitenden Internationalisierung des Kapitals fordert. Über Deutschland hinaus muss sich die EU gegen diese jüngste Fehlentwicklung richten. Der Politik in Deutschland bliebe auch unter dem Regime der Internationalisierung Spielraum zur Eindämmung dieser konzentrierten Finanzmacht. Zu dieser Politik gehört es aber auch, den Zufluss von internationalem Finanzkapital entwicklungsstärkend zu nutzen. Vorgeschlagen wird hier ein Patchwork verschiedener, kleiner Maßnahmen. Sie dienen dem Ziel, Exzesse beim privatwirtschaftlichen Renditestreben zu verhindern:

1. Die rot-grüne Bundesregierung hat durch die Steuerbefreiung der Gewinne aus der Veräußerung inländischer Kapitalbeteiligungen das «Buy-out» an die Finanzgiganten vergoldet. Die neue Bundesregierung sollte diese Steuersubvention zurücknehmen. Damit ließe sich der Turbo der Finanzinvestoren abschwächen. Gesamtwirtschaftlich ist die Aufhebung dieses Steuerprivilegs sinnvoll, und die öffentliche Finanzkraft würde gestärkt.

2. Der schwarz-rote Koalitionsvertrag verlangt, die Möglichkeit der Zulassung von Real Estate Investment Trusts (REITs) durch entsprechende steuerliche Behandlung zu überprüfen. Im Unterschied zu Immobilien-AGs unterliegen die REITs nicht der Unternehmensbesteuerung. Der Fiskus greift erst im Zuge der Gewinnausschüttung bei den Anlegern zu. Sitzen die Anleger jedoch im Ausland, geht er leer aus. Deshalb sollte auf diese spezielle Art der steuerlichen Behandlung verzichtet werden. Die Fonds sind auch ohne diese steuerlichen Vorteile heute schon dabei, vor allem kommunale Wohnbestände massiv aufzukaufen (zuletzt kaufte Fortress in Dresden städtische Wohnungen in großem Umfang). Nach Schätzungen stehen dafür in diesem Jahr über 130 Milliarden Euro durch Fonds zur Verfügung. Kommt es durch den Verkauf zu Mietsteigerungen sowie Veräußerung sanierter Teilbestände an Private, dann entstehen dem Staat zusätzliche Kosten,

und die kommunale Quartiersplanung im Rahmen der Stadtentwicklungspolitik wird untergraben.

3. Die derzeit ca. 8000 Hedgefonds, die über Finanzmassen von über einer Billion US-Dollar verfügen, betreiben hoch riskante Geschäfte. Wie unsere beiden Beispiele (Soros-Fonds und LTCM-Fonds) gezeigt haben, drohen dem Finanzsystem dadurch große Gefahren. Deshalb müssen diese Fonds in ein System der Transparenz und Kontrolle einbezogen werden. Die gesetzlichen Regulierungen, die mit dem Investmentgesetz (InG) für deutsche Fonds geschaffen wurden, reichen bei weitem nicht aus. Vor allem aber unterliegen die in Deutschland aggressiv tätigen, ausländischen Fonds nicht diesem Gesetz. Auf der Basis einer weltweiten Gesetzgebung – vergleichbar den Risikoanforderungen an Bankgeschäfte durch Basel II – müssen die Fonds strengen Regulierungen und Kontrollen unterzogen werden.

4. Leerverkäufe unter Nutzung des Turbos Kreditaufnahme, d. h. die Leihe von Aktien und Währungen zu Spekulationsgeschäften, sollten untersagt werden.

5. Der Internationale Währungsfonds hat unlängst vor Fehlentwicklungen auf dem Markt für Firmenkredite gewarnt. Vor allem Finanzinvestoren wie Private-Equity-Fonds nutzen die Möglichkeit, den Kauf von Unternehmen mit Schulden zu finanzieren, um die übernommenen Betriebe dann mit dem Kapitaldienst zu belasten (Leveraged Buy-outs). Dadurch geht die Kreditwürdigkeit des betroffenen Unternehmens rapide zurück, ohne dass die Gläubiger dafür ausreichend Vorsorge treffen. Dieser für das Unternehmen und die Arbeitsplätze hoch riskante Finanzierungsvorgang sollte per Gesetz eingegrenzt werden.

6. Steuerlich sollte der schnelle Verkauf von Unternehmensbeteiligungen diskriminiert und der längerfristige Einsatz bevorteilt werden.

7. Vergleichbar den Regulierungen an den Aktienbörsen ist ein weltweit verbindlicher Verhaltenskodex erforderlich.

Warum sich die neoliberale Doktrin so hartnäckig hält. Höchst aktuelle Hinweise von John Maynard Keynes

«Der völlige Sieg Ricardos erscheint merkwürdig und rätselhaft.*

Er muss dem Umstand zugeschrieben werden, dass die Doktrin in hohem Maße der Umwelt angepasst war, in die sie geworfen wurde.

Dass sie Schlüsse zog, die grundverschieden waren von dem, was der gewöhnliche ungebildete Mann erwartet hatte, hat ihr intellektuelles Prestige offenbar nur gesteigert.

Dass ihre Lehre, aufs wirkliche Leben übertragen, hart und oft ungenießbar war, verlieh ihr Tugend.

Dass sie geeignet war, einen mächtigen und logisch konsequenten Überbau zu tragen, gab ihr Schönheit.

Dass sie erklären konnte, dass eine Menge sozialer Ungerechtigkeiten und scheinbarer Grausamkeiten unvermeidliche Zwischenfälle im Fortschrittsplan seien und dass jeder Versuch, solche Zustände zu ändern, im Ganzen voraussichtlich mehr Harm als Gutes bringen würde, empfahl sie der Obrigkeit.

Dass sie den uneingeschränkten Tätigkeiten der einzelnen Kapitalisten eine gewisse Rechtfertigung gewährte, zog ihr die Unterstützung der herrschenden sozialen Macht zu, die hinter der Obrigkeit stand.»[55]

* Keynes definiert die Vernachlässigung der effektiven gesamtwirtschaftlichen Nachfrage und damit die Konzentration auf die einzelwirtschaftlichen Angebotsbedingungen als Ricardo-Doktrin. In der heutigen Terminologie handelt es sich um den Neoliberalismus.

Politische Regulierungen in Deutschland und auf internationaler Ebene sind notwendig, aber nicht hinreichend. Erforderlich ist darüber hinaus der Ausbau der demokratischen Mitbestimmung in den Unternehmen. Wie das Beispiel der verhinderten Ausschlachtung der TUI AG zeigt, stärkt die Mitbestimmung in den Unternehmen die Chance für Gegenstrategien zum Erhalt des Unternehmens und der Arbeitsplätze durch Abschotten gegen die Angriffe von Investmenthäusern und Hedgefonds. Dies ist auch im Interesse der Unternehmen, die geschützt vor spekulativen Angriffen ihre Wertschöpfungsbasis stärken wollen.

Alternativen über den Markt hinaus: Sieben Gründe für eine andere Wirtschaftspolitik

Wider die Einseitigkeit der Wirtschaftswissenschaft

Wir haben in diesem Buch eine Analyse zum heutigen Zustand von Wirtschaft, Politik und Gesellschaft in Deutschland unternommen, die das Fazit zulässt: Zwischen dem sozial-ökonomischen Entwicklungspotenzial und seiner Nutzung für mehr Arbeit, eine bessere Umwelt und dauerhafte soziale Gerechtigkeit klafft eine Lücke. Deutschland lebt nicht über, sondern durch eine falsche Politik unter seinen sozial-ökonomischen Verhältnissen. Die geistigen und materiellen Produktivkräfte sind immer noch gut. Das Problem ist der Umgang mit ihnen; zugespitzt formuliert sind es die heute prägenden Produktionsverhältnisse. Die Ausrichtung des Wirtschaftens an den Regeln einzelwirtschaftlicher Gewinninteressen hat überhand genommen – auf Kosten der politischen Gestaltungsmöglichkeiten. Politik und Gesellschaft werden bis in das menschliche Verhalten hinein dem machtvollen Marktsystem untergeordnet. Die Fehlentwicklungen, welche dieser Marktimperalismus hervorbringt, wurden hier beschrieben; sie sind unübersehbar: wirtschaftliche Wachstumsschwäche, hohe Arbeitslosigkeit, soziale Spaltung zwischen Arm und Reich, Zonen sozialer Verelendung, nach Status verteilter Zugang zu Bildung.

Hinzu kommt die wuchtige Eigendynamik einer wachsenden Vermachtung der Märkte durch ökonomische Konzentration. Sie untergräbt das Regelsystem der Wettbewerbswirtschaft und erhöht die Abhängigkeit der Politik von den ökonomischen Machtzentren. Darüber hinaus kostet der Vorrang der Privatisierung vor öffentlicher Gestaltung infrastrukturellen Wohlstand, und die ungerechte Verteilung der Lebenschancen wird vertieft. Der von John Kenneth Galbraith für die USA schon 1958 (in seinem Buch «Gesellschaft im Überfluss») beschriebene Widerspruch zwischen wachsender öffentlicher Armut und privatem Reichtum gewinnt auch in Deutschland an Bedeutung. Die herrschende Marktorthodoxie kennt viele methodische Tricks, sich gegen diese Anatomie des Marktversagens (Bator) zu immunisieren.

Wir haben es an verschiedenen Beispielen gesehen, etwa am Umgang mit der Arbeitslosigkeit: Wenn Lohnzurückhaltung, Deregulierung der Arbeitsmärkte und niedrigere Belastung mit Unternehmenssteuern keine Belebung auf dem Arbeitsmarkt bewirkten, dann ist eben die Dosierung noch zu schwach – oder es braucht noch Zeit, bis die segensreichen Wirkungen eintreten. Diese kontrafaktische Rechthaberei ist wie die gesamte dahinter stehende Ideologie enorm gefährlich. Das heute dominierende Paradigma der alles zum Besten ordnenden, so weit wie möglich staatsfreien Konkurrenzökonomie entwickelt sich zur Bedrohung des Regelsystems der kapitalistischen Marktwirtschaft: Einerseits werden die Marktkräfte durch den Imperialismus des einzelwirtschaftlichen Prinzips von Gewinnoptimierung, der für den Neoliberalismus charakteristisch ist, bei der Lösung sozial-ökonomischer Herausforderungen völlig überfordert. Andererseits untergräbt eine Politik, die phantasielos nur auf Kostensenkungen zur Steigerung des rentablen Angebots setzt, die Chancen zu umfassenden ökonomischen und gesellschaftlichen Innovationen.

Kurz: Dieses Modell ist nicht zukunftsfähig. Vielmehr müssen die Märkte vor solcher Überforderung geschützt werden. Wir haben in den vorangegangenen Ausführungen Alternativen zu diesen Fehlentwicklungen aufgezeigt. Im zweiten Teil dieses Kapitels werden sie zusammengefasst und ergänzt. Dieser alternativen Politik geht es keineswegs um die Abschaffung des Marktsystems, sondern allein darum, es wieder für die gesellschaftlichen

Ziele Arbeit, Umweltschutz und soziale Gerechtigkeit fruchtbar zu machen. Statt der im Neoliberalismus geforderten, alles bestimmenden Dominanz der Profitlogik muss es wieder um die «Einbettung» der Marktkräfte in die Gesellschaft gehen – wie Karl Polanyi sie in seinem epochalen Werk «The Great Transformation» 1944 bereits beschrieben hat. Die Koordination gesellschaftlicher Wohlfahrt über die Märkte bietet ökonomisch wie gesellschaftlich große Vorteile. Sie sichert, wenn das Regelwerk funktioniert, eine effiziente Produktion. Marktwirtschaften überwinden auch traditionelle Abhängigkeiten; sie sind insoweit durchaus demokratisch. Zu ihrer Dynamik gehört auch die «schöpferische Zerstörung» (J.A. Schumpeter) bestehender Wirtschaftsstrukturen, die dafür sorgt, dass durch umfassende Innovationen neue Produktzyklen entstehen.

Um diese Vorteile auch nutzen zu können, müssen jedoch politische Voraussetzungen geschaffen werden. John Maynard Keynes hat in seinem nach wie vor aktuellen Vortrag über «Das Ende des Laissez-Faire – Ideen zur Verbindung von Privat- und Gemeinwirtschaft» an der Universität Berlin 1926 sein ordnungspolitisches Credo so formuliert: «Ich für meinen Teil bin der Ansicht, dass ein klug geleiteter Kapitalismus die wirtschaftlichen Aufgaben besser erfüllen wird als irgendein anderes, vorläufig in Sicht befindliches System, dass man aber gegen den Kapitalismus an sich viele Einwände erheben kann. Unser Problem geht dahin, eine Gesellschaftsorganisation zu schaffen, die möglichst leistungsfähig ist, ohne dabei unsere Ideen über eine befriedigende Lebensführung zu verletzen.»[56] Für diesen ordnungspolitischen Typ gibt es keinen schlagkräftigen, populären Begriff. Aus der begrifflichen Not heraus ist die Rede von einer «mixed economy» (gemischten Wirtschaft). Die Soziale Marktwirtschaft kommt diesem Konzept eines zielorientiert regulierten Kapitalismus recht nahe. Während die ökonomisch-technologischen Effizienzvorteile der eiskalten Wettbewerbswirtschaft genutzt werden, schafft die starke Säule gesetzlicher Sozialversicherungen Schutz vor den individuell nicht verschuldeten sozialen Risiken, die durch den Verlust von Entlohnung entstehen können.

Sicherlich sind Umfang und Intensität politischer Gestaltung der Marktwirtschaften nicht überhistorisch fixiert. Je nach den Herausforderungen ändern sich die Verhältnisse zwischen Markt und Politik. So hat die erst spät entdeckte Umweltkrise, eine Folge einzelwirtschaftlicher Verdrängung von ökologischen Kosten, politisches Handeln zur Sicherung der Produktionsweise erforderlich gemacht. Das Verhältnis von Politik und Ökonomie muss also immer wieder neu adjustiert werden.

Aber nicht nur politische und wirtschaftliche Fehlentwicklungen gilt es abzubauen. Zugleich – und davon soll hier noch kurz die Rede sein, bevor es zum Schluss noch einmal um die Alternativen geht – zugleich also muss auch die deutsche Wirtschaftswissenschaft verstehen, dass es an der Zeit ist, die Weisheiten, die sie mehrheitlich seit Jahren so selbstgewiss verkündet, einer kritischen Prüfung zu unterziehen. Alternativen zu der vorherrschenden Marktorthodoxie und ihrer Wirtschaftspolitik müssen dringend ernst genommen und breit diskutiert werden. Derzeit scheint in Deutschland die Fähigkeit zum Diskurs machtvoll abtrainiert zu werden. Die Eliten, auch in der Wissenschaft, pauken uns die als alternativlos dargestellte, demokratiegefährdende Marktlehre ein.[57] Mit hohen Finanzmitteln ausgestattete Thinktanks, so die durch den Verband Gesamtmetall finanzierte «Initiative Soziale Marktwirtschaft», popularisieren die Interessen der Wirtschaft als unabänderliche gesellschaftliche Sachzwänge. Zu den hoch dotierten Verkündern marktwirtschaftlicher Grundwahrheiten bei Veranstaltungen von Unternehmen, Verbänden bis hin zu den Sparkassen und Volksbanken in der Provinz zählen Politiker und Professoren gleichermaßen. Wirtschaft, Politik und die neoliberalen Denktanks können sich heute auf die Medien verlassen. Die große Mehrheit der Medien reiht sich ein in das Bemühen, uns die Alternativlosigkeit der herrschenden Marktorthodoxie zu verkünden. Kritiker werden in den Medien, wenn überhaupt, als bemitleidenswerte Überbleibsel einer längst vergangenen Epoche belächelt oder in Talkshows als «Gewerkschaftsökonomen» abgetan. Dass heute in der deutschen Wirtschaftswissenschaft ein gegen innerwissenschaftliche Kritik gerichtetes Großkartell der ökonomischen Mehrheitsmeinung vorherrscht, steht im Widerspruch zu einer der Aufklärung verpflichteten Wissenschaft in einer offenen Gesellschaft. Heute ist es durchaus üblich, dass in Diplomarbeiten über die gesamtwirtschaftliche Entwicklung wichtige Texte zu makroökonomischen Steuerungsproblemen von John Maynard Keynes nicht mehr zitiert werden dürfen. Die beherrschende «mainstream economics» neigt dazu, selbst auf das von Karl Popper entwickelte Prinzip der Falsifizierung zu verzichten, also jenes wissenschaftlichen Beweisverfahrens, nach dem eine Theorie nur dann gültig sein kann, wenn die Versuche ihrer Widerlegung gescheitert sind. Im Vordergrund steht heute die rechthaberische Verifikation der eigenen Theorie. Anerkannt werden nur jene Theorie und Empirie, die die Gültigkeit der Marktgesetze belegen. Gesucht werden also die weißen, nicht die schwarzen Schwäne.

Einer der eifrigsten Verkünder der reinen Lehre, der Münsteraner Ökonom Ulrich van Suntum, hat jüngst mit seiner äußerst aggressiven Streitschrift «Masterplan Deutschland» die große Mehrheitsmeinung in der deutschen Ökonomik in seinem Versuch, Minderheitenpositionen zu diskreditieren, ironischerweise bestätigt: «In der Öffentlichkeit entsteht allerdings der völlig falsche Eindruck, die Ökonomen wären zutiefst zerstritten und wüssten im Grunde nicht weiter. In Wirklichkeit würden vermutlich 95 % der politisch unabhängigen Ökonomen die Mehrheitsmeinung im Jahresgutachten des Sachverständigenrates unterschreiben. Und diese deckt sich wiederum weitgehend mit Auffassungen der Bundesbank, der OECD und der meisten unabhängigen Forschungsinstitute.»[58]

Das Mehrheitskartell immerhin beschreibt van Suntum zutreffend. Gleichzeitig gibt er ein schönes Beispiel dafür, wie diese

Mehrheit zu ihren Kritikern steht, indem er ohne genaueren Beleg die «professionellen», «anerkannten», «echten» Ökonomen von den unprofessionellen, nicht anerkannten, unechten Ökonomen trennt. Die Letzteren bevölkern aus seiner Sicht eher die Talkshows, vor allem jene von Sabine Christiansen, weshalb er auch von der «Christiansen-Ökonomie» spricht. Das überrascht ein wenig, denn die Gästeliste der marktkonformen Ökonomen, die dort auftreten, ist lang. Wahrscheinlich stört van Suntum genau das, was dieser Talkshow wohl zur Ehre gereicht, nämlich theoretisch fundierte und empirisch orientierte Minderheitsmeinungen zuzulassen.

Derlei Abschottung gegen den kritischen Dialog innerhalb der Wirtschaftswissenschaft ist ein typisch deutsches Problem. In den USA gibt es sehr unterschiedliche Strömungen in der Wirtschaftswissenschaft. Die makroökonomische Theorie und Politik ist produktiv weiterentwickelt worden. Dafür stehen international anerkannte Ökonomen wie J. Stiglitz, ehemals bei der Weltbank, P. Romer, P. Krugman, L. Thurrow und O. Blanchard. In weit verbreiteten Lehrbüchern zur Makroökonomik wird die Lohnsetzung und unfreiwillige Arbeitslosigkeit machttheoretisch erklärt (vgl. das 3. Kapitel dieses Buches). Auch der neue US-Notenbankpräsident, Ben Bernanke, hat sich mit seinen Arbeiten zur monetären Ökonomik hohes Ansehen in der makroökonomischen Forschung erworben. Er hatte den Mut, nach dem Zusammenbruch der *New-Economy*-Hype im Jahr 2000 auf eine drohende Deflationsgefahr hinzuweisen. Ökonomen in Deutschland, die ähnlich argumentierten, wurden sofort ins Abseits gedrängt. Unvorstellbar für den Deutschen Notenbankpräsidenten, dass er, wie es sein heutiger Kollege tat, gegen die Deflation – allerdings eher ironisch – die Verteilung von Geld per Hubschrauber empfahl (was ihm den Spitznamen «Helikopter-Ben» einbrachte). Diese Offenheit für den makroökonomischen Dialog erklärt maßgeblich die durchaus erfolgreiche expansive Finanzpolitik und Geldpolitik in den USA.

Auch Deutschland braucht dringender denn je einen offenen Dialog über die ökonomische Entwicklung und die Möglichkeiten zielorientierter Einflussnahme durch die Politik. Die Wirtschaftswissenschaft muss den einseitigen Methodenimperialismus, mit dem die Gesellschaft der einzelwirtschaftlichen Interessenmaximierung unterworfen wird, überwinden und Gesellschaft wieder als ein Zusammenwirken ökonomischer, sozialer und kultureller Ansprüche begreifen. Dazu gehört auch die Öffnung der Ökonomik für andere wissenschaftliche Disziplinen. Derzeit ist die Psychologie der Wirtschaftswissenschaften bei der Erklärung ökonomisch wichtiger Verhaltensweisen oftmals überlegen. Wer die ökonomische Theorienbildung voranbringen will, darf nicht nur bei der Mathematik verharren, sondern muss auch fruchtbare Ansätze der Sozial- und Politikwissenschaft sowie der Psychologie wieder in den Blick nehmen.

Schwerpunkte einer anderen Wirtschaftspolitik

In den einzelnen Kapiteln dieser Streitschrift für ökonomische Vernunft sind bereits einzelne Instrumente einer alternativen Wirtschaftspolitik herausgearbeitet worden. Auf diesem Hintergrund will ich zum Schluss sieben Gestaltungsschwerpunkte nennen. Das dahinter stehende Gesamtkonzept stützt sich auf eine breite Bewegung für eine andere Wirtschaftspolitik. Die hier präsentierten Alternativen basieren auf dem wissenschaftlichen Ertrag der «Arbeitsgruppe Alternative Wirtschaftspolitik», die 1975 gegründet wurde und sich seit über 30 Jahren in kritischer Auseinandersetzung mit der Marktorthodoxie um die Entwicklung und Durchsetzung eines alternativen Konzepts bemüht.[58] Die Gestaltungsschwerpunkte einer alternativen Wirtschaftspolitik sind:

1. Die Wiederentdeckung des Öffentlichen als Pendant zum Markt

Die ökonomische, ökologische und sozial stabile Entwicklung Deutschlands ist auf einen handlungsfähigen öffentlichen Sektor angewiesen. Die Produktion jener öffentlichen Güter und Dienstleistungen, die der Markt vernachlässigt (und auf die er dennoch angewiesen ist), muss gesichert werden. Am Beispiel der Bildung hat schon Adam Smith die Notwendigkeit öffentlicher Güter begründet. Im fünften Buch – über den «Staat» – seines 1776 erschienenen Standardwerks «Eine Untersuchung über Natur und Wesen des Volkswohlstands» (*Wealth of Nation*) heißt es: Eine Pflicht des Staates «ist die, solche Anstalten zu treffen und solche Werke herzustellen und zu unterhalten, die, wenn sie auch für eine große

Gesellschaft höchst vorteilhaft sind, doch niemals einen solchen Profit abwerfen, dass sie einem Einzelnen oder einer kleinen Anzahl von Personen die Kosten ersetzen, und deren Einrichtung und Unterhaltung daher von keinem Einzelnen oder einer kleinen Anzahl von Personen erwartet werden kann».[60]

In der modernen Ökonomensprache handelt es sich hier um öffentliche Infrastruktur, die wegen ihrer über einzelwirtschaftliche Rentabilität hinausgehenden externen Effekte von der Privatwirtschaft nicht geschaffen wird. Diese so treffend von Adam Smith beschriebene Notwendigkeit der Kooperation von Privatwirtschaft und Staat findet in der Marktorthodoxie keine Berücksichtigung. Sie reduziert Adam Smith vielmehr zum Kronzeugen für eine reine Konkurrenzwirtschaft ohne aktiven Staat.

Es muss wieder klar sein, dass der Staat auf der Basis einer Wettbewerbswirtschaft wichtige Schutzfunktionen hat; zum Beispiel den monetären Mindestschutz gegen soziale Risiken zu gewährleisten: im Bereich des Alters, der Arbeitslosigkeit, der Behinderung, der Pflege sowie der Invalidität. Die gesamtwirtschaftliche Steuerung zur Überwindung von Wirtschaftskrisen, der ökologische Umbau von Wirtschaft und Gesellschaft sowie die Regionalpolitik stehen ebenfalls auf der Agenda eines gestaltenden Staates. Die in Kapitel 2 erläuterte Forderung nach einem «Zukunftsprogramm» mit einem Startvolumen von 40 Milliarden Euro ist in diesem Zusammenhang von zentraler Bedeutung. Es dient einerseits der wirtschaftlichen Wachstumsförderung durch öffentliche Nachfrage und andererseits der Finanzierung öffentlicher Infrastruktur, also der öffentlichen Güter, wie sie Adam Smith aus dem allokativen Marktversagen abgeleitet hat. Sein über einen längeren Zeitraum verteiltes Gesamtvolumen löst über höhere Steuereinnahmen infolge steigenden Wirtschaftswachstums einen Selbstfinanzierungseffekt aus, durch den die Vorabfinanzierung über Staatsschulden abgebaut werden kann.

2. Gerechte Finanzierung von öffentlich erzeugtem «Wohlstand für Alle»:

Der Staat muss endlich wieder in die Lage versetzt werden, die dringlichen Aufgaben zur Sicherung des Standorts Deutschland finanzieren zu können. Dazu sollten die Steuern, mit denen Einkommen aus der privaten Wertschöpfung entnommen werden, im Mittelpunkt stehen. Endlich muss die bittere Lehre aus den Steuersenkungsrunden der letzten Jahre gezogen werden: Während die von höheren Nettogewinnen erwarteten Impulse für Investitionen, Wirtschaftswachstum und Beschäftigung ausblieben, kam es durch Steuersenkungen für Unternehmen eben nur zu – Steuerausfällen. Der fiskalisch Not leidende Staat wurde gezwungen, gesamtwirtschaftlich schädliche Einsparungen vorzunehmen oder noch mehr Schulden zu machen. Die derzeit extrem niedrige Steuerquote sollte wieder auf das Niveau vom Ende der 1990er Jahre angehoben werden. Nach der Abgrenzung der Volkswirtschaftlichen Gesamtrechnungen müsste die Steuerquote von knapp 21,9 % im Jahr 2005 auf knapp 24 % angehoben werden. Bezogen auf das Bruttoinlandsprodukt von 2244 Milliarden Euro würde das zu knapp 45 Milliarden Euro Mehreinnahmen führen.

Vorrang hat das Ziel, die Steuerlast gerechter zu verteilen. Dabei sollte dem Prinzip der ökonomischen Leistungsfähigkeit bei der Besteuerung wieder stärker Rechnung getragen werden. In diesem Zusammenhang wäre die in Kapitel 2 begründete Wiederbelebung der Vermögensteuer wichtig. Auch muss das Instrument der Staatsverschuldung neu vermessen werden. Derzeit ist angesichts der gigantischen Höhe des öffentlichen Schuldenstands und der Zinsbelastungen eine rationale Diskussion kaum noch möglich. Das ändert jedoch grundlegend nichts an der Tatsache, dass die Aufnahme öffentlicher Kredite gesamtwirtschaftlich und im Rahmen der Lastenverteilung zwischen den Generationen sinnvoll ist. Eine antizyklische Staatsverschuldung ist in einer konjunkturellen Wachstumskrise der Einsparpolitik, welche die Krise nur verschärft, überlegen. Schließlich ist nur das Instrument der öffentlichen Kreditaufnahme dazu geeignet, künftige Generationen an der Finanzierung heute getätigter Infrastrukturinvestitionen zur Verbesserung der Produktions- und Lebensverhältnisse in der Zukunft zu beteiligen.

3. Mit sozialem Mindestschutz aus der Krise

Die Finanzkrise der gesetzlichen sozialen Sicherungssysteme ist unübersehbar. Die Ursache liegt maßgeblich in der hohen Arbeitslosigkeit, die zu Ausfällen bei den Einnahmen aus Beiträgen führt. Deshalb ist die Bekämpfung der Arbeitslosigkeit nach wie vor der entscheidende Hebel, die sozialen Sicherungssysteme zu stabilisieren.

Unterdessen bringt die voranschreitende Privatisierung sozialer Sicherung durch mehr individuelle Vorsorge über Kapitalbildung neue Ungerechtigkeit und neue Risiken hervor. Erstens wird dadurch die soziale Absicherung von den individuellen Einkommensverhältnissen abhängig. Der Weg in die Altersarmut ist für diejenigen, die nicht über die Mittel zum Aufbau einer ausreichenden Altersvorsorge verfügen, schon vorgezeichnet. Zweitens schafft die mit der privaten Vorsorge wachsende Abhängigkeit von den Kapitalmärkten neue Risiken, wie die Krise großer Pensionsfonds in den USA gezeigt hat. Das traditionelle System der Umlage im Bereich der Rentenversicherung ist der Finanzierung von Altersgeld über die an den Kapitalmärkten angelegten Ersparnisse überlegen. Nicht zuletzt auch deshalb, weil die durch Beiträge der Wirtschaft entzogenen Einkommen ohne den Umweg über in- und ausländische Kapitalmärkte unmittelbar in inländische Nachfrage transformiert werden.

Eine soziale Mindestsicherung durch den Gesetzgeber ist sinnvoll und machbar. Auf sozial ungerechte Kopfpauschalen zum

Umbau der gesetzlichen Krankenversicherung und andere verteilungspolitisch zweifelhafte Instrumente sollte dabei allerdings verzichtet werden. Sinnvoll ist es hingegen, die Finanzierungsbasis durch den Einbezug der Vermögenseinkommen in die Beitragspflicht sowie durch die Erweiterung des Kreises der Beitragszahler zu verstärken. Mit diesem alternativen Finanzierungskonzept wird – zusammen mit der erfolgreichen Bekämpfung der Arbeitslosigkeit – auch der für die Sozialsysteme relevante demographische Wandel beherrschbar. Hinzukommen muss jedoch der öffentliche Ausbau von Infrastruktur (Kindertagesstätten, betreute Ganztagsschulen), welche die Vereinbarkeit von Familie und Beruf und damit den Einsatz für Kinder erleichtert.

Da der Arbeitsmarkt keine Sicherheit mehr bietet, zu genügendem und anhaltendem Einkommen zu gelangen, und nachdem die Sicherungssysteme die Armut von Langzeitarbeitslosen und anderen Nichterwerbstätigen kaum noch verhindern können, sollte das Projekt einer «armutsfreien Grundsicherung» in Angriff genommen werden.[61] Vorgeschlagen wird die Einführung einer bedarfsabhängigen Grundsicherung in Höhe von 940 Euro pro Haushaltsvorstand. Mit diesem Betrag werden 60 % des bedarfsgewichteten Nettoäquivalenzeinkommens bzw. der Nettobeitrag eines gesetzlichen Mindestlohns von 1500 Euro für Vollzeitbeschäftigte erreicht. Weitere Haushaltsmitglieder ab 14 Jahren erhalten 470 Euro. Für Kinder unter 14 Jahren sind 282 Euro vorzusehen. Zum Schutz vor möglichen künftigen Sparrunden ist eine Dynamisierung durch die Koppelung an das EU-Armutskriterium (60 % des durchschnittlichen Nettoäquivalenzeinkommens) nötig.

Die Zahlung dieser Grundsicherung wäre jedoch nicht bedingungslos. Auf ihrer Basis ist die Übernahme einer zumutbaren Erwerbsarbeit verpflichtend. Die derzeitigen Zumutbarkeitskriterien sollten jedoch zugunsten der Betroffenen entschärft werden. Vor allem sollte durch Qualifizierungsmaßnahmen die Rückkehr in den ersten Arbeitsmarkt erleichtert werden.

Die Grundsicherung würde klare Verhältnisse schaffen. Endlich können die abenteuerlichen Vorschläge von ausbeuterischen Niedriglöhnen in Kombination mit staatlichen Zuschüssen (Kombilöhne) oder zur generellen Senkung des ALG II (Hans-Werner Sinn) zugunsten einer tragfähigen Lösung beendet werden.

4. Innovation und Qualität durch sozial stabile Arbeitsmärkte

Von den Bedingungen auf den Arbeitsmärkten hängt die Qualität der Produktion und die Innovationsfähigkeit der Unternehmen ab. Die Qualifizierung sowie die Bereitschaft zur Innovation von motivierten Beschäftigten stärken die Persönlichkeit ebenso wie den Standort Deutschland. Vergleichende internationale Studien zeigen, dass stabile, regulierte Arbeitsmärkte die soziale Stabilität und die Innovation fördern. Zum Konzept der alternativen Wirtschaftspolitik gehören deshalb funktionsfähige Flächentarifverträge. Sie sichern angemessene Löhne und Arbeitsbedingungen. Arbeitgeberverbände und Gewerkschaften entlasten mit der Lohnfindung die Unternehmenswirtschaft und Politik. Flächentarifverträge dienen der Stärkung der Innovationskraft in den Unternehmen. Denn um Innovationen zu erreichen, ist vor allem ein «innovationsfreundliches Klima» in den Betrieben erforderlich. Dazu dienen sichere Arbeitsplätze, eine offene Kommunikation und möglichst hierarchiefreie Strukturen. Innovationshemmend sind strengen Regelmustern unterworfene Arbeitsbedingungen (wie etwa in der tayloristischen Produktion). Deshalb verfolgt zum Beispiel die IG Metall das Ziel, Maßnahmen zur Stärkung von Innovationen in Tarifverträgen festzuschreiben, darunter ein jährlicher Innovationsbericht durch Unternehmen, in dem für einen Zeitraum von drei bis fünf Jahren Angaben über die geplanten Prozess- und Produktinnovationen sowie darauf bezogene Investitionen gemacht werden.

Eng mit der Planung von Innovationen ist die vorausschauende Personalplanung verbunden. Das Motto lautet: «Besser statt billiger». Die IG Metall hat ihre Tarifforderungen zur Lohnrunde Anfang 2006 mit der Forderung nach Qualifikationsmaßnahmen und der Stärkung der Innovationsbereitschaft der Unternehmen verbunden. So soll ein Teil der Arbeitszeit für gezielte Qualifizierung eingesetzt werden. Der Tarifvertrag übernimmt demnach künftig zusätzlich die Aufgabe, den Suchprozess nach neuen Produktionspotenzialen durch Innovation und Qualifizierung zu stärken.

Was die Lohnfindung betrifft, so zeigt sich, dass das Tarifvertragssystem in den unteren Lohnbereichen an Gestaltungskraft verloren hat. Gewerkschaften können nicht verhindern, dass immer öfter Löhne bezahlt werden, die die Existenz nicht mehr sichern. Deshalb sind gesetzliche Mindestlöhne dringend erforderlich. Das Tarifvertragssystem wird dadurch entlastet. Um dem weiteren Verfall der unteren Erwerbseinkommen einen Riegel vorzuschieben, wird die Einführung eines gesetzlichen Mindestlohns von 1500 Euro pro Monat vorgeschlagen. Dies entspricht einem Nettolohn von rund 1000 Euro, der nur geringfügig über 60 % des aktuellen durchschnittlichen Nettolohns, also der EU-Armutsschwelle, liegt. Bei einer faktischen Regelarbeitszeit von 168 Stunden ergibt sich ein Bruttostundenlohn von 8,93 Euro. Mindestlöhne gibt es derzeit in 19 Staaten der EU. Die USA kennen ebenfalls Mindestlöhne, die auf der Ebene der Bundesstaaten reguliert werden. Auch die Einführung von Kombilöhnen, bei denen der Staat einen Teil der Lohnkosten zugunsten der Unternehmen übernimmt, wäre nur auf der Basis von Mindestlöhnen möglich.

5. Teilhabe am ökonomisch-technischen Fortschritt durch Arbeitszeitverkürzung

Arbeitszeitverkürzungen bei angemessenem Lohnausgleich gehören mit drei Zielen auf die Agenda einer alternativen Wirtschaftspolitik: 1. Sie tragen entscheidend dazu bei, Arbeitslosigkeit zu verhindern bzw. abzubauen. Wegen der im langen Trend stärker als das Wirtschaftswachstum steigenden Arbeitsproduktivität nimmt das Volumen der Nachfrage nach Arbeitsstunden ab. Wird in dieser Konstellation die Arbeitszeit nicht verkürzt, dann gehen noch mehr Arbeitsplätze verloren.

2. Arbeitszeitverkürzungen ermöglichen die Teihabe am ökonomisch-technologischen Fortschritt. Sinn des durch technischen Fortschritt angetriebenen Produktivitätsanstiegs ist es ja gerade, Arbeit durch Kapital einzusparen. An der Parabel von der Farmerfamilie in den USA zeigt der mit dem Nobelpreis ausgezeichnete Ökonom Wassily Leontief, wie die Substitution von Arbeit durch Kapital infolge des technologischen Wandels in sozialen Fortschritt transformiert werden kann: Wenn bei gegebener Ernte Maschinen menschliche Arbeit übernehmen, dann hat die Farmerfamilie mehr Zeit außerhalb der Arbeit. Im Kapitalismus wird jedoch diese harmonische Beziehung zwischen Arbeit und Kapitaleigentümern behindert. Es stellt sich deshalb die ökonomisch-gesellschaftliche Aufgabe, durch Arbeitszeitverkürzung die Teilhabe am technischen Fortschritt auch der Beschäftigten sicherzustellen.

3. Wachsende Freizeit schafft außerhalb der Arbeitszeit Spielraum für alternative Tätigkeiten. Dazu gehört soziales, kulturelles und politisches Engagement, Zeit für die Wahrnehmung eines Ehrenamtes zum Beispiel. Bei der Gestaltung der Arbeitszeitverkürzung sollten die Erfahrungen seit dem Einstieg in die 35-Stunden-Woche 1984 in der Elektro- und Metallindustrie berücksichtigt werden. Anstatt schematischer Arbeitszeitverkürzung sollten intelligente Modelle auf der Basis der Flexibilisierung von Arbeitszeiten angestrebt werden. Dazu gehören Arbeitszeitkonten, die den Unternehmen entsprechend der Auftragslage Flexibilität verschaffen.

Heute setzen viele Unternehmen auf längere Wochenarbeitszeiten ohne Lohnausgleich. Sinkende Stundenlöhne mögen für einzelne Unternehmen von Vorteil sein. In der Gesamtsumme werden jedoch Arbeitsplätze vernichtet. Das belegen auch die Befragungen von Unternehmen, bei denen die Wochenarbeitszeit verlängert worden ist. Auch hier zeigt sich, wie die einzelwirtschaftliche Rationalität über die Mechanismen des Wettbewerbs zu Arbeitslosigkeit führt, also zu gesamtwirtschaftlicher Irrationalität.

6. Ostdeutschland ökonomisch stärken

Nach einer kurzen Phase des wirtschaftlichen Aufholens hat sich der Entwicklungsabstand Ostdeutschlands zu Westdeutschland verfestigt. Die Arbeitslosigkeit ist im Durchschnitt doppelt so hoch wie im Westen. Auf die neuen Bundesländer entfallen bei 20 % der Gesamtbevölkerung 37 % aller Arbeitslosen. Die Exportwirtschaft stabilisiert sich, allerdings auf sehr niedrigem Niveau. Kaum 5 % der deutschen Exporte werden aus Ostdeutschland geliefert. Ostdeutschland ist immer noch eine Dependenzökonomie. Die Eigenproduktion liegt um zwei Drittel niedriger als die Beanspruchung von Gütern und Dienstleistungen. Die deshalb erforderlichen «Warenimporte» aus Westdeutschland müssen über öffentliche Finanzzuschüsse im jährlichen Umfang von brutto ca. 75 Milliarden Euro abgesichert werden.

Die Herausbildung einer relativ stabilen Dependenzökonomie ist auf viele Gründe zurückzuführen. Entscheidend sind schwere Fehler beim Start in die Transformation aus der DDR-Wirtschaft in westdeutsche Produktionsverhältnisse gewesen.[62] Der Blitzstart mit der Währungsunion hat große Teile der Unternehmen, die noch entwicklungsfähig gewesen wären, schlagartig entwertet. Zwar war die schnelle Währungsunion unvermeidbar. Um jedoch die Schockwirkung aufzufangen, hätten unverzüglich erheblich mehr öffentliche Finanzen massiv und zielgerichtet in den Um- und Aufbau der Wirtschaft gelenkt werden müssen. Wichtig wäre gewesen, der Wirtschaft strukturpolitische Präferenzen gegenüber Westdeutschland zu schaffen. Und schließlich hat die Treuhandanstalt mit ihrem Konzept der Filetierung ebenfalls durchaus entwicklungsfähige Unternehmen liquidiert. Nach wie vor dominieren Klein- und Mittelbetriebe mit einer im Vergleich zu Westdeutschland geringeren Produktivität. Darüber können die regionalen Wachstumszentren mit Großunternehmen, die zur Clusterbildung führen, nicht hinwegtäuschen.

Die systematisch hinter Westdeutschland herhinkende ostdeutsche Entwicklung gehört als wichtiges Schwerpunktprojekt auf die Agenda einer alternativen Wirtschaftspolitik. Es bedarf eines erneuten Schubs im Prozess der Angleichung an die Produktionsverhältnisse in Westdeutschland. Die wirtschaftlichen Wachstumszentren müssen vor allem durch die Vernetzung mit Einrichtungen für Forschung und Entwicklung gestärkt werden. Wichtig ist auch der Einsatz der Wirtschaftspolitik für die innerhalb Ostdeutschlands nochmals abgehängten Regionen. Die Finanzpolitik Deutschlands muss sich auf eine längerfristige Versorgung mit ausreichenden Fördermitteln einstellen. Ebenso notwendig ist allerdings auch eine klare und verbindliche Kontrolle zur Vermeidung des Missbrauchs von Ostdeutschland als billige, «verlängerte Werkbank» von Unternehmen aus Westdeutschland und dem Ausland. Da ab 2009 Fördermittel aus dem Solidarpakt II gekürzt werden und die jährlich über 4 Milliarden Euro aus den EU-Fördertöpfen wegfallen, muss der dann zu erwartende finanzielle Kollaps durch einen Solidarpakt III verhindert werden.

7. Eine integrierte Entwicklungsstrategie für Europa hilft, die Globalisierung zu gestalten

Kritiker des Konzeptes einer alternativen Wirtschaftspolitik werfen ihr gern mangelnde Einbettung in die Prozesse der Internationalisierung des Wirtschaftens vor. Damit ist zugleich die Unterstellung einer viel zu stark auf die nationalen Grenzen beschränkten Wirtschaftspolitik verbunden. Beides trifft schlicht nicht zu. Die Ebene Europas wird keineswegs übersehen, sie muss vielmehr Schauplatz einer Strategie der integrierten Entwicklung sein. Nachdem der Binnenmarkt ausgebaut und ein einheitliches Währungssystem im «Euroland» geschaffen worden ist, kommt es darauf an, endlich eine integrierte Fiskalpolitik, eine Geldpolitik für Wachstum und Beschäftigung bei Vermeidung von hohen Inflationsraten sowie die Sozialunion durchzusetzen. Dabei kommt der ökonomisch-sozialen Entwicklung der neuen EU-Länder große Bedeutung zu. EU-Integration heißt aber auch, einen ruinösen Ansiedlungswettbewerb mit Niedriglöhnen und Niedrigsteuern in Ost- und Mitteleuropa zu vermeiden. Deshalb müssen für die Unternehmenssteuersätze und die Löhne europaweite Mindeststandards durchgesetzt werden.

Sicherlich hat die Internationalisierung des Wirtschaftens zu nachhaltigen Veränderungen geführt. Unternehmen entscheiden über ihren Produktionsstandort grenzüberschreitend. Dadurch wächst der Druck der internationalen Konkurrenz. Die internationale Konkurrenz wird wiederum von wettbewerbspolitisch kaum noch kontrollierten multinationalen Konzernen beherrscht. Nationale Grenzen spielen auch für die Finanzmärkte kaum noch eine Rolle. Spekulationen auf kleinste Veränderungen der Vermögenswerte (Devisen, Wertpapiere) in irgendeinem Winkel der Welt lösen Finanzbewegungen rund um den Erdball aus. Mit der Globalisierung der Finanzmärkte scheint sich eine Prognose von John Maynard Keynes zu erfüllen: Unternehmen setzen lieber ihre erwirtschafteten Gewinne und Vermögen an den Spieltischen eines weltweiten «Kasinokapitalismus» ein, anstatt beschäftigungsschaffende Investitionen zu finanzieren. Angesichts dieser Entgrenzung des Wirtschaftens ist wegen den damit erzeugten neuen Risiken und Krisenpotenzialen dringend eine politische Eingrenzung erforderlich. Wenn es auch wie eine Binsenwahrheit klingt: Natürlich muss mit der Internationalisierung der Wirtschaft auch eine Internationalisierung der Politik durchgesetzt werden. Die Weltwirtschaft braucht, wie jede nationale Ökonomie, einen Ordnungsrahmen.

Es gibt bereits internationale Organisationen, die sich auf diese Aufgabe konzentrieren, beispielsweise die Welthandelsorganisation WTO oder den Internationalen Währungsfonds (IMF). Diese Organisationen sind allerdings nicht nur zu schwach, sondern auch nicht willens, Gestaltungsaufgaben zur Regulierung des Treibens der internationale Konzerne zu übernehmen. Gestaltende Politik muss versagen, wenn sich das Konzept der weltweiten Integration auf die Entfesselung der Marktkräfte bis in den letzten Winkel der Welt reduziert. Auf der Agenda einer alternativen Wirtschaftspolitik steht deshalb die Aufgabe, einklagbare, weltweit soziale und ökologische Mindeststandards durchzusetzen. Wie das bereits geltende Verbot von Kinderarbeit und der Diskriminierung von Frauen in der Wirtschaft zeigt, bedarf es zudem scharfer Kontrollen und vor allem der ökonomischen Ächtung der Länder, die solche Standards nicht einhalten.

Eine wichtige Antwort auf die Globalisierung ist die Bildung von politisch regulierten Wirtschaftsräumen. Auf der Basis zusammenwachsender Nationen lassen sich unter dem Regime der Globalisierung neue Handlungsmöglichkeiten gewinnen. Die Europäische Union ist dafür ein gutes Beispiel.

Ziehen wir zum Schluss ein kurzes Fazit: Die alternative Wirtschaftspolitik, wie sie in diesem Buch entfaltet worden ist, beruht auf einem humanen Leitbild. Emanzipatorischer Liberalismus statt Neoliberalismus lautet das Gebot der Stunde – und das heißt, Verantwortung für die sozial Schwachen und die Herstellung sozialer Gerechtigkeit ebenso zu üben wie für den Schutz der Umwelt und die Entfaltungschancen des einzelnen. Wie es Walter Eucken einmal formulierte: «In der Politik kann das Anliegen der sozialen Gerechtigkeit nicht ernst genug genommen werden.»

Im Grunde ist die Botschaft einfach: Wir müssen uns darauf besinnen, dass all unser Wirtschaften nicht Zweck, sondern Mittel ist. Dass mehr Markt nur dann erlaubt sein sollte, wenn auch mehr Wohlstand für *alle* dabei herauskommt. Der Markt soll leben, aber wir wollen es auch. Und wir leben schließlich nach Werten und Regeln, die wir von Zeit zu Zeit überdenken und bei Bedarf neu fassen. Wieso soll das ausgerechnet für die Marktwirtschaft nicht gelten? Sie folgt keineswegs unabänderlichen Gesetzen, wie Neoliberale uns weismachen wollen. Die Protagonisten der Marktgesetze behaupten dies nur, um ihr Deutungsmonopol zu schützen. Deshalb muss im Übrigen nicht nur die Marktwirtschaft gebändigt werden, sondern auch die Ideologie, die sie heiligt. Der Wettbewerb um die richtigen Rezepte ist eröffnet.

Anmerkungen

1 M. Kalecki, Politische Aspekte der Vollbeschäftigung, in: Werkauswahl, Neuwied 1976 (ursprünglich in englischer Sprache 1943); J. Robinson, Das Problem der Vollbeschäftigung, Köln 1949 (ursprünglich in englischer Sprache 1943)

2 Sachverständigenrat zur Begutachtung der gesamtwirtschaftlichen Entwicklung, Jahresgutachten 2005/2006, S. 86ff. (Kasten 3 «Hat sich das Investitionsverhalten der Unternehmen verändert?»)

3 Lebenslagen in Deutschland, Der 2. Armuts- und Reichtumsbericht, Berlin 2005, S. 85

4 Lebenslagen in Deutschland, a.a.O., S. 86

5 Lebenslagen in Deutschland, a.a.O., S. 37

6 Hans-Werner Sinn, Ist Deutschland noch zu retten?, 5. korrigierte Auflage, München 2004

7 H. Flassbeck/F. Spieker, Die deutsche Lohnpolitik sprengt die Europäische Währungsunion, in: WSI-Mitteilungen 12/2005

8 Arbeitskreis, Grundlinien der Wirtschaftsentwicklung 2003/2004, in: DIW-Wochenbericht 1–2/2003, S. 39

9 H.-W. Sinn, Ist Deutschland noch zu retten?, a.a.O.

10 Sachverständigenrat zur Begutachtung der gesamtwirtschaftlichen Entwicklung, Jahresgutachten 2004/2005, Erfolge im Ausland – Herausforderungen im Inland, Wiesbaden 2004
B. Diekmann / M. Meurers / N. Felgentrau, Basarökonomie Deutschland?, Bundesministerium für Wirtschaft und Arbeit, Wirtschaftsanalysen Nr. 4/2005

11 Statistisches Bundesamt, Volkswirtschaftliche Gesamtrechnungen, Input-Output-Rechnungen, Importabhängigkeit der deutschen Exporte, 1995, 2000 und 2002, Wiesbaden 2004

12 H.-W. Sinn, Das deutsche Rätsel, www.ifo.de, S. 4

13 Gustav Horn/Stefanie Behnke, Deutschland ist keine Basarökonomie, in: DIW-Wochenbericht 40/2004

Bundesministerium der Finanzen, Arbeitsplatzeffekte der Globalisierung, in: Monatsbericht des BMF, Mai 2004

14 Hans-Werner Sinn, Die Basar-Ökonomie. Deutschland: Exportweltmeister oder Schlusslicht? Berlin 2005, S. 67

15 Vgl. die Daten und deren theoretische Interpretation bei: Joachim Schintke / Jörg-Peter Weiß, Zunehmende Arbeitsteilung dämpft Wertschöpfungsentwicklung im verarbeitenden Gewerbe, in: DIW-Wochenbericht 46/2004

16 Statistisches Bundesamt, Volkswirtschaftliche Gesamtrechnungen, Input-Output-Rechnung: Importabhängigkeit der deutschen Exporte (Manuskript), Wiesbaden, September 2004

17 Statistisches Bundesamt, a.a.O., S. 3

18 In der Branchenanalyse zur Automobilindustrie hat die IG Metall nachgewiesen, dass trotz steigender Importe für die Fertigung von PKW für den Export von einer «Basarökonomie» nicht die Rede sein kann. Wie sonst wäre zu erklären, dass immer noch 773 000 Beschäftigte in deutschen Automobilwerken tätig sind und gleichzeitig die Produktionsverflechtungen mit den neuen Standorten auch zum Vorteil der deutschen Werke ausgebaut werden.
Vgl. IG Metall, Die Automobilindustrie – Branchenanalyse, hg. FB Wirtschaft Technologie Umwelt, Frankfurt am Main, Oktober 2004, S. 20

19 Joachim Schintke/Jörg-Peter Weiß, a.a.O., S. 722

20 Steffen Kinkel / Petra Jung Erceg / Gunter Lay, Auslandsproduktion – Chance oder Risiko für den Produktionsstandort Deutschland? Stand, Entwicklung und Effekte von Produktionsverlagerungen im Verarbeitenden Gewerbe, in: Mitteilungen aus der Produktionsinnovationserhebung, Nr. 26/2002 (Fraunhofer Institut Systemtechnik und Innovationsforschung)

21 Steffen Kinkel u.a., a.a.O., S. 11

22 St. Federico / A. Gaetano, Fear of Relocation? Assessing the Impact of Italy's FDI on Local Employment; Euroframe Conference «Trade, DI and Relocation: Challanges for the EU?», Brüssel 2000

23 S.O. Becker / K. Ekholm / R. Jäckle / M.-A. Muendler, Location Choice and Employment Decisions: A Comparison of German and Swedish Multinationales (CESifo Working Paper Nr. 1374, Januar 2005)

24 S.O. Becker u.a., derselbe Titel wie unter Fußnote 23; Institut für Weltwirtschaft, Kieler Arbeitspapiere 1243, Kiel

25 D. Marin, A Nation of Poets and Thinkers – Less So With Eastern Enlargement? Austria and German; Centre for Economic Policy Research, Discussion Papers 4352, London 2004

26 Deutsche Bundesbank, Determinanten der Leistungsbilanzentwicklung in den mittel- und osteuropäischen EU-Mitgliedern und die Rolle deutscher Direktinvestitionen

27 Deutsche Bundesbank, Determinanten ..., a.a.O., S. 29f.

28 Sachverständigenrat zur Begutachtung der gesamtwirtschaftlichen Entwicklung, Jahresgutachten 1974/75, Ziff. 273ff.

29 Arbeitskreis Konjunktur, Grundlinien der Wirtschaftsentwicklung 2006/2007, in: DIW-Wochenbericht 1–2/2006, S. 17

30 Steuerquoten entnommen: Sachverständigenrat zur Begutachtung der gesamtwirtschaftlichen Entwicklung, Jahresgutachten 2005/2006, Ziff. 360

31 Stefan Bach, Koalitionsvertrag: Belastungen durch Mehrwertsteuererhöhung werden nur zum Teil durch Senkung der Sozialbeiträge kompensiert, in: DIW-Wochenbericht 47/2005

32 Bundesfinanzministerium (Hg.), Die wichtigsten Steuern im internationalen Vergleich 2005, Berlin, S. 20f.

33 Lorenz Jarras, Stellungnahme zur öffentlichen Anhörung durch den Finanzausschuss des Deutschen Bundestags am 8.12.2005 (Manuskript), Wiesbaden 2005

34 DAX-Unternehmen: Unterlasser statt Unternehmer, in: Wirtschaftspolitische Informationen der IG Metall Nr. 19/2005

35 Sachverständigenrat zur Begutachtung der gesamtwirtschaftlichen Entwicklung, Jahresgutachten 2005/2006, Ziff. 418

36 N. Herzig/A. Bohn, Reform der Unternehmensbesteuerung – Zwischenbericht zum Konzept der Stiftung Marktwirtschaft (Manuskript) 2006, S. 1

37 Paul Kirchhof, Das EStGB – ein Vorschlag zur Reform des Ertragsteuerrechts, in: Deutsches Steuerrecht, Beihefter 5 zu Heft 37/2003, S. 2

38 Paul Kirchhof, a.a.O., S. 1

39 Sachverständigenrat zur Begutachtung der gesamtwirtschaftlichen Entwicklung/Max-Planck-Institut für Geistiges Eigentum, Wettbewerbs- und Steuerrecht/Zentrum für Europäische Wirtschaftsforschung, Reform der Einkommens- und Unternehmensbesteuerung durch die Duale Einkommens- und Unternehmensbesteuerung, Manuskript vom April 2006; unter: www.sachverstaendigenrat-wirtschaft.de

40 Vgl. Tagungsbericht der Stiftung Soziale Marktwirtschaft, abrufbar im Internet unter www.stiftung-marktwirtschaft.de

41 DGB-Bundesvorstand, Überlegungen und Forderungen zur Weiterentwicklung der Steuerpolitik in der neuen Legislaturperiode, Ausgabe 2/05, Berlin (7. 11. 2005)

42 Stefan Bach, Koalitionsvertrag, a. a. O.

43 Lars Hollmann, Die Gewerbesteuer: Grundlagen, Besteuerungstechnik, Ansätze zur Reform, Diplomarbeit, Bremen 2006

44 Zum Überblick über die Maßnahmen und deren Wirkungen vgl.: Bundesministerium der Finanzen (Hg.), Fünf Jahre ökologische Steuerreform, in: Monatsbericht 03/2004

45 Wolfgang Stützel, Marktpreis und Menschenwürde, 2. Auflage, Stuttgart 1982, S. 75 f.

46 Joan Robinson, Das Problem der Vollbeschäftigung, Köln 1949 (ursprünglich in englischer Sprache 1943)

47 Olivier Blanchard / G. Illing, Makroökonomie, 3., aktualisierte Auflage, München 2006; insbesondere Abschnitt 6.5. «Die natürliche Arbeitslosenquote»

48 Vgl. R. Bispinck / C. Schäfer, Niedriglöhne und Mindesteinkommen: Daten und Diskussionen in Deutschland; in: Th. Schulten / R. Bispinck / C. Schäfer (Hg.), Mindestlöhne in Europa, Hamburg 2006. Zur Entwicklung des Flächentarifvertrags vgl. R. Bispinck, Abschied vom Flächentarifvertrag? Der Umbruch in der deutschen Tariflandschaft; WSI-Tarifhandbuch 2006, Frankfurt a. M. 2006

49 John Maynard Keynes, Allgemeine Theorie der Beschäftigung, des Zinses und des Geldes (1936), deutsche Übersetzung, Berlin 1955, S. 134

50 Vgl. zu den Zielen, Institutionen, Instrumenten und Risiken dieser Finanzfonds die Untersuchung: Lothar Kamp/Alexandra Krieger, Die Aktivitäten von Finanzinvestoren in Deutschland; in: Hans-Böckler-Stiftung, Arbeitspapier 103, Düsseldorf 2005

51 Franz Müntefering, in: Bild am Sonntag vom 17. 5. 2005

52 Edgar Meister, in: Financial Times vom 6. 10. 2005

53 Vgl. Lothar Kamp/Alexandra Ziegler, a. a. O., S. 23

54 Schätzung durch «Van Hedge Fonds Advisor, International», Nashville, TN; entnommen: Ver.di-Wirtschaftspolitische Informationen 8/2005 («Hedge- und Private Equitiy-Fonds»)

55 John Maynard Keynes, Allgemeine Theorie der Beschäftigung, ..., a. a. O., S. 28

56 John Maynard Keynes, Das Ende des Laissez-Faire – Ideen zur Verbindung von Privat- und Gemeinwirtschaft, Vortrag am 23. Juni 1926 an der Universität Berlin; vgl. Rudolf Hickel, Interview-Montage mit John Maynard Keynes, in: Rudolf Hickel (Hg.), Radikale Neoklassik – Ein neues Paradigma zur Erklärung der Massenarbeitslosigkeit, Opladen 1986

57 Albrecht Müller, Unsere Eliten – eine Gefahr für die Demokratie; in: Blätter für deutsche und internationale Politik 4/2006

58 Ulrich van Suntum, Masterplan Deutschland – Mit dem Prinzip der Einfachheit zurück zum Erfolg, München 2006, S. 15

59 Das jüngste jährliche «Memorandum» der Gruppe wurde Ende April 2006 vorgelegt: Arbeitsgruppe Alternative Wirtschaftspolitik, Memorandum 2006: Mehr Beschäftigung braucht eine andere Verteilung; Köln 2006. Zur theoretischen Begründung dieser Alternativen vgl. Heinz-J. Bontrup, Arbeit, Kapital und Staat – Plädoyer für eine demokratische Wirtschaft, Köln 2005

60 Adam Smith, Eine Untersuchung über die Natur und Wesen des Volkswohlstandes (Wealth of Nations), Fünftes Buch: «Die Einkünfte des Herrschers oder des Staates», in der Ausgabe Jena 1923, S. 43

61 Der Vorschlag orientiert sich am Konzept der «Arbeitsgruppe Alternative Wirtschaftspolitik», Memorandum 2006, a.a.O., Kurzfassung, S. 15f.

62 Eine frühe, zutreffende Analyse der Einigungsfehler bei: Jan Priewe/Rudolf Hickel, Der Preis der Einheit – Bilanz und Perspektiven der deutschen Vereinigung, Frankfurt a.M., 1992